NAPOLEON HILL

DIE GESETZE VON REICHTUM UND ERFOLG

NAPOLEON HILL

DIE GESETZE VON REICHTUM UND ERFOLG

Zusammengestellt und herausgegeben von
Michael J. Ritt, Jr.

Aus dem Amerikanischen übersetzt von Claudia Fregiehn

ARISTON

Die Originalausgabe erschien 2007 unter dem Titel
Napoleon Hill's First Editions bei Highroads Media Inc., Los Angeles, California.

Verlagsgruppe Random House FSC-DEU-0100
Das für dieses Buch verwendete FSC-zertifizierte Papier *Munken Premium*
liefert Arctic Paper Munkedals AB, Schweden

Bibliografische Information der Deutschen Bibliothek

Die Deutsche Bibliothek verzeichnet diese Publikation in der Deutschen
Nationalbibliografie; detaillierte bibliografische Daten sind im Internet unter
http://dnb.ddb.de abrufbar.

© 2007 by The Napoleon Hill Foundation

© der deutschsprachigen Ausgabe Heinrich Hugendubel Verlag,
Kreuzlingen/München 2008
Alle Rechte vorbehalten

Umschlaggestaltung: ZERO Werbeagentur, München unter Verwendung eines
Motivs von FinePic, München
Satz: EDV-Fotosatz Huber/Verlagsservice G. Pfeifer, Germering
Druck und Bindung: GGP Media GmbH, Pößneck
Printed in Germany

ISBN 978-3-7205-4045-2

INHALT

Vorwort 7

Editorische Notiz 11

Kapitel 1 Was Sie wissen müssen 13
Kapitel 2 Das Ende des Regenbogens 21
Kapitel 3 Eine persönliche Bestandsaufnahme
           der sieben Wendepunkte in
           meinem Leben 59
Kapitel 4 Wenn ein Mensch seine Arbeit liebt 83
Kapitel 5 Eigeninitiative 93
Kapitel 6 Dauerhafter Erfolg basiert auf
           harter Arbeit und vorübergehenden
           Fehlschlägen 107
Kapitel 7 Die Magische Leiter zum Erfolg 121
Kapitel 8 Die Macht organisierter Bemühungen 153
Kapitel 9 Das Superhirn 169
Kapitel 10 Einige interessante Tatsachen zur Analyse
           des menschlichen Charakters 173
Kapitel 11 Erfolg 191
Kapitel 12 Der Fragebogen zu Ihrem persönlichen
           Erfolgsprofil 205
Kapitel 13 32 philosophische, tiefgehende
           Reflexionen 215

Anmerkungen 256

VORWORT

Napoleon Hill wurde 1873 in einer Blockhütte mit zwei Räumen in den Bergen im Südwesten Virginias geboren. Diese Gegend, so erklärte er häufig seinen Zuhörern, war vor allem für drei Dinge bekannt: für Familienfehden, für schwarz gebrannten Schnaps und für Leute ohne Bildung. In einer unveröffentlichten Autobiografie reflektiert Hill über seine Kindheit und schreibt: »In meiner Familie wurden die Menschen über drei Generationen hinweg in Unwissenheit und Armut hineingeboren und sie lebten, kämpften und starben darin, ohne jemals die Berge in dieser Gegend verlassen zu haben.«

Da er in solch einer entlegenen Region geboren worden war, die kaum Möglichkeiten bot, erfolgreich zu werden, hatte auch Napoleon keine Veranlassung, zu erwarten, dass er es jemals zu etwas bringen würde. Doch dann kam alles anders. Im Alter von nur neun Jahren verlor er seine Mutter; noch im selben Jahr heiratete sein Vater wieder und die Stiefmutter Martha Ramey Banner trat in Napoleons Leben. Sie war eine gebildete, kultivierte Arzttochter und Witwe eines Schuldirektors. Wenn Martha ihren Stiefsohn anschaute, sah sie keinen dieser provinziellen Jungen, die es zu nichts brachten, sondern sie sah einen Jungen mit grenzenloser Energie, Vorstellungskraft und Eigeninitiative. Als Napoleon zwölf Jahre alt war, hatte Martha ihn bereits gelehrt, auf der Schreibmaschine zu schreiben. Mit fünfzehn schrieb er Artikel für die Regionalzeitungen.

Nachdem er die zweijährige Highschool am Ort abgeschlossen hatte, beschloss Napoleon, eine Wirtschaftshochschule zu besuchen. Sein Ziel war es, sich auf den Beruf des Sekretärs vorzubereiten. Seinerzeit war das der Einstiegsjob für einen jungen Mann, der sich das hohe Ziel gesteckt hatte, leitender Angestellter zu werden.

Nach seinem Abschluss in Wirtschaftswissenschaften schrieb Hill an General Rufus Ayres, einen der wohlhabendsten Männer der Region, und bat ihn um eine Anstellung. Rufus Ayres, von Beruf Rechtsanwalt, war ein erfolgreicher Unternehmer, der ein eigenes Bank-, Kohle- und Holzgeschäft besaß. Hill begann, für Ayres zu arbeiten und obwohl er sehr erfolgreich war und innerhalb des Unternehmens schnell aufstieg, stellte er nach ein paar Jahren fest, dass er unbedingt selbst gern Anwalt werden wollte.

Napoleon überzeugte auch seinen Bruder Vivian davon, sich an der juristischen Fakultät der Georgetown University zu bewerben und, da er ein unendlicher Optimist war, versprach er Vivian, dass er den Unterhalt für beide bestreiten werde. Um das zu schaffen, trat Hill einen Job als Autor bei einer Zeitung an, die Bob Taylor gehörte, dem früheren Gouverneur von Tennessee und Senator der USA. Das Schreiben von Erfolgsgeschichten, die Napoleon Hill auf Grundlage seiner Interviews zusammenstellte, sollte seine Lebensaufgabe werden.

Eines seiner ersten Interviews führte Hill mit dem berühmten Stahlbaron und Philanthropen Andrew Carnegie. Carnegies ganzes Leben war ein lebendiger Beweis dafür, wie man die Erfolgsprinzipien anwendet. Als Zwölfjähriger kam Carnegie mit einem kaum vorhandenen Bildungsstand in die Vereinigten Staaten, doch dadurch, dass er stets seine Ausgangsposition verbesserte – von einer schlechten Anstellung in eine bessere, von einer kleinen zu einer größeren Chance – war Andrew Carnegie im Alter von 35 Jahren aus eigener Kraft in die Spitzengruppe derer aufgestiegen, die den Grundstein für Amerikas Stellung als führende Wirtschaftsmacht legten.

Die Krönung seiner Leistungen war es, die zahlreichen Stahlproduzenten in dem riesigen Konzern namens U.S. Steel zu vereinen.

Carnegie sah seine bescheidenen Wurzeln als Anreiz dafür an, Hindernisse zu überwinden und lohnenswerte Ziele zu erreichen und noch bevor das Treffen der beiden Männer beendet war, stellte er Hill die anspruchsvolle Aufgabe, eine Studie über erfolgreiche Männer und bedeutende Führungspersönlichkeiten anzufertigen. Hill sollte die entsprechenden Informationen zusammenstellen und sie weitergeben, um anderen zu helfen, ihre eigenen Ziele zu erreichen. Er nahm die Herausforderung an. Carnegie bot ihm dafür zwar keinerlei Lohn, doch er tat etwas, was sich als noch wichtiger erweisen sollte: er machte Hill mit den kreativsten und erfolgreichsten Unternehmern, Erfindern, Geschäftsleuten, Industriellen und politischen Führungspersönlichkeiten in Amerika bekannt.

Zehn Jahre später entdeckte Napoleon Hill eine optimale Möglichkeit, seine Recherchen über die Geheimnisse des Erfolgs zu veröffentlichen. Zwischen 1918 und 1924 fungierte er als Herausgeber und brachte zwei Monatszeitschriften auf den Weg: zuerst *Hill's Golden Rule*, auf Deutsch soviel wie »Hills Goldene Regeln«, und die nach ihm benannte Zeitschrift *Napoleon Hills Magazine*. Einige der Geschichten und Artikel, die Hill für diese Zeitschriften schrieb, sind in diesem Buch zu lesen.

Die Artikel, die für *Hill's Golden Rule* und für *Napoleon Hill's Magazine* entstanden, lieferten bereits einen ersten Eindruck davon, wie seine späteren Bücher inhaltlich ausgerichtet sein würden. Als 1928 sein erstes Buch *Die Gesetze des Erfolgs*[1], erschien, wurde es augenblicklich ein Erfolg, der Hill bis zu 3.000 US-Dollar pro Monat einbrachte, was vor achtzig Jahren viel Geld war.

1937 stellte Hill sein Buch *Denke nach und werde reich*[2] fertig, das so gut aufgenommen wurde, dass es im ersten Jahr dreimal neu aufgelegt wurde – und das bei einem Verkaufspreis von 2,50 Dollar pro Exemplar in einer Zeit, als das Land mitten in der wirtschaftlichen Depression steckte. All dies geschah, bevor es Marketing und Massenmedien gab, so wie wir sie heutzutage kennen. Das Buch hat eine Anhängerschaft treuer Leser, die wissen, dass die Botschaft der Philosophie des Erfolges, die das Buch vermittelt, heute genauso relevant ist wie zu der Zeit, als es geschrieben wurde.

Hill fuhr damit fort, seine Erfolgsprinzipien im Rundfunk zu verbreiten, in den 40er-Jahren im Studio der Warner Brothers in Hollywood und später auch beim Fernsehsender WGN-TV in Chicago. Es folgten Seminare, Vorträge und persönliche Auftritte und schließlich die Gründung der gemeinnützigen Stiftung *Napoleon Hill Foundation*, die das Ziel hat, Informationen über die Prinzipien des Erfolgs weltweit zu verbreiten. Obwohl Napoleon Hill 1970 im Alter von 87 Jahren starb, sind seine Schriften heutzutage beliebter als je zuvor.

Möge dieses Buch Ihnen ein besseres Verständnis für das Werk von Hill vermitteln. Ganz gleich, ob Sie seine Bestseller wie *Die Gesetze des Erfolgs* oder *Denke nach und werde reich* eingehend gelesen haben, oder ob dies Ihr erstes Buch von Napoleon Hill ist: Sie werden einen Einblick bekommen, der für Sie unbezahlbar sein wird.

Don M. Green
Geschäftsführender Direktor der Napoleon Hill Foundation

EDITORISCHE NOTIZ

Die Zeitschriftenartikel und -geschichten in diesem Buch wurden den Ausgaben von *Hill's Golden Rule* entnommen, die zwischen Februar 1919 und August 1920 erschienen, sowie den Ausgaben von *Napoleon Hill's Magazine* aus dem Zeitraum April 1921 bis September 1923. Sie werden feststellen, dass die Artikel nicht chronologisch aufeinander folgen, sondern vielmehr thematisch angeordnet sind, um einen umfassenden Überblick über die Philosophie von Napoleon Hill zu vermitteln.

Damit Sie die folgenden Kapitel mit Gewinn und Freude lesen können, sind außerdem einige einführende Erklärungen über den zeitlichen Rahmen, Geschehnisse, Personen und Begriffe zu den einzelnen hier zusammengestellten Zeitungsartikeln unerlässlich.

Kapitel 1
WAS SIE WISSEN MÜSSEN

Als Erstes müssen Sie wissen, wie die Eingangspassage von Napoleon Hills erster Geschichte *Das Ende des Regenbogens* zu verstehen ist. Hill beginnt den Artikel mit einer Bemerkung, die seine treuen Leser damals wohl voll und ganz verstanden, die heutige Leser aber dazu veranlasst, sich verwundert am Kopf zu kratzen.

Hill beginnt mit der recht hochtrabenden Ankündigung, dass seine Geschichte und ihre dramatischen Wendepunkte eindrucksvoller seien als die tragischsten literarischen Stoffe. Gleich im nächsten Satz schreibt er aber, dass er nicht alles erzählen werde, weil seine Freunde ihm geraten hätten, den Schluss der Geschichte wegzulassen. Was in aller Welt will er damit sagen?

Es handelt sich um einen Skandal, der sich ein Jahr zuvor ereignet hatte und um zu verstehen, was das bedeutete, muss man zunächst einmal wissen, dass die Zeitschrift *Napoleon Hill's Magazine*, in der der Artikel erschienen war, nicht Hills erste Zeitschrift war. Es war seine zweite und bei dem Skandal, auf den er so kryptisch hinweist, geht es darum, dass man ihn bei seiner ersten Zeitschrift aus dem Amt des Herausgebers verdrängt hatte.

Sie nannte sich *Hill's Golden Rule*, und die Idee dazu hatte Napoleon Hill am 11. November 1918, also am Tag des Waffenstillstandes. Das Ende des Weltkrieges inspirierte Hill so stark, dass er sich veranlasst sah, an diesem Tag eine neue Zeitschrift ins Leben zu rufen, um die Philosophie der goldenen Regel für persönliche Erfüllung und für Geschäftserfolg zu propagieren. Er fand einen Drucker, der seine Vision teilte und im Januar 1919 veröffentlichten die beiden die erste Ausgabe. Sie war sofort ein Erfolg.

Für Hill schien die Zeitschrift die Erfüllung all dessen zu sein, wovon er geträumt und wofür er gearbeitet hatte. Sie bot ihm eine nationale Plattform für die Geheimnisse des Erfolges, die er in jahrelangen Recherchen von den erfolgreichsten Männern in Amerika erfahren hatte und sie erlaubte ihm auch, andere an den Erfahrungen teilhaben zu lassen, die er aus seinen eigenen Geschäftserfolgen und -misserfolgen gelernt hatte. Die Zeitschrift *Hill's Golden Rule* war in jeder Hinsicht eine Fortsetzung seiner selbst, seines Talents, seiner Philosophie und seiner Leidenschaft.

Im Spätsommer 1920 stellte Napoleon Hill fest, dass ihn sein Partner hintergangen hatte und allein die Kontrolle über die Zeitschrift ausüben wollte. Der Partner bot Hill zuerst an, ihn auszubezahlen, wenn er eine Einverständniserklärung unterzeichnen würde, sich als Herausgeber zurückzuziehen. Hill lehnte dies ab. Als die Oktoberausgabe erschien, sah er, dass sein Name trotzdem aus dem Impressum verschwunden war.

Er war etwa einen Monat lang am Boden zerstört, dann wurde er wütend und fing an zu kämpfen.

Binnen zwei Monaten zog Hill von Chicago nach New York und bekam genug Geld zusammen, um eine neue Publikation auf den Weg zu bringen, die Zeitschrift *Napoleon Hill's Magazine*. Die erste Ausgabe kam im April in den Verkauf und als in der Septemberausgabe der Artikel *Das Ende des Regenbogens* erschien, stand fest, dass Hill das nahezu beispiellose Meisterstück vollbracht hatte, eine Zeitschrift ins Leben zu rufen, die schon im ersten Jahr Gewinn abwarf!

Die Veröffentlichung dieses Artikels markierte den Jahrestag von Napoleon Hills Verdrängung aus *Hill's Golden Rule* und das erklärt, was Hill so kryptisch ausdrückte, als er die Einstiegspassage zum Artikel *Das Ende des Regenbogens* schrieb.

Das 3. Kapitel *Eine persönliche Bestandsaufnahme der sieben Wendepunkte in meinem Leben*, ist ein Abdruck aus der Dezemberausgabe von *Hill's Golden Rule* aus dem Jahr 1919.

Was Sie wissen müssen

Im vorletzten Absatz auf Seite 69 werden Sie ein vertrautes Wort sehen, was im englischen Original genauso buchstabiert wurde wie auf Deutsch: »Kultur«. Als Hill diese Geschichte schrieb, lag das Ende des Weltkrieges kaum ein Jahr zurück und »Kultur« war ein in diesem Zusammenhang negativ besetzter Begriff, der während des Krieges gegen Deutschland häufig in Zeitungsartikeln auftauchte. Die deutsche Elite meinte mit »Kultur« ihren Nationalstolz und den Glauben, dass Deutschland anderen Menschen und Nationen auf natürliche Art überlegen sei. Dazu gehörte auch der Glaube, dass sich der Einzelne dem Wohl des Staates unterzuordnen habe.

Im selben Absatz befindet sich noch eine Bemerkung, die sich den Lesern vielleicht nicht erschließt: Hill weist darauf hin, am Grab von »John Barleycorn« gestanden zu haben. »John Barleycorn« war ein gängiger Begriff für Whiskey und andere alkoholische Getränke und mit dem Ausdruck, »ihn beiseitezulegen oder aufgeben« spielt Hill auf den 18. Zusatzartikel der amerikanischen Verfassung an, der zu einem früheren Zeitpunkt in dem Jahr ratifiziert worden war sowie auf den *Volstead Act*, mit dem in den Vereinigten Staaten ab dem 16. Januar 1920 die Prohibition eingeführt wurde.

Im 4. Kapitel, *Wenn ein Mensch seine Arbeit liebt*, ein Abdruck aus der Oktoberausgabe von *Napoleon Hill's Magazine* aus dem Jahr 1921, erwähnt Hill Samuel Gompers, der als Präsident des Amerikanischen Gewerkschaftsverbandes sehr häufig in den Nachrichten präsent war.

In derselben Geschichte prophezeit Hill, dass Präsident Harding US-Truppen entsenden werde, um die sogenannten Minenkriege um die Kohlebergwerke in West Virginia beizulegen. Hills Vorhersage war richtig. Harding entsendete tatsächlich die Streitkräfte, darunter auch eine Schwadron der Luftwaffe, die der Kriegsheld Billy Mitchell anführte. Diese Konfrontation war der Höhepunkt eines Konfliktes zwischen Arbeiterführern und Besitzern von Kohlegruben, der seit der Jahrhundertwende angedauert hatte und in dem die Grubenbesitzer eine gewerkschaftliche Organisierung in ihren Bergwerken ablehnten. Der darauf folgende Konflikt, bekannt als die *Schlacht am Blair Mountain*, dauerte fünf Tage und obwohl auf beiden Seiten Menschen ihr Leben verloren, wurden am Ende die Streikenden, die sich ergaben, zurück nach Hause geschickt, während eine Reihe von Streikführern vor Gericht gestellt wurde und ins Gefängnis kam.

Obwohl Blair Mountain nicht die Probleme im Zusammenhang mit der Arbeit löste, die die Kohlereviere in West Virgina plagten, trieben die Maßnahmen von Präsident Harding die Angelegenheit auf die Spitze und zwangen die Grubenbesitzer und die Bergarbeiter dazu, weniger explosive Wege zu finden, um ihre Meinungsverschiedenheiten beizulegen.

Im 5. Kapitel *Eigeninitiative*, das in der Augustausgabe des *Napoleon Hill's Magazine* aus dem Jahre 1921 abgedruckt war, verweist Hill darauf, sich einmal an den Testfragen von Thomas Edison versucht zu haben. Damit meint er einen von Thomas Edison entworfenen Fragebogen, der für jeden gedacht war, der sich um eine Anstellung als Führungskraft in seinem Unternehmen bewerben wollte.

Als die *New York Times* eine Geschichte über den Test veröffentlichte, wurde er zum Stadtgespräch und jeder, einschließlich Napoleon Hill, machte ihn versuchsweise, um zu sehen, wie gut er wohl abschneiden würde. Der Test bestand aus 150 Fragen, die von Mathematik und Wissenschaft bis hin zu aktuellen Themen und persönlichen Gewohnheiten alles abdeckten. Die Bewerber hatten zwei Stunden Zeit, um die Fragen zu beantworten und die meisten fielen durch, auch Edisons Sohn Theodore, der ein Physikstudium am *Massachusetts Institute of Technology (MIT)*, einer Eliteuniversität für technologische Forschung, absolviert hatte.

Im 6. Kapitel *Dauerhafter Erfolg basiert auf harter Arbeit und vorübergehenden Fehlschlägen*, einem Abdruck aus dem *Napoleon Hill's Magazine* von April 1921, schreibt Hill über die bescheidenen Verhältnisse, in denen Abraham Lincoln geboren wurde und über die Not, die er litt, während er heranwuchs. Hill nennt dabei den Namen Nancy Hanks, ohne ihn zu erläutern, da er wusste, dass seinen Leser sofort klar sein dürfte, wer sie war.

Doch für den modernen Leser, der sich unter Umständen nicht so gut in der amerikanischen Geschichte auskennt, sei hier die Information gegeben, dass Nancy Hanks die Mutter von Abraham Lincoln war. Sie starb am 5. Oktober 1818 als Abe neun Jahre alt war. Ein Jahr später heiratete sein Vater wieder, und zwar Sarah Bush Johnson Lincoln.

Im selben Artikel erwähnt Napoleon Hill später einen jungen Mann, der aus vermögenden und privilegierten Verhältnissen stammte und den er als »ein Opfer des DT« bezeichnet. Hierbei handelt es sich um eine umgangssprachliche Abkürzung, mit der das *Delirium tremens* gemeint ist. Das *Delirium tremens* ist die schwerste Form der Entzugserscheinungen beim Alkoholentzug, in der es zu optischen und akustischen Sinnestäuschungen, Desorientierung und insbesondere starkem Zittern der Hände, dem Tremor, kommt.

Der einzige weitere Verweis, der wohl einer Erklärung bedarf, befindet sich im 8. Kapitel *Die Macht organisierter Bemühungen*. Darin spielt Napoleon Hill auf Politiker an, die zu Beginn ihrer Karriere arm sind, es aber bis nach Washington schaffen und schließlich sehr viel Geld besitzen. Eine solche Person beschreibt er als einen »plötzlich aufgeblühten *à la Packard* mit einem Überfluss an Luxus im Leben.« Mit dem Ausdruck *à la Packard* meint Hill, dass der Mann es sich nunmehr leisten kann, einen Packard, das vornehmste amerikanische Luxusauto, das es 1921 gab, zu fahren.

Literarischer Stil und Inhalt dieses Buches zielen darauf ab, Ihnen die Möglichkeit zu geben, nachzuvollziehen wie Napoleon Hill war, als er begann, seine Linie zu verfolgen. Daher haben wir gar nicht erst den Versuch unternommen, seine Artikel auf irgendeine Art und Weise zu aktualisieren oder zu modernisieren. So haben wir etwa Hills Verwendung von »er«,

»ihn« und »sein« gezielt als Oberbegriffe genau so stehen lassen, wie er sie verwendet hat. Gleichermaßen haben wir auch seine Verwendung von »Mensch« oder »Menschheit« nicht verändert. Hills Angaben von Geldsummen haben wir ebenfalls nicht umgerechnet. Wenn Sie aber wissen wollen, wie viel die Summen heute wert sind, kann man als Faustregel davon ausgehen, dass ein Betrag von 1.000 US-Dollar im Jahr 1920 heute etwa 11.000 US-Dollar entspricht.

WIE SIE AM MEISTEN VON DER LEKTÜRE DIESES BUCHES PROFITIEREN

Wir schließen dieses einleitende Kapitel mit einer Leseanleitung, die in der einen oder anderen Version in den meisten Büchern von Napoleon Hill erscheint.

Konzentrieren Sie sich beim Lesen. Lesen Sie so, als ob der Autor ein persönlicher Freund wäre, der Ihnen schreibt – und zwar nur Ihnen.

Verbringen Sie jeden Tag einige Minuten damit, die Prinzipien und Konzepte eingehend zu studieren, in denselben Worten, die Napoleon Hill verwendet hat.

Reservieren Sie jeden Tag eine bestimmte Zeit, mindestens 15 Minuten, dafür, zu lesen und zu reflektieren, wie Sie Dinge, die Sie gelernt haben, oder Ideen, die Ihnen gekommen sind, in Ihrem eigenen Leben anwenden können. Wählen Sie einen Zeitpunkt aus, zu dem Sie entspannt sind und Ihr Geist aufnahmebereit ist – tun Sie dies täglich, nach Möglichkeit ohne einen oder mehrere Tage auszulassen.

Unterstreichen Sie bestimmte Stellen im Buch mit Bleistift und notieren Sie sich Geistesblitze, Ideen, Techniken oder Lösungen für Probleme, die Sie beim Lesen entdecken, auf einem Blatt Papier.

Die 2V/2A-Formel

Machen Sie sich klar, was Sie suchen. Legen Sie sich darauf fest, die Prinzipien, Ideen und Techniken, die Ihnen das Buch bietet, zu *v*erstehen, zu *v*erbinden, *a*ufzunehmen und *a*nzuwenden.

Ihre Fähigkeit, diese Formel anzuwenden, wird Ihnen einen Schlüssel liefern, mit dem Sie jede Tür öffnen, jede Herausforderung annehmen, jedes Hindernis überwinden können, sowie Wohlstand, Glück und die wahren Reichtümer im Leben erlangen.

Verstehen: Erkennen Sie das Prinzip, die Idee, oder die Technik, die verwendet wird. »Es hat jemand anderem geholfen und ich kann die Ergebnisse sehen, also wird es bei mir auch funktionieren, wenn ich es anwende.«

Verbinden: Das Wichtigste ist, dass Sie jedes Konzept auf sich selbst, auf Ihre eigenen Handlungen und Gedanken beziehen. Fragen Sie sich: »Was kann das Erfolgsprinzip, die Idee oder diese Technik für mich ausrichten?«

Aufnehmen: Stellen Sie sich die Frage: »Wie kann ich dieses Prinzip, die Idee oder Technik einsetzen, um meine Ziele zu verwirklichen oder um meine Probleme zu lösen?«

Anwenden: »Was werde ich unternehmen? Wann fange ich damit an?« Handeln Sie dann sofort!

Jeder einzelne Bestandteil dieser Formel ist wichtig. Jeder Teil hat eine besondere Bedeutung und wenn Sie sie miteinander verbinden, wird das zum Erfolg führen. Wenn Sie diese Formel anwenden, werden Sie fähig sein, Ihr Denken darauf zu konzentrieren, sich selbst so zu steuern und zu führen, dass Sie Ihre Absichten verwirklichen und Ihre Lebensziele erreichen werden.

Lohnenswerte geistige Übungen

Fragen Sie sich bitte nach der Lektüre eines jeden Artikels, welche Ideen, Prinzipien, Techniken oder Formeln Sie darin entdeckt haben. Wie können Sie sie einsetzen, um Ihr Verhalten so zu verändern, dass sie ein Teil von Ihnen werden und Ihnen helfen, Ihre persönlichen Ziele zu erreichen?

Was genau werden Sie unternehmen und wann fangen Sie damit an?

# Kapitel 2
DAS ENDE DES REGENBOGENS

In der Erzählung »Das Ende des Regenbogens« geht es um meine Erfahrungen, die ich im Laufe von mehr als 20 Jahren gemacht habe. Darin zeigt sich, dass man unbedingt auf Ereignisse achten sollte, die sich über viele Jahre hinweg entwickeln, wenn man zu den entscheidenden Wahrheiten des Lebens vordringen will und um das stille Wirken der unsichtbaren Hand zu deuten, die das Schicksal der Menschheit lenkt. Eine so dramatische Szene, wie ich sie vor mehr als 12 Jahren erlebte und deren letztes Kapitel erst vor einem Jahr zu Ende ging, hat es bisher noch nicht einmal in der Dichtung gegeben. Meine engen Freunde und Geschäftspartner haben mich allerdings dazu überredet, diesen Teil der Erzählung wegzulassen, um eine Geschäftsschädigung zu vermeiden. Vielleicht werde ich ihn in einer späteren Ausgabe dieser Zeitschrift trotzdem veröffentlichen. Die Bedeutung vom »Ende des Regenbogens« liegt also nicht im Einzelereignis, das zur Sprache kommt, sondern in der Interpretation aller Vorkommnisse und ihrer Beziehungen zueinander.

EINLEITUNG

Es gibt eine Sage, die so alt ist wie die Menschheit selbst, und die uns erzählt, dass man am Ende eines Regenbogens einen Topf voll Gold finden kann.

Dieses Märchen, das sofort die Fantasie anregt, könnte die gegenwärtige Tendenz der menschlichen Spezies gefördert haben, den Mammon wie ein Heiligtum zu verehren.

Fast 15 Jahre lang suchte ich nach dem Ende des Regenbogens, an dem ich dann wohl den Topf voll Gold für mich reklamieren könnte. Auf der Suche nach diesem flüchtigen Ende kämpfte ich unaufhörlich. Der Kampf führte mich die Berge des Scheiterns hinauf und die Hänge der Verzweiflung hinab, er lockte mich weiter und weiter auf der Suche nach dem trügerischen Topf voll Gold.

Lassen Sie Ihre Sorgen Sorgen sein und folgen Sie mir, wenn ich nun ein Bild aus Worten von dem gewundenen Pfad male, über den mich meine Suche nach dem Ende des Regenbogens führte. Auf diesem Bild werde ich Ihnen die sieben wichtigen Wendepunkte in meinem Leben zeigen. Vielleicht kann ich Ihnen ja helfen, die Entfernung zum Ende Ihres Regenbogens zu verringern.

Ich bedaure es zutiefst, dass der Rat meiner Geschäftspartner mich dazu gebracht hat, den interessantesten Teil meiner Erfahrung auf der Suche nach dem Ende meines Regenbogens wegzulassen. Vielleicht werde ich es schaffen, meine Geschäftspartner für meine Denkweise zu gewinnen, und vielleicht werde ich mich eines Tages so frei fühlen, das Weggelassene in einer späteren Ausgabe zu berücksichtigen.

Vorerst werde ich meine Erzählung auf die einfachen Einzelheiten darüber beschränken, was ich auf meiner Suche nach dem Ende des Regenbogens alles erlebt habe. Denn diese Suche brachte mir das ersehnte Ziel ein ums andere Mal in greifbare Nähe, riss es aber gleich darauf wieder von mir fort.

Wenn Sie nun mit mir zusammen auf meinem Pfad, auf dem ich das Ende des Regenbogens gesucht habe, die Spuren zurückverfolgen, werden Sie Furchen der Erfahrung sehen, die mit Dornen durchpflügt und mit Tränen gewässert wurden. Sie werden mit mir durch das »Tal des Schattens« schreiten, Sie werden den »Berggipfel der Erwartung« erklimmen und feststellen, wie Sie plötzlich in die bodenlosen Abgründe der Mutlosigkeit und des Scheiterns stürzen. Sie werden über grüne Felder gehen und durch sandige Wüsten kriechen.

Und schließlich werden wir am Ende des Regenbogens ankommen!

Machen Sie sich auf einen Schock gefasst, denn Sie werden nicht nur den Topf voll Gold sehen, den die Sagen der Vergangenheit prophezeit haben, sondern Sie werden noch etwas finden, das noch weit begehrenswerter ist als alles Gold der Welt. Herauszufinden, was dieses »Etwas« ist – das wird Ihre Belohnung dafür sein, mir in dieses Bild aus Worten hinein zu folgen.

Eines Morgens wachte ich abrupt auf, so als ob mich jemand geschüttelt hätte. Ich sah mich im Zimmer um, doch ich entdeckte niemanden. Es war drei Uhr nachts. Im Bruchteil einer Sekunde sah ich ein klares, deutliches Bild, das die sieben Wendepunkte in meinem Leben zeigte, und zwar genau so, wie ich sie hier beschreiben werde. Ich spürte das brennende Verlangen – eigentlich war es noch viel mehr – ja geradezu den Befehl, dieses Bild in Worte zu fassen und es in einem öffentlichen Vortrag zu erläutern.

Bis zu diesem Augenblick war ich vollkommen daran gescheitert, viele meiner Lebenserfahrungen richtig zu interpretieren. Einige dieser Erfahrungen hatten Narben der Enttäuschung in meinem Herzen hinterlassen und einen Anflug von Bitterkeit, der meine Bemühungen, Menschen auf konstruktive Art zu dienen, veränderte.

Sie werden es mir nachsehen, dass ich es hier unterlasse, meine wahren Gefühle auszudrücken, die ich in dem Moment hatte, als der letzte verbliebene Anflug von Intoleranz aus meinem Herzen gewischt wurde; als ich zum ersten Mal in meinem Leben die wirkliche Bedeutung dieser ermüdenden Erfahrungen begriff, dieses Herzeleids, der Enttäuschungen und des Kummers, die jeden von uns früher oder später überkommen. Entschuldigen Sie bitte, dass ich an dieser Stelle nicht meine *wahren* Gefühle beschreibe – nicht nur weil die Erfahrung so heilig ist, sondern auch weil es gar keine Worte gibt, mit denen man diese Gefühle treffend deuten könnte.

Auf dieser Grundlage können Sie mich an den Anfang des ersten wichtigen Wendepunktes meines Lebens begleiten, an dem ich vor über zwanzig Jahren ankam, als ich ein heimatloser junger Mann ohne Ausbildung und ohne Ziel im Leben war. Hilflos trieb ich auf dem Meer des Lebens wie ein trockenes Blatt auf den Schwingen des Windes. Wenn ich mich recht entsinne, war das höchste Streben, das mir je in den Sinn gekommen war, der Wunsch, Arbeiter im Kohlebergwerk zu werden. Doch das Schicksal schien gegen mich zu sein. Ich glaubte an niemanden außer an Gott und an mich selbst und manchmal fragte ich mich, ob Gott nicht ein doppeltes Spiel mit mir trieb!

Ich war zynisch, von Skepsis und Zweifeln erfüllt. Ich glaube an nichts, was ich nicht auch verstehen konnte. Zwei und zwei ergab für mich nur dann vier, wenn ich die Zahlen auch selbst aufgeschrieben und addiert hatte.

All dies ist, zugegebenermaßen, ein prosaischer, ereignisarmer Anfang für diese Erzählung, aber ich kann nichts dafür, denn ich schreibe hier ja nur das auf, was geschah. Doch vielleicht schadet es nicht, an dieser Stelle einen kleinen Moment abzuschweifen und Sie daran zu erinnern, dass die meisten Erfahrungen, die man früh im Leben macht, nicht sonderlich ereignisreich sind, sondern trocken und prosaisch. Dieser Punkt erscheint so wichtig, dass ich mich gezwungen sehe, ein Schlaglicht darauf zu werfen, bevor ich mit meiner Erzählung fortfahre. Es könnte erhellend wirken und Ihnen helfen, die eigenen Lebenserfahrungen im Lichte jener Bedeutung zu sehen, die ein Ereignis tatsächlich hat, auch wenn es seinerzeit noch so unwichtig gewirkt haben mag.

Meiner Überzeugung zufolge erwarten wir nur allzu oft, dass wichtige Ereignisse im Leben auf dramatische, beeindruckende und inszenierte Art und Weise eintreten. Dabei kommen und gehen sie in Wirklichkeit völlig unbemerkt, abgesehen von der Freude und dem Kummer, den sie mit sich bringen. Während wir unsere Aufmerksamkeit ganz auf die jeweilige Freude oder den Kummer konzentrieren, verlieren wir die tatsächlichen Lektionen, die uns diese Ereignisse lehren, aus den Augen.

Das Ereignis, über das ich nun schreibe, geschah vor zwanzig Jahren.

DER ERSTE WENDEPUNKT

Eines Abends saß ich mit Leuten, die älter als ich waren, am Feuer und wir diskutierten über die Unruhe, die unter den arbeitenden Menschen herrschte. In dem Teil des Landes, wo ich damals lebte, hatte die Gewerkschaftsbewegung gerade begonnen, größere Aufmerksamkeit auf sich zu ziehen und die Taktiken ihrer Anführer wirkten auf mich zu revolutionär und destruktiv, um den arbeitenden Menschen dauerhaften Erfolg zu bringen.

Dieses Thema berührte mich sehr und ich brachte sie entsprechend zum Ausdruck. Dabei argumentierte ich, dass die Frage zwei Seiten habe und dass sowohl Arbeitgeber als auch Beschäftigte in gewisser Weise schuld seien, und dass die Taktiken so destruktiv seien und nicht zur Zusammenarbeit, sondern zu Missverständnissen und Meinungsverschiedenheiten führten.

Einer der Männer, die mit mir am Kamin saßen, machte eine Bemerkung, die sich als der erste Wendepunkt in meinem Leben erwies. Er lehnte sich zu mir herüber, packte mich fest bei der Schulter, sah mir direkt in die Augen und sagte:

»Alles, was recht ist, du bist ein gescheiter Junge und wenn du eine Ausbildung machen würdest, könntest du dir sicherlich einen Namen in der Welt machen!«

Die erste konkrete Auswirkung dieser Bemerkung sah so aus, dass ich mich für einen Kursus an der Wirtschaftshochschule einschrieb. Ich räume pflichtschuldig ein, dass dieser Schritt einer der hilfreichsten war, die ich je gemacht hatte. Denn in der Wirtschaftshochschule erhielt ich den ersten flüchtigen Eindruck davon, was man als ein angemessenes Gespür für die herrschenden ökonomischen Verhältnisse bezeichnen kann. Dort lernte ich den Geist der reinen Demokratie kennen und was das Wichtigste ist: Ich erlangte eine Vorstellung davon, dass es sich für mich bezahlt machen würde, mehr und bessere Arbeitsleistungen zu erbringen, als die, für deren Ausführung ich tatsächlich bezahlt wurde. Dieser Gedanke ist zu einem meiner festen Prinzipien geworden, das nun bestimmt wie ich handele, wenn ich Arbeitsleistungen erbringe. In der Wirtschaftshochschule kam ich mit jungen Männern und Frauen in Berührung, die genau wie ich aus einem einzigen Grund dort waren: Wir alle wollten lernen, wie man wirkungsvoll Arbeitsleistungen erbringt, um seinen Lebensunterhalt zu verdienen. Ich traf Juden und Atheisten, Katholiken und Protestanten, und alle hatten wir dieselben Ausgangsbedingungen. Da wurde mir zum ersten Mal klar, dass wir alle Menschen waren, die sich von der aufrichtigen, demokratischen Philosophie begeistern ließen, die im Umfeld der Wirtschaftshochschule herrschte.

Nachdem ich mein Studium dort beendet hatte, erhielt ich eine Anstellung als Stenograph und Buchhalter und arbeitete die darauf folgenden fünf Jahre in dieser Position. Mithilfe des Gedankens, den ich an der Wirtschaftshochschule gelernt hatte, mehr und bessere Leistungen zu erbringen als die, die bezahlt wurden, kam ich schnell voran und schaffte es, viel früher als für meine Dienstjahre üblich, verantwortungsvolle Positionen einzunehmen, die auch entsprechend entlohnt wurden.

Ich sparte Geld und hatte bald ein Bankkonto, dessen Wert sich auf mehrere Tausend Dollar belief. Auf dem Weg zum Ende meines Regenbogens kam ich schnell voran. Mein Ziel war es, erfolgreich zu sein und meine Vorstellung von Erfolg war dieselbe, die heute im Sinn der meisten durchschnittlichen jungen Menschen vorherrscht, nämlich: Geld! Ich stellte fest, wie mein Bankkonto immer weiter anwuchs. Ich stellte fest, wie ich auf immer bessere Posten gelangte und immer mehr Geld verdiente. Meine Methode, Leistungen in größerem Umfang und besserer Qualität zu erbringen als die, die bezahlt wurden, war so ungewöhnlich, dass ich Aufmerksamkeit erregte und mich im Gegensatz zu denen profilierte, die dieses Geheimnis nicht kannten.

Mein Ruf sprach sich schnell herum und die Abnehmer meiner Arbeitsleistungen traten in Konkurrenz miteinander. Ich war gefragt – nicht aufgrund meines Wissens, was eigentlich sehr bescheiden war, sondern aufgrund meiner Bereitschaft, aus dem bisschen Wissen, das ich hatte, das Beste zu machen. Der Geist der Einsatzbereitschaft erwies sich als das machtvollste und strategischste Prinzip, das ich je gelernt habe.

DER ZWEITE WENDEPUNKT

Die Gezeiten des Schicksals trugen mich nach Süden und ich wurde Verkaufsleiter in einem großen holzproduzierenden Betrieb. Ich wusste weder etwas über Holz noch über die Leitung des Verkaufs, doch ich wusste, dass es sich auszahlte, bessere und mehr Leistungen zu erbringen als die, die bezahlt wurden. Mit diesem Prinzip als geistige Grundeinstellung trat ich meine neue Anstellung an, fest entschlossen, so viel wie möglich über den Verkauf von Holz zu lernen.

Ich brachte gute Leistungen. In diesem Jahr hatte ich gleich zwei Lohnerhöhungen und mein Bankkonto wurde voller und voller. Ich organisierte den Holzverkauf meines Arbeitgebers so gut, dass er eine neue Holzfirma gründete und mich als Partner und Teilhaber in sein Geschäft holte.

Das Holzgeschäft ging gut und wir waren erfolgreich.

Ich konnte förmlich sehen, wie ich dem Ende des Regenbogens immer näher kam. Aus allen Richtungen flogen mir Geld und Erfolg zu, was dazu führte, dass sich meine ganze Aufmerksamkeit fest auf den Topf voll Gold konzentrierte, den ich schon ganz deutlich vor mir sah. Bis dahin war es mir nie in den Sinn gekommen, dass Erfolg noch etwas anderes beinhalten könnte als Gold! Es war für mich die größte Errungenschaft, Geld auf der Bank zu haben. Da ich so ein heiterer, anständiger Kerl war, fand ich in den Kreisen des Holzgeschäfts schnell Freunde und bald wurde ich zu jemandem, der bei Holzkongressen und Zusammenkünften von Holzhändlern in der ersten Reihe stand.

Kapitel 2

Ich hatte schnell Erfolg und das war mir auch bewusst!

Mehr noch als alles andere, wusste ich, dass ich genau in dem Geschäft tätig war, für das ich am besten geeignet war. Nichts hätte mich dazu bringen können, die Branche zu wechseln. Das heißt, nichts außer dem, was dann geschah.

Die unsichtbare Hand erlaubte es mir, so lange von meiner Eitelkeit geleitet umherzustolzieren, bis ich begann, meine eigene Wichtigkeit zu spüren. Im Lichte vernünftigerer Jahre und einer genaueren Deutung der Ereignisse des menschlichen Lebens gesehen, frage ich mich jetzt, ob die unsichtbare Hand uns törichten Menschen nicht gezielt erlaubt, vor dem Spiegel unserer eigenen Eitelkeit auf und ab zu gehen, bis wir merken, wie primitiv wir eigentlich handeln und es dann aufgeben. Ich glaubte, eine klare Strecke vor mir zu haben. Es war genug Kohle im Kasten und Wasser im Tank. Ich hatte die Hand am Ventil und machte Dampf.

Das Schicksal erwartete mich an der nächsten Kurve mit einem ausgestopften Knüppel – und er war nicht mit Watte ausgestopft –, doch die drohende Katastrophe sah ich natürlich erst, als sie sich tatsächlich ereignete. Meine Geschichte ist traurig, doch sie ist auch nicht trauriger als die, die andere auch erzählen würden, wenn sie sich selbst gegenüber ehrlich wären.

Wie ein Blitz aus heiterem Himmel brach die Finanzkrise des Jahres 1907[3] über mich herein. Sie fegte jeden Dollar, den ich besaß, über Nacht hinweg. Der Mann, mit dem ich Geschäfte machte, zog sich zurück – zwar von der Panik getroffen, aber ohne Verluste zu machen. Er verließ mich, der ich nichts mehr hatte außer der leeren Hülle eines Unternehmens, das nichts mehr besaß bis auf einen guten Ruf. Für diesen Ruf hätte ich mir Holz im Wert von Hunderttausend Dollar kaufen können. Ein Winkeladvokat, der später eine Freiheitsstrafe verbüßte – für irgendein anderes Verbrechen, dessen Einzelheiten zu zahlreich sind, um sie hier aufzuzählen –, witterte eine Möglichkeit, den guten Ruf und das, was mir von dem Holzbetrieb noch geblieben war, in Bargeld umzuwandeln. Zusammen mit einer Gruppe anderer Männer kaufte er das Unternehmen und führte es weiter.

Ein Jahr später erfuhr ich, dass sie so viel Holz kauften wie nur irgend möglich, es wieder verkauften und die Gewinne daraus in die eigenen Taschen steckten, ohne etwas dafür abzuführen. Ohne mein Wissen wurde mein guter Name also dazu missbraucht, die Gläubiger zu betrügen, die wiederum erst, als es schon zu spät war, erfuhren, dass ich keinerlei Verbindung mehr zu dem Unternehmen hatte.

Diese Niederlage war für diejenigen, die infolge des Missbrauchs meines guten Rufes Verluste erlitten hatten, sehr hart, für mich stellte sie jedoch den zweiten wichtigen Wendepunkt in meinem Leben dar. Sie drängte mich aus der Art Geschäft, die außer Geld keine andere Möglichkeit der Vergütung vorsah und die keine Gelegenheit zu persönlichem Wachstum aus dem »Inneren« heraus bot.

Mit aller Gewalt kämpfte ich darum, mein Unternehmen in der Zeit der finanziellen Krise zu retten, doch ich war hilflos wie ein Säugling. Der Strudel trug mich aus dem Holzgeschäft hinaus an die juristische Fakultät einer Universität, wo es mir gelang, mich ein Stück mehr von meiner Unwissenheit, Selbstgefälligkeit und von meinem unzureichenden Bildungsstand zu befreien, ein Trio, gegen das kaum ein Mann erfolgreich ankämpfen kann.

DER DRITTE WENDEPUNKT

Um meine Bemühungen vom Holzgeschäft abzuwenden und auf das Jurastudium zu lenken, war die Finanzkrise von 1907 und die Niederlage, die sie mir einbrachte, anscheinend unerlässlich. Nichts auf der Welt, außer diesem Scheitern oder dem, was ich seinerzeit als Scheitern bezeichnete, hätte dieses Ergebnis hervorbringen können. Der zweite Wendepunkt in meinem Leben wurde also durch eine Niederlage eingeleitet, was mich daran erinnert, darauf hinzuweisen, dass wir aus jeder Niederlage eine wichtige Lehre ziehen können – wir müssen sie nur erkennen.

Als ich mein Studium an der juristischen Fakultät aufnahm, tat ich das in dem festen Glauben, dass ich nach dem Studienabschluss doppelt gut darauf vorbereitet sein würde, das Ende des Regenbogens zu erreichen und meinen Topf voll Gold in Anspruch zu nehmen. Noch immer hatte ich kein höheres Ziel als Geld anzusammeln. Dabei war das, was ich am meisten verehrte, der flüchtigste Gegenstand der Welt, der mir stets entwischte – zwar immer in Sichtweite, aber immer unerreichbar.

Abends besuchte ich die Kurse an der juristischen Fakultät und tagsüber arbeitete ich als Autoverkäufer. Meine Verkaufserfahrungen aus dem Holzgeschäft erwiesen sich als sehr vorteilhaft. Ich hatte schnell Erfolg und indem ich weiterhin die Gewohnheit pflegte, mehr Arbeitsleistungen zu erbringen als die, die bezahlt wurden, war ich so gut, dass ich das Angebot erhielt, in das Geschäft der Automobilherstellung einzusteigen. Ich stellte fest, dass Automobilmechaniker benötigt wurden, also schuf ich eine Ausbildungsabteilung und begann, einfache Mechaniker in der Montage und Reparatur von Autos zu unterrichten. Die Schule entwickelte sich so erfolgreich, dass sie mir bald jeden Monat mehr als 1.000 Dollar Reingewinn einbrachte.

Wieder sah ich das Ende meines Regenbogens förmlich vor mir. Wieder war mir klar, dass ich in der Arbeitswelt meine Nische gefunden hatte. Wieder war ich sicher, dass mich nichts dazu bringen könnte, von meinem Kurs abzuweichen oder meine Aufmerksamkeit vom Automobilgeschäft abzuwenden. Mein Bankier sah, wie gut ich vorankam. Er weitete meinen Kreditrahmen aus, damit ich expandieren konnte. Er ermunterte mich, in Sparten zu investieren, die außerhalb meines Geschäftsbereichs lagen. Mein Bankier war der beste Mann der Welt, so sah ich ihn zumindest. Er lieh mir viele Tausend Dollar nur gegen Unterschrift und ohne Übertragungsvermerk.[4]

Doch wie es leider schon immer war, folgt auf den Sonnenschein nun einmal der Regen. Mein Bankier lieh mir so lange Geld, bis ich hoffnungslos in seiner Schuld stand, dann übernahm er mein Geschäft. Das alles geschah so plötzlich, dass ich wie betäubt war. Ich hätte nicht vermutet, dass so etwas möglich ist. Sie sehen, dass ich noch viel über die Eigenheiten der Menschen zu lernen hatte, besonders über den Schlag, zu dem offensichtlich leider auch mein Bankier zählte – ein Typus, den man, so muss ich dem Bankgeschäft gegenüber gerechterweise einräumen, in dieser Branche nur selten antrifft.

Aus der Position des Geschäftsmannes mit einem Netto-Einkommen von über 1.000 Dollar pro Monat und des Besitzers von einem halben Dutzend Autos und allerhand anderen Plunders, der – was ich damals nicht wusste – überflüssig war, wurde ich ganz plötzlich an den Bettelstab gebracht.

Das Ende des Regenbogens verschwand und erst viele Jahre später lernte ich, dass diese Niederlage wahrscheinlich der größte Segen war, der mir widerfahren ist, weil sie mich aus einem Geschäft drängte, das mir in keiner Weise dabei half, meine menschliche Seite zu entwickeln. Obendrein lenkte sie meine Bemühungen in Bahnen, in denen ich viele Erfahrungen machte, die ich dringend brauchte.

Ich glaube, dass es an dieser Stelle erwähnenswert ist, dass ich einige Jahre nach diesem Vorfall nach Washington D.C. zurückkehrte und aus Neugierde die alte Bank besuchte, an der mir einst diese großzügige Kreditlinie gewährt worden war. Natürlich rechnete ich damit, dort ein florierendes Bankhaus vorzufinden.

Doch zu meinem großen Entsetzen stellte ich fest, dass die Bank ihr Geschäft aufgegeben hatte. Das Bankhaus diente als Kantine für Arbeiter und mein ehemaliger Freund, der Bankier, war bankrott gegangen. Ich begegnete ihm auf der Straße, er war völlig mittellos. Er hatte rote geschwollene Augen und sein Anblick brachte mich zum Zweifeln – zum ersten Mal in meinem Leben fragte ich mich, ob man am Ende des Regenbogens vielleicht einen anderen Wert als Geld finden könnte.

Wohlgemerkt war diese zeitweise zweifelnde Haltung weder eine offene Rebellion, noch behielt ich sie lange genug bei, um eine Antwort zu erhalten. Sie kam mir bloß wie ein flüchtiger Gedanke in den Sinn und verschwand dann gleich wieder. Hätte ich damals schon so viel über die Deutung von Ereignissen im Leben eines Menschen gewusst wie heute, dann hätte ich diesen Umstand als Hinweis erkannt, den mir die unsichtbare Hand gegeben hatte. Hätte ich damals schon das Gesetz der ausgleichenden Gerechtigkeit gekannt, wäre ich nicht so überrascht gewesen, als ich meinen Bankier am Bettelstab vorfand, denn ich hatte, allerdings zu spät, erfahren, dass mein Fall nur einer von hunderten ähnlicher Fälle war, die seiner Art von Geschäftsmoral zum Opfer gefallen waren.

Ich bin noch nie in meinem Leben in eine härtere Schlacht gezogen als in die um meinen Verbleib im Automobilgeschäft. Ich borgte mir 4.000 Dollar von meiner Frau und investierte das Geld in einem vergeblichen Versuch, in dem Geschäft zu bleiben, für das ich meiner Überzeugung nach am besten geeignet war. Jedoch hielten Kräfte, die ich nicht kontrollieren konnte und damals noch nicht verstand, anscheinend nicht viel von meinen Bemühungen, im Automobilgeschäft zu bleiben. Zum Preis einer gehörigen Portion Stolz fügte ich mich ihnen und da ich nicht wusste, was ich sonst tun sollte, ging ich dazu über, nunmehr die juristischen Kenntnisse, die ich erworben hatte, einzusetzen.

DER VIERTE WENDEPUNKT

Weil ich der Mann meiner Frau war und sie einflussreiche Verwandte hatte, erhielt ich eine Anstellung als Assistent eines Juristen, der in leitender Funktion für eines der weltweit größten Unternehmen dieser Art arbeitete. Mein Gehalt war gegenüber dem, was die Firma Anfängern normalerweise zahlte, überproportioniert und es stand erst recht in keinem Verhältnis zu dem, was ich wert war. Doch Beziehungen sind nun einmal Beziehungen und ich war dort, weil ich nun einmal dort war. Es ergab sich so, dass ich das, was mir an juristischen Fähigkeiten fehlte, durch das eine, solide Grundprinzip ausgleichen konnte, das ich an der Wirtschaftshochschule gelernt hatte – nämlich, wo immer es ging, mehr und bessere Arbeitsleistungen zu erbringen als die, die bezahlt wurden.

Ich behauptete mich ohne Schwierigkeiten in meiner Stellung. Ich hatte praktisch einen lebenslangen Ankerplatz, wenn ich denn Wert darauf gelegt hätte, ihn zu behalten. Doch eines Tages tat ich etwas, was meine persönlichen Freunde und Verwandten als verrückt bezeichneten. Ganz unvermittelt kündigte ich meine Anstellung. Als man mich drängte, einen Grund dafür anzugeben, nannte ich einen, der mir sehr vernünftig erschien, doch ich hatte Mühe, den Familienkreis zu überzeugen, dass ich klug gehandelt hatte. Noch größere Schwierigkeiten hatte ich, einigen meiner Freunde klar zu machen, dass ich noch ganz bei Verstand war.

Ich hatte gekündigt, weil ich die Arbeit zu leicht fand und weil ich sie zu mühelos erledigen konnte. Ich sah mich bereits in eine gewohnheitsmäßige Trägheit abgleiten. Ich spürte, wie sehr es mir gefiel, die Dinge leicht zu nehmen und mir war klar, dass der nächste Schritt ein Rückschritt sein würde. Es gab keine bestimmte treibende Kraft, die mich dazu drängte oder veranlasste, weiter in Bewegung zu bleiben. Ich hatte Freunde und Verwandte. Ich hatte eine Arbeit, die ich so lange behalten konnte, wie ich wollte, ein Gehalt, mit dem ich ein Haus, ein gutes Auto und genug Benzin zum Fahren bezahlen konnte.

Was brauchte ich denn sonst noch? Dies war die Haltung, in die ich hineinglitt. Eine Einstellung, die mich alarmierte. Auch wenn ich damals in einigen anderen Angelegenheiten sehr unwissend gewesen sein mag, so habe ich doch immer Dankbarkeit empfunden, genug Gespür dafür gehabt zu haben, dass Stärke und Wachstum nur aus Kampf heraus entstehen und dass Unbeweglichkeit dagegen zu Verkümmerung und Verfall führt.

Dieser Schritt sollte den nächsten wichtigen Wendepunkt in meinem Leben darstellen, obwohl ihm zehn äußerst anstrengende Jahre folgten, die mir so gut wie jeden Kummer bescherten, den das Herz eines Menschen erleben kann. Ich gab meine Anstellung im Rechtsbereich auf, obwohl ich dort gut zurechtkam und obwohl meine Freunde und Verwandten glaubten, dass eine heitere und ungewöhnlich vielversprechende Zukunft vor mir lag. Ich bin so frei zuzugeben, dass es für mich stets ein Quell der Verwunderung war, warum und wie ich den Mut aufbrachte, diesen Schritt zu machen. Soweit ich es richtig zu deuten vermag, kam ich eher durch eine »Ahnung« oder einen inneren Drang, den ich kaum verstand, zu dieser Entscheidung als durch logische Schlussfolgerungen.

Als Aufenthaltsort wählte ich Chicago, weil ich die Stadt für das umkämpfteste Geschäftsfeld der Welt hielt. Ich hatte das Gefühl, dass ich, wenn ich nach Chicago kommen und in irgendeinem legalen Geschäftsbereich Anerkennung finden könnte, mir selbst beweisen würde, dass ich Voraussetzungen in mir trug, aus denen eines Tages wahre Fähigkeiten werden könnten. Das war ein eigenartiges Verfahren der Beweisführung, zumindest schien es mir seinerzeit so. Das bringt mich darauf, einzuräumen, dass wir Menschen häufig für Intelligenzleistungen Lob einheimsen, das uns gar nicht zusteht. Ich fürchte, dass wir uns nur allzu oft mit Lorbeeren für Weisheit oder Leistungen schmücken, die Ursachen haben, die wir keinesfalls kontrollieren und für die wir keineswegs verantwortlich sind.

Dieser Gedanke, so merke ich pflichtgemäß an, zieht sich wie ein roter Faden durch meine Analyse der sieben wichtigsten Wendepunkte in meinem Leben. Obgleich ich nicht den Eindruck erwecken möchte, dass alle unsere Handlungen von Ursachen jenseits unserer Kontrolle regiert werden, rate ich Ihnen dringend, so klug zu sein, die Beweggründe, die die entscheidenden Wendepunkte in unserem Leben markieren, sorgfältig zu prüfen und korrekt zu deuten. Gemeint sind die Punkte, an denen unsere Bemühungen – völlig ungeachtet dessen, was wir selbst tun könnten – von der einen in eine andere Richtung gelenkt werden. Ich biete Ihnen weder eine Theorie noch eine Hypothese an, die diese merkwürdige Absonderlichkeit erklären, denn ich glaube, dass Sie die Antwort durch die Deutungskraft Ihrer Religion, welche auch immer das sein mag, selbst finden werden.

Als ich in Chicago eintraf, konnte ich nicht einmal ein Empfehlungsschreiben vorweisen. Mein Ziel war es, mich nach meiner Leistung zu verkaufen oder zumindest nach dem, was ich für Leistung hielt. Ich erhielt einen Posten als Abteilungsleiter in der Werbung. Ich wusste fast nichts über Werbung, doch meine vorherige Erfahrung als Verkäufer kam mir zu Hilfe und mein alter Freund – die Gewohnheit, mehr Leistung zu erbringen als die, die bezahlt wurde – verhalf mir zu einer anständigen Bilanz auf der Habenseite meines Kontos.

Im ersten Jahr verdiente ich 5.200 Dollar!

Ich kam sprunghaft wieder nach oben. Allmählich begann der Regenbogen wieder, um mich zu kreisen und ich sah einmal mehr den glitzernden Topf voll Gold fast in Reichweite. Ich glaube, es ist wichtig, im Auge zu behalten, dass mein Maßstab für Erfolg immer in Dollars festgelegt wurde und dass das Ende meines Regenbogens nichts anderes als einen Topf voll Gold verhieß. Sollte es mir bis zu diesem Zeitpunkt jemals in den Sinn gekommen sein, dass man am Ende des Regenbogens auch etwas anderes vorfinden könnte als den Topf voll Gold, dann war es lediglich ein flüchtiger Gedanke, der nur einen schwachen Eindruck hinterließ.

Im Lauf der Jahrhunderte lieferte uns die Geschichte immer wieder Beispiele dafür, dass einem Aufstieg gewöhnlich ein Untergang folgt. Ich befand mich im Aufstieg und erwartete nicht, am Ende abzustürzen. Vermutlich sieht niemand jemals seinen eigenen Fall kommen, bis er unmittelbar bevorsteht, aber er ist unvermeidbar, wenn man nicht solide Grundprinzipien hat.

Kapitel 2

DER FÜNFTE WENDEPUNKT

Als Abteilungsleiter in der Werbung erarbeitete ich mir einen guten Ruf. Der Unternehmensdirektor war von meiner Arbeit angetan und half mir später dabei, die Süßwarenfirma *Betsy Ross Candy Company* aufzuziehen. Ich wurde Direktor und das brachte mich zum nächsten wichtigen Wendepunkt in meinem Leben. Das Geschäft expandierte allmählich und bald verfügten wir über eine Ladenkette mit Filialen in achtzehn verschiedenen Städten. Wieder sah ich das Ende des Regenbogens fast in greifbarer Nähe. Ich war sicher, endlich die Branche gefunden zu haben, in der ich mein Leben lang bleiben wollte. Dabei gebe ich offen zu, dass wir unsere Strategie und unser Geschäft nach dem Vorbild einer anderen Süßwarenfirma entwickelt haben. Ihr Manager für die Staaten im Westen der USA war ein persönlicher Freund und früherer Geschäftspartner von mir. Sein überwältigender Erfolg hat für mich den Ausschlag dafür gegeben, in die Süßwarenbranche einzusteigen. Sie ahnen sicher schon jetzt, wie unser Süßwarengeschäft endete.

Bitte sehen Sie mir nach, das ich noch einen Augenblick lang abschweife und über einen Punkt philosophiere, der Millionen von Menschen zurecht Misserfolge eingebracht hat. Es handelt sich um die Praxis, sich das Vorhaben von jemand anderem anzueignen, anstatt selbst eines auszuarbeiten. Obwohl ein solches Vorgehen nicht illegal ist, ist die Sympathie der Öffentlichkeit nie auf der Seite eines Menschen, der ganz offensichtlich die Idee von jemand anderem kopiert.

Doch die öffentliche Ächtung ist nicht das Schlimmste, mit dem derjenige zu kämpfen hat, der diesen Fehler macht. Denn wer nur nachahmt, geht niemals mit demselben Eifer ans Werk, wie jemand, der ein Vorhaben in seinem eigenen Herzen geboren und mit seinem eigenen Verstand zur Reifung gebracht hat.

Eine Zeitlang lief alles glatt, bis mein Geschäftspartner und ein dritter Mann, den wir später in unser Geschäft geholt hatten, plötzlich auf die Idee kamen, meine Geschäftsanteile zu übernehmen, ohne dafür zu bezahlen. Menschen die so etwas tun, begreifen den Fehler, den sie damit machen, meist erst im Nachhinein – wenn sie den Preis für ihre Torheit bereits bezahlt haben.

Ihr Plan ging auf, doch ich leistete mehr Widerstand, als sie erwartet hatten. Um mich trotzdem sanft in Richtung »Ausgang« drängen zu können, ließen sie mich aufgrund einer falschen Anklage festnehmen und boten mir an, sich außergerichtlich mit mir zu einigen. Dafür hätte ich allerdings meinen Anteil am Unternehmen an sie abtreten sollen. Ich verweigerte und bestand darauf, dass die Klage vor Gericht verhandelt wurde. Als es soweit war, war niemand anwesend, der etwas gegen mich vorzubringen hatte. Trotzdem bestand ich auf einer Verfolgung und bat das Gericht, den Belastungszeugen aufzufordern, als Kläger aufzutreten – was er dann auch tat.

Doch noch bevor der Prozess weit fortgeschritten war, stellte der Richter die Verhandlungen ein. Dabei merkte er an, dass »dies einer der ungeheuerlichsten Fälle von versuchter Nötigung wäre, der ihm je untergekommen sei.«

Um meinen guten Ruf zu wahren, reichte ich eine Klage auf Schadenersatz in Höhe von 50.000 Dollar ein. Fünf Jahre später wurde der Fall vor dem obersten Gericht von Chicago verhandelt und es erging ein wichtiges Urteil zu meinen Gunsten. Bei dieser Schadenersatzklage wurde eine Entschädigung für üble Nachrede in einem schweren Fall eingeklagt. Ein Urteil, das in einem solchen Prozess um Schadenersatz ergeht, beinhaltet auch das Recht, den Verurteilten so lange zu inhaftieren, bis er die in Rede stehende Summe gezahlt hat.

Ich vermute aber, dass während dieser fünf Jahre ein noch viel höheres Gesetz in Kraft war, als jenes, das Schadenersatzklagen regelt. Denn noch bevor meine Klage überhaupt verhandelt wurde, saß einer der Beteiligten bereits im staatlichen Gefängnis. Derjenige, der den Plan ersonnen hatte, meinen Anteil am Geschäft abzupressen, leistete dort eine Haftstrafe für ein anderes Verbrechen ab, das mit dem gegen mich nichts zu tun hatte. Der andere Beteiligte hatte seine gute Stellung im Leben verloren, war verarmt und in Ungnade gefallen.

Mein Urteil lagert in den Akten des höchsten Gerichts von Chicago sowohl als stiller Beweis zur Verteidigung meines guten Rufes als auch als Beweis für etwas noch viel Wichtigeres: Nämlich dafür, dass die unsichtbare Hand, die das Schicksal all derer lenkt, die ernsthaft nach der Wahrheit suchen, aus meinem Geist jegliches Verlangen nach dem »Stück vom Kuchen«, das mir zusteht, entfernt hat. Die Geldstrafe zu Lasten meiner Verleumder wurde nie geltend gemacht und ich werde mich auch nicht darum bemühen, dass dies geschieht. Denn ich vermute, dass sie ihre Strafe inzwischen viele Male bezahlt haben – mit Blut, Reue, Bedauern und Misserfolgen. Von alledem wurden diejenigen heimgesucht, die meinen Ruf zu ihrem persönlichen Vorteil schädigen wollten.

Im Ergebnis war dies eine der größten Segnungen, die ich je erfahren habe, weil ich gelernt hatte, zu vergeben. Ich lernte auch, dass das Gesetz der ausgleichenden Gerechtigkeit immer und überall gilt, genau wie der Ausspruch: »Denn was der Mensch sät, das wird er ernten.« Dieser Vorgang löschte den letzten verbliebenen Gedanken daran, mich jemals persönlich zu rächen, aus meinem Geist. Er lehrte mich, dass die Zeit der Freund all derer ist, die im Recht sind und der Todfeind all derer, die ungerechte und zerstörerische Bestrebungen verfolgen. Das Ereignis brachte mich dazu, eine Aussage des Herrn besser zu verstehen: »Vergib ihnen Vater, denn sie wissen nicht, was sie tun.«

Soeben ist etwas Merkwürdiges geschehen! Vor einem kurzen Moment holte ich meine Armbanduhr hervor. Sie rutschte mir aus der Hand, fiel auf den Boden und zersprang in tausend Stücke. Ich hob die Überreste dessen auf, was noch vor wenigen Momenten ein herrlicher Zeitmesser war. Als ich ihn umdrehte und ansah, erinnerte mich das daran, dass es nichts gibt, was »einfach nur so« geschieht. Meine Uhr war durch eine höhere Macht erschaffen worden, um nach einem bestimmten Plan ein bestimmtes Werk zu vollbringen. Noch stärker ist die Gewissheit, dass auch wir Menschen von einer höheren Macht nach einem bestimmten Vorbild erschaffen wurden, um ein bestimmtes Werk zu vollbringen.

Welch ein Segen es doch ist, wenn wir zu der Erkenntnis erlangen, dass wir nicht erschaffen wurden, um zerstörerisch zu handeln. Auch der materielle Wohlstand, den wir ansammeln, ist letztlich so nutzlos wie der Staub, zu dem unser Fleisch und Blut eines Tages wieder werden wird.

Manchmal frage ich mich, ob ein Mensch, gegen den sich andere versündigt haben, der bespuckt, beleidigt und an das Kreuz der Unwissenheit geschlagen wurde, nicht viel schneller zum völligen Verständnis dieser Wahrheit gelangt. Mitunter frage ich mich auch, ob es nicht für uns alle gut wäre, Erfahrungen zu machen, die unseren Glauben auf die Probe stellen und unsere Geduld fordern, sowie Erfahrungen, durch die wir die Kontrolle über uns selbst verlieren und die uns zurückwerfen. Denn vor allem durch solche Erfahrungen lernen wir, wie sinnlos Hass, Neid und Selbstsucht sind sowie die Absicht, das Glück eines anderen zu zerstören oder zu untergraben.

Die Erfahrungen von anderen können uns dazu dienen, unseren Intellekt zu schärfen, doch nur unsere eigenen Erfahrungen beleben unsere Gefühle und entwickeln sie weiter. Deshalb können wir von jeder Erfahrung, die auf unsere Gefühle einwirkt, profitieren – ganz gleich, ob sie uns Freude oder Kummer bringt. Eine eingehende Untersuchung der Lebensläufe von Männern, die vom Schicksal auserwählt wurden, hat gezeigt, dass fast jeder von ihnen in den Mühlen gnadenloser Erfahrungen schwer geprüft wurde, bevor er Erfolge erzielte. Das führt mich zu der Frage, ob die unsichtbare Hand nicht erst die Beschaffenheit des Menschen auf allerlei verschiedene Arten prüft, bevor sie ernsthafte Verantwortung auf seine Schultern legt.

Der Platz hier reicht nicht aus, um weiter über diesen Punkt zu philosophieren, doch ich empfehle Ihnen, einmal ernsthaft über den hier aufgezeigten Gedanken nachzudenken und ihn weiterzuführen – Sie werden dann zu Ihren eigenen Schlüssen gelangen. Lassen Sie mich Ihre Aufmerksamkeit bitte noch auf zwei weitere wichtige Tatsachen lenken, bevor ich auf den nächsten bedeutsamen Wendepunkt in meinem Leben eingehe: Jeder dieser Wendpunkte hat mich dem Ende meines Regenbogens näher gebracht und jeder einzelne brachte mir nützliches Wissen, das später auf Dauer zum festen Bestandteil meiner Lebensphilosophie wurde. Darüber hinaus ist denjenigen, die versucht haben, mich zu vernichten, dasselbe Schicksal widerfahren, das sie eigentlich mir angedeihen lassen wollten.

DER SECHSTE WENDEPUNKT

Kommen wir nun zu dem Wendepunkt, der mich vermutlich näher an das Ende des Regenbogens geführt hat, als alle anderen zuvor. Denn er versetzte mich in eine Lage, in der ich mich gezwungen sah, alles Wissen einzusetzen, das ich bis dahin über jedes mir geläufige Thema erworben hatte. Dieser Wendepunkt ermöglichte es mir, mich selbst in einer Weise auszudrücken und mich persönlich zu entwickeln, wie es einem Menschen zu solch einem frühen Zeitpunkt im Leben nur selten vergönnt ist.

Ich gelangte an diesen Wendepunkt, nachdem ich aus dem Süßwarengeschäft gedrängt worden war und meine Bemühungen auf die Werbung und die Verkaufskunst verlagert hatte.

Ein kluger Philosoph hat einmal gesagt, dass wir erst dann etwas lernen, wenn wir anfangen, andere darin zu unterrichten. Meine Erfahrung als Lehrer hat mir gezeigt, dass das zutrifft. Meine Schule war von Anfang an erfolgreich. Ich begann mit einer regulären, ortsansässigen Schule und mit einer Fernschule, in der wir Studenten aus nahezu jedem englischsprachigen Land unterrichteten.

Trotz der Verwüstungen des Krieges wuchs meine Schule rasant und ich sah das Ende des Regenbogens immer näher kommen. Ich war ihm so nahe, dass ich fast nur noch den Arm ausstrecken und nach dem Topf voller Gold greifen brauchte.

Aufgrund der Leistungen, die ich erbrachte und des guten Rufes, zu dem ich gelangte, zog ich die Aufmerksamkeit eines Firmendirektors auf mich, der mich für jeweils drei Wochen im Monat zu einem Jahresgehalt von 105.200 Dollar einstellte. Das war deutlich mehr als der Präsident der Vereinigten Staaten verdiente. Vor allem dank einer Verkettung von glücklichen Zufällen baute ich in weniger als sechs Monaten eine der effizientesten Belegschaften in ganz Amerika auf. Ich steigerte die Gewinne der Firma erheblich. Letzten Endes war der Marktwert des Unternehmens um 20 Millionen Dollar höher als zu der Zeit, als ich ihre Geschicke in die Hand nahm.

Mal ehrlich, hätten Sie es an meiner Stelle nicht auch für gerechtfertigt gehalten, anzunehmen, dass Sie das Ende Ihres Regenbogens gefunden hätten? Hätten Sie nicht auch mit Fug und Recht von sich gesagt, Sie hätten Erfolge erzielt?

Ich glaube, erfolgreich zu sein, doch einer der schwersten Schocks, die ich je erlebt hatte, stand mir erst noch bevor: Teilweise lag es daran, dass der Unternehmensdirektor, für den ich arbeitete, unehrlich war. Doch vermutlich gab es noch eine vorrangigere Ursache, nämlich die Lektion, die mir das Schicksal aufgetragen hatte. Mein Lohn in Höhe von 100.000 Dollar war daran gebunden, dass ich ein Jahr lang in der Stellung des Personaldirektors verblieb. Doch nach weniger als der Hälfte der Zeit sah ich allmählich, wie ich begann, Macht anzuhäufen und sie einem Mann in die Hand zu geben, den sie betrunken machte. Ich sah förmlich, wie der Ruin ihn schon an der nächsten Straßenecke erwartete. Diese Entdeckung machte mir großen Kummer. Ich war moralisch für ein Kapital von mehreren Millionen Dollar verantwortlich, das ehrliche amerikanische Bürger auf mein Anraten hin in dieses Unternehmen investiert hatten. Rechtlich trug ich dafür jedoch keine Verantwortung.

Letzten Endes trieb ich die Angelegenheit auf die Spitze, indem ich dem Unternehmensdirektor ein Ultimatum setzte, das Vermögen der Firma entweder einem finanziellen Kontrollrat zu unterstellen oder aber meine Kündigung zu akzeptieren. Er lachte über meinen Vorschlag, weil er nicht glaubte, dass ich meinen Vertrag brechen und 100.000 Dollar verlieren wollen würde. Das hätte ich wohl auch nicht getan, wenn ich mich nicht gegenüber Tausenden von Investoren moralisch verantwortlich gefühlt hätte. Doch ich legte mein Amt nieder, sorgte dafür, dass das Unternehmen in die Hände seines eigentlichen Inhabers zurückging und bewahrte es dadurch vor einem geldgierigen jungen Mann. Das brachte mir etwas Befriedigung und das laute Gespött meiner Freunde ein; obendrein kostete es mich 100.000 Dollar.

In diesem Moment sah ich das Ende meines Regenbogens nur noch ganz verschwommen und in recht weiter Ferne. Es gab Momente, in denen ich mich fragte, was mich wohl dazu gebracht hatte, mich derart zum Narren zu machen und ein Vermögen wegzuwerfen, bloß um jene zu schützen, die niemals auch nur erfahren würden, dass ich mich für sie aufgeopfert hatte.

In einem dieser Momente der Erinnerung spürte ich in meiner Herzgegend eine Glocke läuten. Ein solches Läuten kommt zumindest dem Gefühl nahe, das ich in dem Augenblick hatte. Durch das Läuten offenbarte sich mir eine Botschaft – eine klare, deutliche und unmissverständliche Botschaft. Sie trug mir auf, zu meiner Entscheidung zu stehen und dankbar dafür zu sein, dass ich den Mut hatte, sie zu treffen. Bitte merken Sie sich, was ich über diese läutende Glocke geschrieben habe, auf dieses Thema werde ich später noch einmal zurückkommen.

Seit diesem bedeutsamen Augenblick habe ich das Läuten der Glocke häufiger vernommen. Inzwischen habe ich begriffen, was es bedeutet. Ich zeige mich empfänglich für das Läuten und die Botschaft, die es transportiert, denn sie führt mich stets in die jeweils richtige Richtung. Vielleicht würden Sie das Läuten der Glocke nicht als Botschaft bezeichnen, doch mir fällt kein besserer Ausdruck ein, um diese Erfahrungen zu beschreiben, die zu den sonderbarsten in meinem Leben zählen.

An diesem Punkt begann ich, außer dem Läuten der Glocke noch etwas anderes zu erleben: Ich fragte mich nunmehr, ob mir das Ende des Regenbogens die ganzen Jahre nicht nur deshalb entwischt war und mich von einem Berg des Scheiterns über den nächsten jagte, weil ich auf die falsche Belohnung wartete. Wohlgemerkt, ich stellte mir damals nur einmal kurz diese Frage – mehr nicht.

Dies führt mich zum siebten und letzen wichtigen Wendpunkt in meinem Leben.

Bevor ich aber mit der Beschreibung dieses letzten Wendepunktes fortfahre, fühle ich mich verpflichtet, anzumerken, dass jedes Ereignis, das ich bis hierher beschrieben habe, für sich genomen keinerlei praktische Bedeutung hat. Wenn ich jeden der sechs Wendepunkte einzeln betrachte, dann bedeuten sie weder mir etwas noch werden Sie Ihnen etwas sagen. Betrachtet man sie aber im Zusammenhang, so bilden sie die Grundlage für den nächsten und letzten Wendepunkt. Zusammen genommen sind sie der beste Beweis dafür, dass wir Menschen fortwährend evolutionären Veränderungen unterliegen. Das geschieht im Ergebnis der verschiedenen Erfahrungen, die wir machen, auch wenn eine der Erfahrungen für sich genommen keine bestimmte, verwertbare Lehre vermittelt.

Ich sehe mich gezwungen, diesen Gesichtspunkt so ausführlich zu erläutern, weil ich jetzt an einem Punkt in meiner beruflichen Laufbahn stehe, an dem der Mensch entweder durch eine Niederlage zu Boden geht, oder sich zu höchsten Leistungen aufschwingt. Das richtet sich ganz danach, wie er vergangene Ereignisse deutet und ob er Zukunftspläne macht, die auf den Erfahrungen aus seiner Vergangenheit aufbauen. Würde ich meine Geschichte an dem Punkt, an dem ich gerade angelangt bin, beenden, dürfte sie ihnen keine große Botschaft vermitteln. Denn ein wichtiges Kapitel steht noch aus. Darin geht es um den siebten und letzten Wendepunkt in meinem Leben.

Bis hierher habe ich Ihnen noch nicht viel geboten, abgesehen von einer Reihe mehr oder weniger stark zusammenhängender Ereignisse, die jedes für sich genommen, nicht wichtig sind. Ich wiederhole diesen Gedanken, weil ich möchte, dass Sie ihn verstehen. Während Sie darüber nachdenken, vergessen Sie bitte auch nicht, dass man immer wieder rückblickend auf das Leben zurückschauen muss. Das Ziel dabei ist es, alle mehr oder weniger bedeutungslosen Ereignisse zusammenzutragen und sie dahingehend zu deuten, dass wir erkennen, was wir aus ihnen gelernt haben.

Die Erfahrungen, Fehlschläge, Enttäuschungen, Fehler und Wendepunkte in meinem Leben könnten sich, ohne jemals einen Nutzen zu haben, immer weiter fortsetzen – so lange bis der Tod eintrifft und seinen Tribut fordert. Es sei denn, wir erwachen und erkennen, dass uns jede einzelne Erfahrung eine Lehre sein soll. Wir sollten diese Erfahrungen auflisten, damit wir Nutzen aus ihnen ziehen können, anstatt sie immer wieder zu wiederholen.

DER SIEBTE WENDEPUNKT

Als Höhepunkt meiner Ausführungen werde ich die Summe all dessen auflisten, was ich an jedem dieser sieben Meilensteine in meinem Leben gelernt habe. Doch lassen Sie mich zunächst den siebten und letzten dieser Wendepunkte beschreiben. Dazu muss ich etwa ein Jahr zurückgehen, zu besagtem ereignisreichen Tag, dem 11. November 1918.

Jeder weiß, dass das der Tag des Waffenstillstandes war. Wie die meisten Menschen wurde auch ich vor lauter Begeisterung und Freude so betrunken, wie andere es von Wein werden. Obwohl ich praktisch kein Geld hatte, war ich glücklich zu hören, dass das Töten ein Ende hatte und dass nun die Vernunft wieder ihre gütigen Schwingen über die Welt ausbreiten würde.

Der Krieg hatte meine Schule ruiniert, aus der ich ein Einkommen von mehr als 15.000 Dollar jährlich hätte beziehen können, wenn unsere Jungen nicht zum Kriegsdienst einberufen worden wären. An diesem ereignisreichen Tag war ich genauso weit von dem Ende meines Regenbogens entfernt wie zwanzig Jahre zuvor. Damals stand ich an der klaffenden Stollenöffnung eines Kohlebergwerks, in dem ich als Arbeiter beschäftigt war und dachte an die Bemerkung, die der gütige alte Herr mir gegenüber am Vorabend gemacht hatte.

Jetzt begriff ich, dass zwischen mir und jeglicher Leistung, außer der eines Grubenarbeiters, ein gähnender Abgrund klaffte.

Doch ich war wieder glücklich! Dann trat dieser vagabundierende Gedanke in mein Bewusstsein und drängte mich erneut zu der Frage, ob ich nicht nach der falschen Art Belohnung am Ende des Regenbogens suchte.

Ohne etwas Bestimmtes im Sinn zu haben, setzte ich mich an die Schreibmaschine. Zu meinem Erstaunen begannen meine Finger, auf den Tasten eine gleichmäßige Symphonie zu spielen. So schnell oder so leicht hatte ich noch niemals zuvor geschrieben. Ich dachte gar nicht darüber nach, was ich schrieb, sondern ich schrieb und schrieb einfach immer weiter.

Als ich fertig war, lagen vor mir fünf Manuskriptseiten, die, soweit ich es beurteilen kann, ohne jeden zielgerichteten Gedanken meinerseits geschrieben worden waren. Es handelte sich um einen Leitartikel, aus dem heraus meine erste Zeitschrift ins Leben gerufen wurde, *Hill's Golden Rule*. Ich zeigte diesen Leitartikel einem wohlhabenden Mann und las ihn ihm vor. Noch bevor ich die letzte Zeile vorgelesen hatte, versprach er, meine Zeitschrift zu finanzieren.

Auf diese ein wenig dramatische Weise begann also ein Bedürfnis, das fast zwanzig Jahre in meinem Geist geschlummert hatte, in der Wirklichkeit zum Ausdruck zu kommen. Auch als ich zwanzig Jahre zuvor die Äußerung gemacht hatte, die den alten Herrn veranlasste, seine Hand auf meine Schulter zu legen und seine verheißungsvolle Bemerkung zu machen, hatte ich dieselbe Idee im Sinn. Sie entspringt der Vorstellung, dass die Goldene Regel der Leitgedanke für alle menschlichen Beziehungen sein sollte.

Ich wollte Zeit meines Lebens Zeitungsredakteur werden. Früher, vor mehr als dreißig Jahren, habe ich als ganz kleiner Junge stets für meinen Vater, der eine kleine Zeitung herausgab, die Presse »angeworfen« – dabei habe ich den Geruch von Druckerschwärze lieben gelernt.

Vielleicht gewann dieses Bedürfnis unbewusst an Triebkraft und brach schließlich in Form von Taten hervor. Vielleicht gab es aber auch noch einen anderen Plan, über den ich keine Kontrolle hatte und mit dessen Erstellung ich nichts zu tun hatte, der mich immer weiter drängte und der es mir nie gestattete, in irgendeiner anderen Berufssparte auch nur einen Moment zur Ruhe zu kommen, bis ich mit meiner ersten Zeitschrift begann. Diesen Punkt können wir aber momentan weglassen.

Die wichtige Tatsache, auf die ich nun Ihre Aufmerksamkeit lenken möchte, liegt darin, dass ich meine eigene Nische in der Arbeitswelt gefunden hatte, worüber ich sehr glücklich war. Seltsamerweise machte ich mich mit dieser Arbeit auf die letzte Etappe der sehr langen Wegstrecke, die ich auf der Suche nach dem Ende meines Regenbogens zurückgelegt habe, ohne auch nur einen einzigen Gedanken daran, einen Topf voller Gold finden zu wollen. Zum ersten Mal in meinem Leben schien ich zu spüren, dass es noch etwas Erstrebenswerteres im Leben gab, das mehr wert war als Gold. Deshalb machte ich mich auch mit nur einem einzigen Gedanken an die Ausarbeitung meines ersten Leitartikels – solange Sie darüber nachdenken, welcher Gedanke es war, mache ich kurz Pause – : Es handelte sich um den Gedanken, der Welt die beste Dienstleistung zu erbringen, zu der ich in der Lage war!

Die Zeitschrift war von Anfang an erfolgreich. Binnen nicht einmal sechs Monaten wurde sie in jedem englischsprachigen Land der Erde gelesen. Das brachte mir Anerkennung aus allen Teilen der Welt ein. Daraus ergab sich eine Vortragsreise, die ich 1920 unternahm und bei der ich jede große Stadt in Amerika besuchte. Diese Reise war an sich schon sehr lehrreich, weil sie mich in allen Landesteilen in äußerst engen Kontakt mit Menschen aus allen Gesellschaftsschichten brachte und mir die Möglichkeit gab, ihre Bedürfnisse, Wünsche und Gefühle zu studieren.

Bis einschließlich des sechsten wichtigen Wendepunktes in meinem Leben hatte ich mir ungefähr so viele Feinde gemacht, wie ich Freunde hatte. Doch nun ereignete sich etwas Merkwürdiges. Seit ich mit meiner Arbeit als Redakteur begann, habe ich Tausende von Freunden gewonnen; heute stehen mehr als hunderttausend Menschen fest hinter mir, weil sie an mich und meine Botschaft glauben.

Was hat zu dieser Veränderung geführt? Wenn Sie das Gesetz der Anziehung kennen, kennen Sie die Antwort: Gleich und Gleich gesellt sich gern. Ihnen ist dann auch klar, dass ein Mensch je nach den Gedanken, die in seinem Geist vorherrschen, entweder Freunde oder Feinde anzieht. Wenn ein Mensch eine feindselige Haltung dem Leben gegenüber annimmt, kann er nicht erwarten, dass andere ihm gegenüber eine andere Einstellung an den Tag legen, als eben diese.

Als ich anfing, die Goldene Regel in meiner ersten Zeitschrift zu propagieren, begann ich so gut es ging, auch selbst nach ihr zu leben. Zwischen dem bloßen Glauben an die Goldene Regel und ihrer tatsächlichen Praxis in Form von offensichtlichen Handlungen liegt ein großer Unterschied. Diese Wahrheit begriff ich, als ich mit meiner ersten Zeitschrift anfing. Dieses Einsehen brachte mich schlagartig dazu, ein Prinzip zu verstehen, das heute jeden Gedanken durchdringt, der sich dauerhaft in meinem Geist niederlässt. Dieses Prinzip bestimmt auch, soweit das menschenmöglich ist, jede Handlung, die ich ausführe. Bei diesem Gedanken handelt es sich um keinen anderen als den, den der Herr in seiner Bergpredigt festgeschrieben hat, als er uns ermahnte, die Menschen so zu behandeln, wie wir selbst von ihnen behandelt werden wollen

In den vergangenen drei Jahren, nachdem ich begonnen hatte, die gedanklichen Schwingungen der Goldenen Regel an hunderttausende Menschen auszusenden, haben sich diese Gedankenwellen vervielfältigt und bei ihrem Zurückschlagen überbrachten sie mir eine Flut von gutem Willen derjenigen, die meine Nachricht erreicht hat: »Denn was der Mensch sät, das wird er ernten.«

Ich habe die Samen der Güte gesät; ich habe dort, wo zuvor zerstörerische Gedanken herrschten, schöpferische Gedanken eingepflanzt; ich habe Menschen geholfen, zu erkennen, wie unsinnig es ist, sich gegenseitig zu bekämpfen und wie tugendhaft gemeinsame Anstrengungen sind. Das tat ich so lange, bis diese Gedanken auch in meiner eigenen Seele vorherrschend wurden und sie aufluden und belebten. So wurden sie zu einem Magnet, der die Zusammenarbeit und den guten Willen von Tausenden von Menschen anzog, die sich im Einklang mit diesen Gedanken befanden.

Zum siebten und letzten Mal näherte ich mich schnell dem Ende meines Regenbogens. Jede Straße des Scheiterns schien für mich gesperrt zu sein. Meine Feinde hatten sich allmählich in Freunde verwandelt und ich fand tausende neuer Freunde. Doch einer letzten Prüfung hatte ich mich noch zu stellen.

Die unsichtbare Hand verteilt die kostbaren Edelsteine des Wissens weder kostenlos noch hebt sie Menschen in verantwortungsvolle Positionen oder erschafft auserwählte Menschen, ohne sie auf die Probe zu stellen. Diese Prüfung findet normalerweise dann statt, wenn der Mensch sie am wenigsten erwartet; dadurch wird er überrumpelt und hat keine Möglichkeit, etwas anderes zu zeigen, als seine wahre Persönlichkeit.

Als die Zeit meiner Prüfung gekommen war, erwischte sie mich unerwartet und unvorbereitet, vor allem, so vermute ich, aufgrund der Tatsache, dass ich meine Flanken stets nur mit von Menschen geschaffenen Instrumenten schützte. Ich hatte mich zu stark auf mich selbst verlassen, statt auf die unsichtbare Hand. Mir war es nicht gelungen, einen glücklichen Mittelweg zwischen gerade genug aber nicht zu viel Eigenverantwortung zu beschreiben. Also brachte mir mein letzter und aufreibendster Wendepunkt viel Kummer, den ich hätte vermeiden können, wenn meine Kenntnis über die Ereignisse des menschlichen Lebens und die Macht, die sie kontrolliert, schon ein wenig ausgewogener gewesen wäre.

Wie schon bemerkt, näherte ich mich dem Ende meines Regenbogens in dem festen Glauben, dass nichts auf der Welt mich davon abbringen könnte, es zu erreichen und den Topf voller Gold und alles, was ein erfolgreicher Suchender sonst noch als großartige Belohnung erwartet, für mich in Anspruch zu nehmen.

Doch wie ein Blitz aus heiterem Himmel traf mich ein Schock! Das »Unmögliche« war passiert. Meine erste Zeitschrift *Hill's Golden Rule* war mir nicht nur über Nacht aus den Händen gerissen worden, sondern ihr Einfluss, den ich aufgebaut hatte, begann sich zeitweise als Waffe gegen mich zu richten.

Wieder hatten mich Menschen enttäuscht und ich dachte unfreundliche Dinge über sie. Es war ein heftiger Schlag für mich, aufzuwachen und zu erkennen, dass in der Goldenen Regel keinerlei Wahrheit lag – ausgerechnet die Regel, die ich nicht nur persönlich und auf den Seiten meiner Zeitschrift gegenüber Tausenden und Hunderttausenden gepredigt hatte, sondern die ich auch nach besten Möglichkeiten selbst zu leben versucht hatte.

Dies war der höchste Augenblick der Prüfung! Zeigten meine Erfahrungen, dass meine liebsten Prinzipien falsch waren und nichts weiter als eine Falle, in der sich die Unwissenden verfingen, oder war ich im Begriff eine große Lehre zu ziehen, die die Wahrhaftigkeit und die Gültigkeit dieser Prinzipien für den Rest meines irdischen Lebens und vielleicht auch für alle Ewigkeit erweisen sollte?

Diese Fragen gingen mir durch den Kopf.

Antworten fand ich nicht schnell. Das konnte ich nicht. Ich war so überwältigt, dass ich einfach innehalten und Atem holen musste. Ich hatte gepredigt, dass man nicht die Ideen und Pläne oder auch die Güter und Waren eines anderen Mannes stehlen und dennoch selbst zum Erfolg kommen konnte. Doch meine Erfahrung schien alles, was ich je zu diesem Thema geschrieben oder gesagt hatte, Lügen zu strafen. Denn die Männer, die mir mein über alles geliebtes Kind weggenommen hatten, schienen damit nicht nur Erfolg zu haben, sondern sie setzten es sogar als Instrument ein, um mich davon abzuhalten, meine Pläne für einen weltweiten Dienst an der Menschheit in die Tat umzusetzen.

Die Monate vergingen und ich war nicht in der Lage, etwas zu bewegen.

Ich war abgesetzt worden, meine Zeitschrift war mir weggenommen worden und meine Freunde schienen auf mich herabzusehen wie auf eine Art gefallenen Helden. Einige sagten, diese Erfahrung werde mich größer und stärker machen. Andere sagten, dass ich erledigt sei. Kommentare wie diese kamen und gingen und ich sah weiter voller Verwunderung zu und fühlte mich ganz ähnlich wie ein Mensch, der einen Alptraum hat, sich dessen zwar bewusst ist, daraus aber weder aufwachen oder auch nur den kleinen Finger rühren kann.

Buchstäblich hellwach erlebte ich einen Albtraum, der mich anscheinend fest im Griff hatte. Mein Mut hatte mich verlassen. Ich hatte meinen Glauben an die Menschheit fast verloren. Meine Liebe für die Menschheit wurde schwächer. Langsam aber sicher verkehrte sich meine Meinung darüber, was die höchsten und edelsten Ideale waren, die ich mehr als zwanzig Jahre lang entwickelt hatte, in ihr Gegenteil. Wochen erschienen wie eine Ewigkeit. Ein Tag schien so lang wie ein ganzes Leben.

Doch eines Tages klärte sich die Atmosphäre auf.

Und während ich schreibe, dass solche Situationen für gewöhnlich immer aufklaren, fällt mir ein, dass ich noch einmal abschweifen muss. Die Zeit ist ein wunderbares Heilmittel für Wunden. Sie heilt fast alles, was krank oder unwissend ist und die meisten von uns sind manchmal beides.

Am siebten und letzten Wendepunkt in meinem Leben war ich in größere Armut gefallen, als ich es zuvor je erlebt hatte. Praktisch über Nacht stieg ich aus einem wohleingerichteten Zuhause in eine Einzimmerwohnung ab. Da dieser Schlag mich genau in dem Moment traf, als ich gerade den Topf voller Gold am Ende meines Regenbogens ergreifen wollte, hieb er eine tiefe und hässliche Wunde in mein Herz. Während dieser kurzen Prüfung wurde ich dazu gebracht, im Staub der Armut zu knien und das harte Brot aller meiner alten Torheiten zu kauen. Als ich fast aufgegeben hatte, verflogen die dunklen Wolken genauso schnell, wie sie über mich gekommen waren.

Ich stand vor einer der schwierigsten Prüfungen, der ich je begegnet bin. Womöglich wurde noch kein Mensch strenger geprüft als ich. So empfand ich es damals zumindest.

Der Postbote brachte mir mein mageres Päckchen Briefe. Beim Öffnen betrachtete ich die blassrote Sonne, die schon fast am westlichen Horizont verschwunden war. Das schien mir ein Symbol dafür zu ein, was mir kurz bevorstand, denn ich hatte das Gefühl, dass auch die Sonne meiner Hoffnung im Westen unterging.

Als ich den zuoberst liegenden Briefumschlag aufriss, flatterte sofort ein Hinterlegungsscheck heraus und fiel mit der Schrift nach oben auf den Fußboden. Er war auf 25.000 Dollar ausgestellt. Eine ganze Minute lang hafteten meine Augen gebannt an diesem Stück Papier und ich fragte mich, ob ich nicht träumte. Ich trat näher an den Scheck heran, hob ihn auf und las den Begleitbrief.

Das ganze Geld war für mich bestimmt! Wann immer ich wollte, konnte ich es von der Bank abheben. Die Sache hatte nur zwei kleine Haken, doch diese Haken machten es erforderlich, dass ich mich moralisch dazu verpflichtete, allem, was ich darüber gepredigt hatte, die Interessen der Allgemeinheit über die des Einzelnen zu stellen, den Rücken zuzukehren.

Der erhabendste Augenblick der Prüfung war gekommen.

Sollte ich das Geld annehmen, das ausreichend Kapital darstellte, um meine Zeitschrift zu veröffentlichen oder sollte ich es zurückgeben und noch ein wenig länger aushalten? Das waren die ersten Fragen, die mir in den Sinn kamen.

Dann hörte ich in meiner Herzgegend das Läuten der Glocke. Diesmal war der Klang noch direkter. Er brachte das Blut in meinem Körper zum Prickeln. Mit dem Läuten der Glocke ging die direkteste Anweisung einher, die sich je in meinem Bewusstsein bemerkbar gemacht hat. Sie wurde von einer chemischen Veränderung in meinem Gehirn begleitet, wie ich sie vorher noch nie erlebt hatte. Es war eine positive, überraschende Anweisung, die mir eine Botschaft überbrachte, die ich nicht missverstehen konnte.

Ohne eine Belohnung zu versprechen, trug sie mir auf, die 25.000 Dollar zurückzugeben.

Ich zögerte. Doch die Glocke läutete weiter. Meine Füße schienen an Ort und Stelle wie angewurzelt. Ich konnte mich nicht vom Fleck bewegen. Dann traf ich meine Entscheidung. Ich beschloss, diesem Drängen, das nur ein Narr hätte missverstehen können, nachzugeben.

In dem Moment, als ich zu diesem Schluss kam, schaute ich auf und in der aufkommenden Abenddämmerung erblickte ich das Ende des Regenbogens. Ich hatte es schließlich erreicht. Ich sah keinen Topf voller Gold, außer dem, den ich dorthin zurückschicken würde, woher er gekommen war. Doch ich fand etwas Kostbareres als alles Gold der Welt. Denn ich hörte eine Stimme, die nicht meine Ohren, sondern mein Herz ansprach: »Im Schatten einer jeden Niederlage da steht Gott.«

Das Ende meines Regenbogens bescherte mir den Sieg der Prinzipien über das Gold. Es verhalf mir zu einer engeren Verbundenheit mit den großen unsichtbaren Kräften des Universums und zu neuer Entschlossenheit, die Samen der Goldenen

Regel in die Herzen von Millionen anderer müder Reisender zu säen, die das Ende ihres Regenbogens suchen.

Hat es sich bezahlt gemacht, 25.000 Dollar zurückzugeben? Nun, das lasse ich meine Leser entscheiden. Ich bin mit meiner Entscheidung persönlich sehr zufrieden. Nachdem ich sie getroffen hatte, geschah etwas Merkwürdiges und Unerwartetes: Das gesamte Kapital, das ich benötigte, kam nicht aus einer, sondern aus vielen verschiedenen Quellen zu mir. Es stellte sich im Überfluss ein, ohne dass man mich an eine goldene Kette zu legen oder mir beschämende Bedingungen aufzuerlegen versuchte – in dem Bestreben, mein Schreiben und Wirken zu beeinflussen.

In der Juli-Ausgabe dieser Zeitschrift berichtet mein Sekretär über eines der dramatischsten Ereignisse, das schon bald nach meiner Entscheidung eintrat, keine finanzielle Hilfe von Quellen anzunehmen, die, in welchem Umfang auch immer, mich kontrollieren wollten. Es ist nur ein Vorfall von vielen, die jeder für sich genug Beweise enthalten, die jeden, außer einen Narren, davon überzeugen, dass die Goldene Regel wirklich funktioniert, dass das Gesetz der ausgleichenden Gerechtigkeit weiterhin in Kraft ist und dass »man das, was man sät, auch ernten wird.«

Ich erhielt nicht nur das ganze Kapital, das nötig war, um die Zeitschrift in ihrer Anfangszeit am Leben zu halten, da die Einnahmen aus ihrem Verkauf noch nicht die Kosten der Veröffentlichung deckten, sondern – und das ist noch wichtiger – die Zeitschrift wächst in einer Schnelligkeit, wie man es bis jetzt bei vergleichbaren Blättern noch nicht erlebt hat. Die Leser und die Öffentlichkeit insgesamt haben die Philosophie erfasst, die hinter der Arbeit steckt, die wir leisten, und sie haben das Gesetz der steigenden Erträge zu unseren Gunsten in Kraft gesetzt.

Steht mir für die hier genannten Ereignisse Anerkennung zu, da einige davon mich in diesem Licht erscheinen lassen? Habe ich ein Recht auf Anerkennung für den Erfolg, der nunmehr meine Anstrengungen krönt, die ich auf den Seiten der Zeitschrift unternommen habe?

Offen gestanden sehe ich mich gezwungen, darauf eine negative Antwort zu geben!

Ich war nichts weiter als ein Werkzeug in den Händen einer höheren Macht und ich habe ungefähr dieselbe Rolle gespielt wie eine Geige in den Händen eines großen Meisters. In dem Lied, das ich auf den Seiten dieser monatlichen Botschaft an die Menschen singe, konnte ich einen symphonischen Rhythmus anstimmen, weil ich mich dem Einfluss der unsichtbaren Hand gefügt habe. Ich möchte hier zum Ausdruck bringen, dass ich mir selbst für Verdienstvolles, was ich getan habe oder noch tun könnte, keine Anerkennung zurechne. Wäre ich dem gefolgt, was wohl meinen natürlichen Anlagen und Neigungen entspricht, wäre ich an allen sieben Wendepunkten in meinem Leben ins Unglück gestürzt, doch es gab immer eine leitende Kraft, die kam, um mich zu retten und vor einer Niederlage zu bewahren.

All dies räume ich in einem Geist der Offenheit ein und mit dem ernsthaften Wunsch, anderen zu helfen, von meinen hier niedergeschriebenen Erfahrungen zu profitieren. Sie werden merken, dass viele meiner Schlussfolgerungen rein hypothetisch sind. Dennoch würde ich mich wie ein Schwindler ersten Ranges fühlen, wenn ich mir entweder direkt oder auch nur andeutungsweise selbst die Anerkennung für höhere Impulse zuschreiben würde, die in Wirklichkeit erst einmal meine natürlichen Neigungen aufbrechen mussten, um in meinem Inneren Fuß fassen zu können. Hätte ich meinen intellektuellen Schlüssen und Neigungen Folge geleistet, wäre ich an jedem der sieben Wendpunkte in meinem Leben in eine Niederlage gestürzt. Im Lichte einer sinnvollen, soliden Deutung der Lektionen, die mich jeder dieser Wendepunkte lehrte, sehe ich mich gezwungen, zu diesem Ergebnis zu kommen.

Lassen Sie mich nun die wichtigsten Lektionen, die ich auf meiner Suche nach dem Ende des Regenbogens gelernt habe, zusammenfassen. Ich werde versuchen, dabei nicht alle Lehren zu berücksichtigen, sondern nur die wichtigsten. Vieles, was offensichtlich ist, werde ich Ihrer Vorstellungskraft überlassen, ohne es hier nachzuerzählen.

Zunächst, und das ist das Wichtigste überhaupt, habe ich auf der Suche nach dem Ende meines Regenbogens Gott in einer sehr konkreten, unmissverständlichen und befriedigenden Ausdrucksform gefunden, was an sich schon ausreichend gewesen wäre, auch wenn ich weiter nichts gefunden hätte. Zeit meines Lebens war ich innerlich recht unsicher darüber, wie die genaue Natur der unsichtbaren Hand aussieht, die die Angelegenheiten des Universums lenkt. Doch die sieben Wendepunkte in meinem Leben auf der Spur des Regenbogens brachten mich zu einem befriedigenden Ergebnis. Es kommt nicht darauf an, ob dies der richtige oder falsche Schluss ist, sondern darauf, dass er mich befriedigt.

Die weniger bedeutenden Lehren, die ich gezogen habe, sind folgende: Ich lernte, dass diejenigen, die wir für unsere Feinde halten, in Wirklichkeit unsere Freunde sind. Nach all dem, was geschehen ist, würde ich nicht zurückgehen und auch nur eine einzige der aufreibenden Erfahrungen, die ich gemacht habe, rückgängig machen. Denn jede bewies mir auf positive Weise, wie tadellos die Goldene Regel ist und dass es das Gesetz der ausgleichenden Gerechtigkeit, durch das wir Lohn für unsere Tugenden erhalten und Strafe für unsere Unwissenheit zahlen, wirklich gibt.

Ich lernte, dass die Zeit der Freund all derer ist, die ihre Gedanken und Handlungen auf Wahrheit und Gerechtigkeit aufbauen und dass sie der Todfeind all derer ist, die das nicht tun. Auch wenn die fällige Strafe und der Lohn sich oftmals sehr spät einstellen.

Ich lernte, dass der einzige Topf voller Gold, nach dem es sich zu trachten lohnt, aus der Befriedigung entsteht, dass man sich bewusst ist, anderen Menschen mit seinen eigenen Anstrengungen Glück zu bringen.

Ich habe gesehen, wie diejenigen, die ungerecht waren und versuchten, mich zu zerstören, einer nach dem anderen von Niederlagen dahingerafft wurden. Ich habe erlebt, wie jeder von ihnen noch schlimmer scheiterte, als sie es für mich vorgesehen hatten. Der Bankier, den ich erwähnt habe, wurde in die Armut gedrängt. Die Männer, die meine Anteile an der Süßwarenfirma *Betsy Ross Candy Company* stahlen und versuchten, meinen Ruf zu schädigen, endeten in einem Zustand, der einer andauernden Niederlage gleichkommt, einer von ihnen sogar im Staatsgefängnis.

Der Mann, der mich um meinen Lohn von 100.000 Dollar betrogen hatte, und dem ich zu Vermögen und Einfluss verholfen hatte, ist in Armut und Bedürftigkeit abgestiegen. An jeder Kurve auf der Straße, die mich schließlich zum Ende meines Regenbogens führte, erblickte ich eindeutige Beweise, die die Philosophie der Goldenen Regel stützten, welche ich nun mittels organisierter Anstrengung an Hunderttausende Menschen weitergebe.

Schließlich habe ich gelernt, auf das Läuten der Glocke zu hören, das mich leitet, wenn ich am Scheideweg von Zweifel und Zögern stehe. Ich habe gelernt, aus einer bislang unbekannten Quelle zu schöpfen, aus der ich Anweisungen erhalte, wenn ich wissen möchte, in welche Richtung ich gehen soll und was ich tun soll. Diese Anweisungen haben mich noch nie in die falsche Richtung geführt und ich bin sicher, dass das auch nie geschehen wird.

Beim Schreiben dieser letzten Zeilen sehe ich an meiner Bürowand die Bilder von großen Männern, deren Charaktereigenschaften ich versucht habe, nachzueifern. Darunter ist auch das Bild des unsterblichen Lincoln. In seinem markanten, von Sorgen zerfurchten Gesicht meine ich ein Lächeln zu sehen und ich kann nahezu hören, wie er die folgenden wunderbaren Worte spricht: »Großherzig gegenüber jedermann, böswillig gegenüber niemandem.« Und tief im Grunde meines Herzens höre ich die geheimnisvolle Glocke läuten und gleich darauf, beim Beschließen dieser Zeilen, erklingt erneut die großartigste Botschaft, die mein Bewusstsein je erreicht hat: »Im Schatten einer jeden Niederlage da steht Gott.«

Kapitel 3
EINE PERSÖNLICHE BESTANDS- AUFNAHME DER SIEBEN WENDEPUNKTE IN MEINEM LEBEN

Folgenden Ausspruch habe ich schon häufig gehört: »Wenn ich mein Leben noch einmal zu leben hätte, würde ich vieles anders machen.«

Ich persönlich wäre unehrlich, wenn ich behaupten würde, dass ich irgendetwas, das geschehen ist, ändern würde, wenn ich mein Leben erneut zu leben hätte. Nicht, dass ich keine Fehler gemacht hätte – in Wirklichkeit habe ich wohl mehr Fehler gemacht als jeder durchschnittliche Mensch. Doch meine Fehler haben mich zu einem Erwachen geführt, dass mir wahrhaftiges Glück einbrachte sowie eine Vielzahl von Gelegenheiten, anderen dabei zu helfen, diesen heiß begehrten Gemütszustand ebenfalls zu erlangen.

Ohne jeden Zweifel bin ich davon überzeugt, dass in jedem Scheitern eine große Lehre steckt, und dass eine sogenannte Niederlage unbedingt erforderlich ist, um einen lohnenswerten Erfolg zu erreichen.

Der Plan der Natur besteht meiner Meinung nach teilweise darin, dem Menschen Hindernisse in den Weg zu stellen und nach meiner Überzeugung wird uns der Großteil der Bildung, die wir erwerben, nicht aus Büchern oder von Lehrern vermittelt, sondern durch das stete Bestreben, diese Hindernisse zu überwinden.

Ich glaube, dass die Natur uns Menschen die Hindernisse auf genau dieselbe Art und Weise in den Weg stellt wie ein Trainer, der einem Pferd Balken und Hürden aufbaut, die es beim Training für das Zeitspringen überwinden soll.

Ich habe heute Geburtstag! Ich werde ihn feiern, indem ich mein Bestes gebe, um für die Leser dieses kleinen, braun eingebundenen Boten einige der Lehren festzuhalten, die ich aus meinen Niederlagen gezogen habe.

Lassen Sie uns mit meinem liebsten Hobby beginnen, nämlich mit meinem Glauben daran, dass das einzig wahre Glück, das ein Mensch je erleben kann, daraus entsteht, anderen dabei zu helfen, ihr Glück zu finden.

Es mag bloßer Zufall sein, dass fast die ersten 25 meiner 36 Lebensjahre sehr unglücklich waren und dass ich genau an dem Tag, an dem ich anfing, anderen bei der Suche nach dem Glück zu helfen, selbst das Glück fand. Doch ich glaube nicht, dass es nur Zufall war – es war mehr: Das was ich erlebte, stimmt exakt mit einem Gesetz des Universums überein.

Meine Erfahrung hat mich gelehrt, dass es genauso unmöglich ist, eine Menge Kummer zu säen und zugleich zu erwarten, Glück zu ernten, wie man auch nicht damit rechnen kann, reichlich Weizen zu ernten, wenn man Disteln gesät hat. In vielen Jahren sorgfältiger Studien und Untersuchungen habe ich eindeutig gelernt, dass das, was ein Mensch anderen gibt, um ein Vielfaches gesteigert zu ihm zurückkehrt. Das gilt für alles, sowohl für eine offensichtliche Handlung als auch für einen Gedanken, bis in die kleinste Einzelheit.

Aus materieller, ökonomischer Sicht liegt eine der größten Wahrheiten, die ich erfahren habe, darin, dass es sich hübsch auszahlt, mehr und bessere Dienstleistungen zu erbringen als die, die bezahlt werden. Denn sobald man das tut, ist es nur eine Frage der Zeit, bis man für mehr bezahlt wird als für das, was man tatsächlich leistet.

Die Praxis, jede Aufgabe ganz unabhängig von der Entlohnung aus ganzem Herzen zu erledigen, wird schneller zu materiellem und finanziellen Erfolg führen als alles andere, was ich hier noch erwähnen könnte. Fast ebenso wichtig ist die Gewohnheit, Unrecht, das uns unsere Mitmenschen antun, zu vergeben. Die Angewohnheit, gegen diejenigen, die uns wütend machen, »zurückzuschlagen« ist eine Schwäche. Sie wird alle, die ihr nachgeben, erniedrigen und ihnen Nachteile bringen.

Ich bin überzeugt, dass ich in meinem Leben keine Lehre teurer bezahlt habe als die, die ich daraus zog, stets mein »Stück vom Kuchen« zu fordern und es als meine Pflicht anzusehen, jede Beleidigung und jede Ungerechtigkeit übel zu nehmen.

Eine der größten Lektionen, die ein Mensch lernen kann, ist meiner Auffassung nach die Selbstkontrolle. Solange man nicht gelernt hat, sich selbst zu kontrollieren, wird man auch keinen nennenswerten Einfluss auf andere ausüben. Das erscheint mir besonders bedeutsam, wenn ich bedenke, dass die meisten der großen Führungspersönlichkeiten der Welt Menschen waren, die nicht sehr schnell in Wut gerieten. Darüber hinaus war der größte Anführer aller Zeiten, der uns die beste Philosophie vermittelte, die die Welt je gesehen hat und die in der Goldenen Regel festgehalten ist, ein Mann der Toleranz und der Selbstkontrolle.

Ich bin überzeugt, dass jeder Mensch einen schwerwiegenden Fehler macht, wenn er glaubt, er trage die ganze Last, die »Welt verbessern« oder die natürliche Ordnung menschlichen Verhaltens ändern zu müssen, auf seinen Schultern. Meiner Meinung nach geht der Plan der Natur recht schnell von selbst auf, und zwar ohne die Einmischung derer, die es sich erlauben, die Natur beschleunigen oder ihren Lauf in eine bestimmte Richtung lenken zu wollen. Solche Anmaßung führt nur zu Debatten, Streitigkeiten und schädlichen Gefühlen.

Ich habe gelernt, dass ein Mann, der andere aufhetzt und aus welchem Grund auch immer schädliche Gefühle zwischen seinen Mitmenschen schürt, keinen wirklich konstruktiven Zweck im Leben erfüllen kann. Denn es zahlt sich aus, zu unterstützen und aufzubauen statt niederzuschlagen und einzureißen.

Seit ich begann, diese Zeitschrift herauszugeben, wendete ich dieses Prinzip an, indem ich meine Zeit und die Seiten des Leitartikels konstruktiven Dingen widmete und destruktive einfach nicht berücksichtigte.

Nichts von dem, was ich in meinen 36 Lebensjahren auch unternommen habe, hat mir so großen Erfolg oder so viel wahres Glück gebracht, wie meine Arbeit an dieser kleinen Zeitschrift.

Fast genau von jenem Tag an, an dem die erste Ausgabe an die Zeitungskioske kam, wurden meine Bemühungen von größerem Erfolg gekrönt, als ich jemals erhofft hatte. Damit meine ich nicht notwendigerweise den finanziellen Erfolg, sondern einen höheren, erhabeneren Erfolg, nämlich jenen, der sich in dem Glück zeigt, das andere Menschen mithilfe der Zeitschrift gefunden haben.

Aus der Erfahrung vieler Jahre habe ich gelernt, dass es ein Zeichen von Schwäche ist, die eigene Haltung gegenüber einem Mitmenschen durch eine Bemerkung eines Feindes oder eines voreingenommenen Menschen negativ beeinflussen zu lassen. Solange man es nicht gelernt hat, sich eine Meinung über seine Mitmenschen nicht aufgrund des Standpunktes anderer Leute, sondern aufgrund von echtem Wissen zu bilden, kann man nicht ernsthaft behaupten, über Selbstkontrolle oder über die Fähigkeit zu klarem Denken zu verfügen.

Eine der schädlichsten und zerstörerischsten Gewohnheiten, die ich selbst ablegen musste, war, mich von einer tendenziös denkenden oder voreingenommenen Person gegenüber einem anderen Menschen beeinflussen zu lassen.

Ein weiterer großer Fehler, aus dem ich erst lernte, nachdem ich ihn immer wieder gemacht hatte, besteht darin, einen Mitmenschen mit oder ohne Grund zu verleumden. Mir fällt kaum ein anderer Schritt meiner persönlichen Entwicklung ein, der mir so viel wahre Befriedigung gebracht hat, wie die Gewissheit, dass ich bis zu einem gewissen Grad gelernt hatte, meine Zunge im Zaum zu halten, es sei denn ich hatte etwas Freundliches über meine Mitmenschen zu sagen.

Erst nachdem ich das Gesetz der Vergeltung begriffen hatte, durch dessen Wirkung ein Mensch sicher sein kann, mit seinen

Worten oder Taten das zu ernten, was er gesät hat, lernte ich, die natürliche menschliche Neigung, seine Feinde »auseinanderzunehmen«, zu zügeln.

Zwar bin ich noch keinesfalls vollständig Herr über dieses Übel, doch ich habe immerhin ernsthaft angefangen, es zu bekämpfen.

Meine Erfahrung hat mich gelehrt, dass die meisten Menschen in ihrem Inneren ehrlich sind, und dass jene, die wir für gewöhnlich als unehrlich bezeichnen, Opfer von Umständen sind, die sie nicht ganz kontrollieren können.

Bei der Arbeit als Herausgeber dieser Zeitschrift war es für mich sehr hilfreich, zu wissen, dass die Menschen von Natur aus dazu neigen, dem Ruf gerecht zu werden, den ihre Mitmenschen ihnen zuschreiben.

Ich bin sicher, dass jeder Mensch zumindest einmal in seinem Leben die wertvolle, wenn auch bittere Erfahrung machen sollte, von den Zeitungen angegriffen zu werden und sein ganzes Vermögen zu verlieren. Denn immer dann, wenn das Unheil über einen Menschen kommt, merkt er, wer seine wahren Freunde sind. Die Freunde bleiben an Bord, während die »Scheinfreunde« versuchen, sich in Sicherheit zu bringen.

Neben anderen wissenswerten Einzelheiten über die Natur des Menschen habe ich gelernt, dass man einen Menschen sehr genau aufgrund der Eigenschaften der Leute beurteilen kann, mit denen er sich umgibt. In dem alten Grundsatz »Gleich und Gleich gesellt sich gern« steckt eine solide Philosophie.

Das Gesetz der Anziehung, wenn man es so nennen will, sorgt dafür, dass überall im ganzen Universum Dinge, die sich ähneln, von bestimmten Zentren angezogen werden. Ein großartiger Detektiv hat mir einmal berichtet, dass er sich bei seiner Jagd nach Kriminellen und Gesetzesbrechern ganz auf das Gesetz der Anziehung verlassen hat.

Ich habe gelernt, dass ein Mann, der darauf abzielt, dem Gemeinwohl zu dienen, sich darauf einrichten muss, viele Opfer zu bringen, Beleidigungen und Kritik zu ertragen, ohne dabei den Glauben an seine Mitmenschen oder den Respekt für sie zu verlieren. Nur selten findet man einen Mann, der im Dienste der Allgemeinheit arbeitet und dessen Motive nicht von denselben Leuten in Frage gestellt werden, die von seinen Bemühungen am stärksten profitieren.

Der größte Diener der Menschen, den die Welt je gesehen hat, hat seinerzeit nicht nur den bösen Willen Vieler auf sich gezogen – ein böser Wille, den bis heute sehr viele Menschen geerbt haben –, sondern er verlor auch noch sein Leben. Sie nagelten ihn an ein Kreuz, durchbohrten seine Seite mit einer Lanze und quälten ihn grausam, indem sie ihm ins Gesicht spuckten, während sein Leben langsam zu Ende ging. Mit seinen letzten Worten gab er uns ein machtvolles Beispiel, dem wir folgen sollten. Er sagte in etwa: »Vergib ihnen Vater, denn sie wissen nicht, was sie tun.«

Wann immer ich spüre, wie mir aufgrund des Unrechts, das mir meine Mitmenschen antun, vor Wut das Blut zu Kopf steigt, trösten mich die innere Stärke und die Geduld, mit denen der große Philosoph dabei zusah, wie seine Peiniger ihn langsam hinrichteten, ohne dass er irgendein Verbrechen begangen hatte, außer dass er versucht hatte, seinen Mitmenschen dabei zu helfen, glücklich zu werden.

Aus meiner Erfahrung weiß ich, dass ein Mensch, der die Welt beschuldigt, ihm keine Chance zu erfolgreicher Arbeit gegeben zu haben, statt die Verantwortung dafür bei sich selbst zu suchen, seinen Namen nur selten im Verzeichnis prominenter Persönlichkeiten wiederfindet.

Eine »Erfolgschance« muss sich jeder Mensch selbst schaffen. Ohne ein gewisses Maß an Kampflust ist ein Mensch nicht dazu fähig, viel auf dieser Welt zu erreichen oder etwas zu erwerben, das andere Menschen heiß begehren. Ein Mensch, der keine Kampflust besitzt, kann leicht Armut, Kummer und Misserfolg erben. Will er jedoch das Gegenteil all dessen zu fassen bekommen, muss er bereit sein, um seine Rechte zu »kämpfen«.

Beachten Sie bitte genau, dass ich »Rechte« geschrieben habe. Die einzigen »Rechte«, die ein Mensch hat, sind die, die er sich selbst im Gegenzug für erbrachte Leistungen schafft. Es wäre keine schlechte Idee, sich zu erinnern, dass diese »Rechte« genau dieselben Qualitäten haben wie die Leistungen, die wir erbracht haben.

Aus Erfahrung weiß ich, dass es keine schwerere Last gibt, die ein Kind zu tragen hat oder kein größeres Unheil, von dem es heimgesucht wird, als das, was ein unüberlegter Umgang mit Vermögen nach sich zieht. Eine genaue Betrachtung der Geschichte zeigt, dass die meisten, die dem Gemeinwesen und der Menschheit große Dienste erwiesen haben, Menschen waren, die aus der Armut aufgestiegen sind.

Meiner Meinung nach besteht eine wirkliche Prüfung des Menschen darin, ihm ein grenzenloses Vermögen zu geben und zu beobachten, was er damit macht. Vermögen, das dem Menschen den Antrieb nimmt, einer konstruktiven und sinnvollen Arbeit nachzugehen, ist für seinen Besitzer ein Fluch. Der Mensch muss sich nicht vor der Armut in Acht nehmen, sondern vor dem Wohlstand und der von ihm erzeugten, dazugehörigen Macht, die sowohl zu guten als auch zu schlechten Zwecken eingesetzt werden kann.

Obwohl ich in späteren Jahren recht enge Verbindungen zu wohlhabenden Menschen unterhielt, sehe ich es als glücklichen Umstand an, in Armut hinein geboren worden zu sein. Denn auf diese Weise konnte ich die Auswirkungen dieser beiden weit von einander entfernten Lebenslagen gut erkennen. Solange ich mir noch Gedanken um das normalerweise zum Leben Notwendige machen muss, muss ich noch nicht so sehr auf mich achtgeben. Sollte ich aber einmal ein großes Vermögen erwerben, wäre es mir sehr wichtig, darauf zu achten, dass es mir nicht den Wunsch nähme, meinen Mitmenschen zu dienen.

Aus Erfahrung weiß ich auch, dass ein normaler Mensch jede erdenkliche menschliche Leistung mithilfe seines Geistes erbringen kann. Das Größte, was der Geist beherrscht, ist die Vorstellung! Was wir ein Genie nennen ist nichts weiter als ein Mensch, der mit seiner Vorstellungskraft in seinem Geist etwas Bestimmtes erzeugt hat und dieses Bild dann durch körperliche Handlungen Wirklichkeit werden lässt.

Dass alles und noch etwas mehr habe ich in den vergangenen 36 Jahren gelernt. Doch das Beste, was ich gelernt habe, ist die alte Wahrheit, die uns die Philosophen seit Jahrhunderten vermittelt haben: Das Glück liegt nicht im Eigentum, sondern in sinnvollen Diensten, die man leistet!

Man kann diese Wahrheit aber nur dann wertschätzen, wenn man sie für sich selbst entdeckt hat.

Vielleicht gibt es noch viele Wege, auf denen ich größeres Glück erfahren könnte, als das, was mir die Veröffentlichung dieser kleinen Zeitschrift bringt, doch offen gestanden habe ich diese Wege weder gefunden noch erwarte ich, sie zu finden.

Mir fällt nur eine Sache ein, die mir noch größeres Glück bringen könnte als das, das mir schon zuteil wurde, und das wäre, einer noch größeren Zahl von Menschen mit diesem kleinen, braun eingebundenen Boten des guten Mutes und der Begeisterung dienen zu können.

Ich glaube, dass ich vor ein paar Wochen den glücklichsten Augenblick meines Lebens erlebt habe, nämlich als ich in einem Geschäft in Dallas in Texas eine Kleinigkeit einkaufte. Der junge Mann, der mich bediente, war ein kontaktfreudiger, gesprächiger Bursche – einer von der Sorte, die nachdenken. Er erzählte mir alles, was sich in dem Geschäft abspielte und ließ mich gewissermaßen »hinter die Kulissen« schauen. Als er zum Ende kam, berichtete er mir, dass der Ladenbesitzer an dem Tag alle seine Mitarbeiter sehr glücklich gemacht hatte, indem er ihnen mit den Empfehlungen des Geschäfts ein Abonnement der Zeitschrift *Hill's Golden Rule* versprochen hatte. Obendrein wollte er einen psychologischen Club der Goldenen Regel gründen. (Nein, er wusste nicht, wer ich war.)

Das interessierte mich natürlich und ich fragte, wer denn wohl dieser Napoleon Hill sei, über den er da sprach. Er schaute mich mit fragender Miene an und erwiderte: »Möchten Sie etwa sagen, dass Sie noch nie etwas von Napoleon Hill gehört haben?« Ich gestand, dass der Name mir recht vertraut klang, fragte den jungen Mann aber weiter, was denn den Ladenbesitzer dazu veranlasst hatte, jedem seiner Angestellten ein Jahresabonnement von *Hill's Golden Rule* zu schenken. Er sagte: »Das liegt daran, dass das Heft eines Monats aus dem griesgrämigsten Mann, den wir hier haben, einen der besten Kerle im ganzen Geschäft gemacht hat. Mein Chef sagte, wenn eine Zeitschrift zu so etwas fähig sei, dann wolle er, dass wir sie alle läsen.«

Ich war nicht deswegen glücklich, weil man meiner egoistischen Seite geschmeichelt hatte, als ich dem jungen Mann die Hand schüttelte und verriet, wer ich war. Vielmehr wurde in mir diese tiefere emotionale Schicht berührt, wie es jedem geschieht, wenn er feststellt, dass seine Arbeit andere Menschen glücklich macht.

Es ist diese Art von Glück, die den allgemeinen Hang des Menschen zum Egoismus eindämmt, und die der Evolution bei ihrer Arbeit hilft, tierische Instinkte von menschlicher Intuition zu trennen.

Ich habe immer die Meinung vertreten, dass der Mensch Selbstvertrauen entwickeln und gute Reklame in eigener Sache machen sollte. Mit einer kühnen Behauptung werde ich nun beweisen, dass ich das, was ich zu diesem Thema propagiere, auch selbst praktiziere: Wenn ich mit meiner kleinen Monatszeitung ein so großes Publikum erreichen würde wie das der *Saturday Evening Post*, könnte ich innerhalb der nächsten fünf Jahre eine größere Zahl von Menschen dazu bringen, im Umgang miteinander die Goldene Regel zu beherzigen, als es alle anderen großen Zeitungen und Zeitschriften in den letzten zehn Jahren zusammen geschafft haben.

Die vorliegende Dezemberausgabe der *Golden Rule* markiert das Ende unseres ersten Jahres. Ich bin sicher, dass meine

Leser es nicht als überflüssige Prahlerei abtun werden, wenn ich ihnen berichte, dass die Samen, die wir mittels dieser Seiten in den letzten zwölf Monaten gesät haben, nun aufkeimen und überall in den Vereinigten Staaten, Kanada und einigen anderen Ländern zu wachsen beginnen. Einige der größten Philosophen, Lehrer, Prediger und Geschäftsmänner unserer Zeit haben uns nicht nur von Herzen ihre moralische Unterstützung versprochen, sondern sie haben sich tatsächlich aufgemacht, um Abonnements für uns zusammenzutragen, um uns dabei zu helfen, den Geist des guten Willens zu propagieren.

Erstaunt es Sie da, dass Ihr bescheidener Herausgeber glücklich ist?

Es gibt Männer, die im Ergebnis ihrer 36-jährigen Erfahrung über mehr, ja viel mehr materielles Vermögen verfügen als ich, doch ich scheue mich nicht, alle dazu herauszufordern, größeres Glück vorzuweisen, als ich es dank meiner Arbeit habe.

Das mag freilich nicht wichtig sein, doch mir bedeutet es viel, dass das größte, wirklich tief empfundene Glück, das ich je erlebt habe, erst über mich gekommen ist, seitdem ich begonnen habe, diese Zeitschrift herauszugeben.

»Denn was der Mensch sät, das wird er ernten«. Ja, dieser Satz stammt aus der Bibel und er enthält eine schlüssige Philosophie, die immer zutrifft. Meine 36-jährige Erfahrung hat mir das eindeutig bewiesen.

Als ich vor etwa 15 Jahren zum ersten Mal den Einfall hatte, Inhaber und Herausgeber einer Zeitschrift zu werden, wollte ich auf alles, was schlecht war, eingehen und alles, was ich nicht mochte, kritisch auseinandernehmen. Die Götter des Schicksals müssen eingegriffen haben, um mich davon abzuhalten, schon damals solch ein Unternehmen aufzubauen – denn alles, was ich in meinen 36 Lebensjahren gelernt habe, findet in der oben zitierten Philosophie seine volle Bestätigung.

EINE ANREGUNG FÜR IHRE WEIHNACHTSEINKÄUFE

Ich möchte, dass Sie am Weihnachtsfest sehr glücklich sind!

Erlauben Sie mir, Ihnen eine einfache, kleine, gute Tat ans Herz zu legen, die andere glücklich macht und die zugleich auch Ihnen großes Glück einbringen dürfte und es vermutlich auch wird.

Gehen Sie los und kaufen Sie Weihnachts- und Neujahrskarten.

Schreiben sie eigenhändig ein paar gefühlvolle kleine Botschaften auf die Karten und schicken Sie sie dann – NICHT AN IHRE FREUNDE, sondern an Ihre Feinde! Schicken Sie jedem, den Sie jemals verabscheut haben und jedem, von dem Sie meinen, dass er Sie verabscheut hat, eine Karte. Stimmen Sie jede Botschaft, die sie auf die Karten schreiben, auf die Person ab, für die sie gedacht ist.

Es wird nicht wehtun, das einfach einmal zu versuchen. Vielleicht tut es Ihnen sogar sehr gut. Eins steht fest: Es wird Ihnen das Gefühl vermitteln, dass Sie dieses Jahr zu Weihnachten mehr Größe, Großzügigkeit und Mitgefühl an den Tag gelegt haben als jemals zuvor.

In diesem Jahr sollten wir alle Zugeständnisse machen. Wir haben reichlich Anlass, unsere Einstellung zu unseren Mitmenschen zu verändern. In diesem Jahr blieben wir vom Joch der »Kultur« verschont, die noch vor einem Jahr die ganze Welt bedrohte. Wir haben am Grab des alten John Barleycorn gestanden und zugeschaut, wie er für immer zur Ruhe gelegt wurde. Dies und noch viel mehr, was geschehen ist, wird unsere Welt lebenswerter machen.

Sie sind vermutlich aber nicht mit sich zufrieden und das ist auch gesund, denn kein normaler Mensch ist je völlig zufrieden mit sich. Es ist ganz natürlich, dass Sie zum neuen Jahr in ihrer Umgebung und an ihren Gewohnheiten einiges verändern möchten. Könnte es nicht sein, dass es genau jetzt, zu Beginn des Jahres 1920, für Sie nichts Besseres zu tun gibt, als voller Entschlossenheit anzufangen, Toleranz, Mitgefühl, Vergebung und Sinn für Gerechtigkeit gegenüber allen Ihren Mitmenschen walten zu lassen, ganz gleich, ob Sie sie mögen oder nicht?

Wäre es nicht eine hervorragende Idee, sich Selbstständigkeit, frohen Mut und Rücksichtnahme auf andere zur Gewohnheit zu machen? Denn Sie wissen ja sicherlich, wenn Sie einmal innehalten und nachdenken, dass sich genau diese Eigenschaften in den Menschen widerspiegeln, mit denen Sie in Kontakt kommen und dass sie früher oder später in weit größerem Umfang zu Ihnen zurückkehren werden.

Wir alle sind in früheren Jahren engstirnig, selbstsüchtig und geizig gewesen. Wir haben unseren Geist mit Hass, Zynismus und Misstrauen gefüttert. Wir haben unseren Nachbarn eine schreckliche Zukunft gewünscht und sie ausgelacht, wenn sie in Schwierigkeiten steckten. Lassen Sie uns also die Fehler, die wir in der Vergangenheit gemacht haben, vergessen und nur ein Mal, sei es auch nur zu Versuchszwecken, über unser altes Selbst hinauswachsen und großherzig und geistig aufgeschlossen sein.

Sie können Ihr Herz auf keinen Fall gleichzeitig mit Liebe und Hass anfüllen. Diese beiden Emotionen sind zwei sehr ungleiche Gesellen. Normalerweise herrscht die eine über die andere vor. Darf ich fragen, welche in Ihrem Herzen lieber überhand nehmen soll? Welche der beiden, glauben Sie, würde Ihnen am dienlichsten sein und Sie zum Höhepunkt Ihrer Leistungen führen?

Kaufen Sie in jedem Fall diese Weihnachtskarten und probieren Sie das Experiment aus, das ich empfohlen habe. Es wird einen Sonnenstrahl in Ihr Leben bringen, der jedes Atom Ihres Wesens berühren wird und es wird in Ihnen Eigenschaften zum Strahlen bringen, die die Welt dazu veranlassen, einen Menschen als »großartig« zu bezeichnen.

Wahre Größe zeigt sich immer zuerst im Herzen des Menschen! Erst wenn er sie in sich selbst entdeckt hat, erkennt auch die Außenwelt die Größe eines Menschen. Wenn Sie bei sich bereits festgestellt haben, dass Sie über engstirnige Gemeinheit, Eifersucht, Hass und Neid hinausgewachsen sind, kann es noch eine Weile dauern, bis die Außenwelt das auch merkt. Eins steht aber fest: Die Außenwelt wird diese Entdeckung nur dann machen, wenn *Sie* sie zuvor selbst gemacht haben.

Wenn Sie tief im Herzen zu spüren beginnen, dass in Ihrem Körper eine große Seele weilt und dass Sie begonnen haben, Ihr altes Selbst in ein neues zu verwandeln, dann wird es nicht mehr lange dauern, bis Ihre Mitmenschen das auch feststellen.

Einen ersten Schritt in Richtung wahrer Größe können Sie machen, indem Sie diese Weihnachtskarten allen Menschen schicken, die Sie nicht mögen und von denen Sie meinen, dass sie Sie nicht mögen. Das wird Sie einige Mühe kosten. Sie werden dazu zwar diesen verwerflichen Eigensinn überwinden müssen, doch das können Sie schaffen und es wird sich lohnen.

Ich weiß es zwar nicht ganz sicher, doch ich glaube fest, dass diese Erfahrung wertvoller sein wird als alles andere, was sich in Ihrem Leben jemals ereignet hat. Es sei denn, Sie sind eine dieser seltenen Seelen, die über die negativen Eigenschaften erhaben sind, die den meisten dabei im Weg stehen, glücklich zu sein und den einzig wahren Erfolg zu erlangen, den ein Mensch erlangen kann – nämlich den, andere Menschen glücklich zu machen.

Die größte Wahrheit, die ich im Zuge all meiner Erfahrungen entdeckt habe, besagt, dass es sich auszahlt – sowohl in Dollars als auch in Seelenfrieden – wenn man lernt, anderen ihre Undankbarkeit und ihre Unfreundlichkeit zu vergeben und zu vergessen. Es ist herrlich, wenn man tief in seinem Inneren spürt und weiß, dass man über die Gewohnheit des Menschen hinaus gewachsen ist, für jedes Übel, das einem angetan wurde »zurückzuschlagen« und stets sein »Stück vom Kuchen« zu verlangen. Sie werden nur erfahren, wie schön das wirklich ist, wenn Sie es auch versuchen. Probieren Sie es doch gleich jetzt zu Weihnachten, indem Sie die besagten Karten verwenden.

WARUM MANCHE MENSCHEN ERFOLG HABEN

Ich habe eine wichtige Entdeckung gemacht, und zwar eine, die Ihnen, ganz gleich wer Sie sind und was auch immer Sie im Leben anstreben, helfen kann, Erfolge zu erzielen.

Das, was zum Erfolg führt, ist aber nicht der Hauch von Genialität, mit dem angeblich manche Menschen ausgestattet sind. Glück, Beziehungen oder Reichtum sind es auch nicht.

Das, worauf die meisten ihren Reichtum aufgebaut haben, was Männern und Frauen zu Ruhm verhilft und dazu, hohe Positionen in der Gesellschaft einzunehmen, ist gar nicht schwer zu beschreiben:

Es ist schlicht die Gewohnheit, alles, was man anfängt, auch zu Ende zu führen und vorab zu wissen, was man anfangen sollte und was man besser lassen sollte.

Machen Sie einmal für sich selbst eine Bestandsaufnahme der, sagen wir, vergangenen zwei Jahre. Was fällt Ihnen dabei auf? Mit einer Wahrscheinlichkeit von fünfzig zu eins werden Sie feststellen, dass Sie viele Ideen hatten und mit vielen Vorhaben angefangen, doch kein einziges zu Ende gebracht haben.

In unserer Lehrreihe zu angewandter Psychologie, die als Serie in dieser Zeitschrift erscheint, finden Sie eine Lektion, in der erst erklärt wird, was Konzentration bedeutet und in der dann einfache, klare Anleitungen folgen, wie man lernt, sich zu konzentrieren.

Sie werden gut daran tun, sich diese Lektion noch einmal vorzunehmen und sie genau durchzulesen. Behalten Sie dabei eine neue Idee im Kopf, nämlich dass Sie lernen, alles, was Sie anfangen, auch zu Ende bringen.

Solange Sie denken können, haben Sie sicher immer wieder die alte Redensart gehört: »Was Du heute kannst besorgen, das verschiebe nicht auf morgen.« Da das in Ihren Ohren wie eine Moralpredigt klang, haben Sie sich nicht daran gehalten.

Doch dieses Sprichwort trifft wirklich zu!

Bei einem jeden Vorhaben – sei es klein, groß, wichtig oder unwichtig – können Sie auf gar keinen Fall erfolgreich sein, wenn Sie sich nur überlegen, was sie gern schaffen würden, sich dann aber hinsetzen und hoffen, dass es von selbst passiert, anstatt sich geduldig und fleißig darum zu bemühen.

Nahezu jedes Unternehmen, das gegenüber der gewöhnlichen Art und Weise, ein solches Unternehmen zu führen, hervorsticht, zeigt, dass man sich dabei auf einen bestimmten Plan oder auf eine Idee konzentriert hat und nur wenig oder gar nicht davon abgewichen ist.

Das Vermarktungskonzept der Zigarrenfirma *United Cigar Stores* basiert auf einer Idee, die recht einfach ist, auf die aber alle Bemühungen konzentriert ausgerichtet wurden.

Die Einzelhandelsgeschäfte namens *Piggly-Wiggly* wurden durch das Prinzip der Konzentration auf ein bestimmtes Konzept entwickelt, wobei das Konzept selbst einfach ist und leicht auch auf andere Geschäftssparten angewendet werden kann.

Die *Rexall*-Drogerien wurden mittels Konzentration auf ein Konzept aufgebaut.

Das Automobilgeschäft von *Ford* besteht aus nichts weiter als der Konzentration auf ein einfaches Konzept, nämlich der breiten Öffentlichkeit ein kleines, praktisches Auto für so wenig Geld wie möglich anzubieten, wobei der Käufer von den Vorteilen der Massenproduktion profitiert. Dieses Konzept wurde in den vergangenen zwölf Jahren praktisch nicht geändert.

Die beiden großen Versandhäuser *Montgomery Ward & Company* und *Sears, Roebuck & Company* sind zwei der größten Handelsunternehmen der Welt. Beide fußen auf dem einfachen Konzept, den Vorteil des Massenein- und -verkaufs an den

Kunden weiterzugeben, sowie auf der Politik, entweder den Kunden zufriedenzustellen oder ihm sein Geld zurückzugeben. Diese beiden großen Handelskonzerne stehen wie Mammutbeispiele für das Prinzip, durch Konzentration an einem bestimmten Vorhaben festzuhalten.

Es gibt noch weitere Beispiele für große Verkaufserfolge, die auch alle auf dem Prinzip beruhen, sich für ein bestimmtes Konzept zu entscheiden und daran bis zum Schluss festzuhalten.

Jedoch kommen auf jeden großen Erfolg, den wir als Ergebnis dieses Prinzips betrachten können, tausend Misserfolge oder Beinahe-Misserfolge, bei denen kein solches Konzept verfolgt wurde.

Ein paar Stunden bevor ich anfing, diesen Leitartikel zu schreiben, sprach ich mit einem Mann, einem intelligenten und in vielerlei Hinsicht fähigen Geschäftsmann. Er hat aber keinen Erfolg, und zwar aus dem einfachen Grund, dass er zu viele unausgegorene Ideen hat, die er für gewöhnlich wieder fallen lässt, ehe er sie ordentlich geprüft hat.

Ich machte ihm einen Vorschlag, der für ihn hätte wertvoll sein können, doch er antwortete gleich: »Oh, darüber habe ich schon mehrmals nachgedacht, einmal habe ich auch angefangen, es auszuprobieren, doch es hat nicht geklappt.«

Achten Sie genau auf die Worte: »Ich habe einmal angefangen, es auszuprobieren, doch es hat nicht geklappt.« Genau hier kann man die Schwachstelle entdecken. Er hat »angefangen« es zu versuchen.

Leser der *Golden Rule*, merken Sie sich diese Worte: Erfolgreich ist nicht der, der eine Sache nur »anfängt«, sondern vielmehr derjenige, der sie beginnt und – komme was wolle – zu Ende bringt!

Jeder kann eine Aufgabe in Angriff nehmen. Man braucht eine gewisse Genialität, um ausreichend Mut, Selbstvertrauen und gewissenhaft Geduld aufzubringen, um das, was man anfängt, auch zu *vollenden*.

Doch diese Genialität ist eigentlich nichts weiter als Beharrlichkeit und eine ordentliche Portion gesunder Menschenverstand. Ein Mann, dem man zuschreibt, ein Genie zu sein, ist, wie Edison häufig bemerkt hat, in der Regel nichts dergleichen – er ist bloß ein hart arbeitender Mensch, der einen einwandfreien Plan hat und an ihm festhält.

Erfolg stellt sich, wenn überhaupt, nur selten auf einen Schlag oder schnell ein. Lohnenswerte Leistungen erfordern normalerweise einen langwierigen und geduldigen Einsatz.

Denken wir mal an eine massive Eiche. Sie wächst nicht in einem, zwei oder in drei Jahren heran. Will man eine Eiche von vernünftiger Größe züchten, benötigt man dafür zwanzig Jahre oder mehr. Es gibt Bäume, die in nur wenigen Jahren sehr groß werden, doch ihr Holz ist weich und porös und diese Bäume sind kurzlebig.

Ein Mann, der in diesem Jahr beschließt, Schuhverkäufer zu werden, der es sich im nächsten Jahr anders überlegt und versucht, Bauer zu werden und der im dritten Jahr auf den Verkauf von Lebensversicherungen umsattelt, wird vermutlich in allen drei Bereichen scheitern. Wäre er drei Jahre lang bei einem der Vorhaben geblieben, hätte er vermutlich durchaus ansehnliche Erfolge erzielen können.

Wissen Sie, mit dem, worüber ich hier schreibe, kenne ich mich wirklich gut aus, denn ich habe 15 Jahre lang immer genau denselben Fehler gemacht. Ich fühle mich voll und ganz dazu befugt, Sie vor einem Übel zu warnen, das Sie auf Ihrem Weg heimsuchen könnte, weil mich dieses Übel oft zum Scheitern brachte und weil ich dadurch gelernt habe, wie man das Übel in sich selbst erkennen kann.

Uns steht der erste Januar bevor, der Tag für gute Vorsätze. Halten Sie diesen Tag für zwei Vorhaben frei und Sie werden sehen, dass sie vom Lesen dieses Leitartikels profitiert haben.

Das erste Vorhaben: Setzten Sie sich ein persönliches Hauptziel für das nächste Jahr, besser noch für die nächsten fünf Jahre, und formulieren Sie dieses Ziel Wort für Wort aus.

Das zweite Vorhaben: Sorgen Sie dafür, dass der erste Satz des Programms für Ihr Hauptziel etwa folgendermaßen lautet: »Im kommenden Jahr werde ich die Aufgaben, die ich von Anfang bis Ende erledigen werde, um Erfolg zu haben, so genau wie möglich festlegen. Nichts unter der Sonne soll meine Bemühungen davon ablenken, jede Aufgabe, die ich beginne, zu Ende zu führen.«

Fast jeder Mensch ist intelligent genug, um in seinem Geist Ideen zu erzeugen, doch das Problem mit fast allen diesen Ideen ist, dass sie nie in die Tat umgesetzt werden. Die beste Lokomotive der Welt ist weder einen Schilling wert noch wird sie auch nur ein Pfund an Gewicht ziehen, wenn die im Dampfkessel aufgestaute Energie nicht durch die Drosselklappe herausgelassen wird.

Wie jeder normale Mensch haben auch Sie Energie in Ihrem Kopf – doch Sie lassen sie nicht durch die Drosselklappe entweichen und zu Taten werden! Sie lenken sie nicht durch Konzentration auf die Aufgabe, die sie gerade erledigen wollen und die sie nach ihrem Abschluss auf die Liste Ihrer Erfolge setzen würden.

Normalerweise setzt ein Mensch den Handlungsfluss, der sich durch Konzentration in seinem Kopf aufgestaut hat, dann frei, wenn er eine Aufgabe voller Freude erledigt. Aus diesem Grund sollte jeder der Arbeit nachgehen, die er am liebsten mag.

Es gibt eine Methode, mit der Sie Ihren wundervollen Geist dazu bringen können, seine Energie freizusetzen und sie durch die Konzentration auf eine sinnvolle Arbeit in Ihre Handlungen fließen zu lassen. Suchen Sie erst solange weiter, bis Sie den bestmöglichen Weg gefunden haben, um die Energie freizusetzen. Finden Sie dann heraus, bei welcher Art von Arbeit Sie die Energie am bereitwilligsten und schnellsten freisetzen und dadurch werden Sie der Arbeit, mit der Sie Erfolg haben werden, ein gehöriges Stück näher kommen.

Ich hatte die besondere Ehre, viele sogenannte »große Männer« zu interviewen, nämlich solche, die für »Genies« gehalten werden. Zu Ihrer eigenen Ermutigung sage ich Ihnen ganz offen, dass ich in diesen Männern nichts entdecken konnte, das Sie und ich und alle anderen »normalen Leute« nicht auch besitzen. Sie waren genauso wie wir, hatten nicht mehr Hirn – manche hatten sogar weniger als wir – doch sie besaßen etwas, was wir zwar auch haben, aber nicht immer nutzen: Die Fähigkeit, Handlungen, die sie in ihrem Geist gespeichert hatten, freizusetzen, und sich auf jede Aufgabe, ob groß oder klein, solange zu konzentrieren, bis sie erledigt war.

Rechnen Sie nicht damit, gleich beim ersten Versuch ein Experte der Konzentration zu werden. Üben Sie zunächst, sich auf kleine Tätigkeiten zu konzentrieren: Auf das Anspitzen eines Bleistifts, das Einwickeln eines Pakets, das Adressieren eines Briefes und so weiter.

Um in der wunderbaren Kunst, alles fertig zu stellen, was man angefangen hat, Perfektion zu erlangen, sollten Sie sich angewöhnen, jede auch noch so kleine Aufgabe voller Konzentration zu erledigen. Sie werden ganz schnell feststellen, dass es eine normale Gewohnheit wird und dass Sie es ganz automatisch und ohne Anstrengung tun.

Was bedeutet das für Sie?

Welch überflüssige, dumme Frage – doch passen Sie auf, ich beantworte sie trotzdem: Es macht den Unterschied zwischen einem Misserfolg und einem Erfolg aus!

MASSENPSYCHOLOGIE

Im Moment wird die Welt Zeuge einer sehr eindrucksvollen Vorführung der Folgen von Massenpsychologie bzw. der Psychologie des »Pöbels«. Psychologen ist schon seit Langem bekannt, dass sich der vorherrschende Meinungstrend oder die Stimmung in einer Menschenmenge von einer Person aus so weit verbreitet, bis die ganze Menge einheitlich denkt und handelt.

Dies geschieht häufig, ohne dass nur ein Wort gesprochen oder irgendetwas gezeigt zu werden braucht. Anscheinend überträgt die Luft die vorherrschende Denkart vom einen auf den anderen.

Während des Krieges sahen ein paar habgierige Menschen eine günstige Gelegenheit, Geld zu machen, indem sie menschliche Bedürfnisse ausbeuteten. Diese Stimmung übertrug sich vom einen auf den anderen, und ehe wir uns versahen, trat der erste »Profitjäger« ins Rampenlicht.

An diesem Punkt kommt die Massenpsychologie zum Tragen. Die Neigung, etwas für nichts oder für weniger zu bekommen, als es wert ist, ist eine Neigung, die keine Gesetzesgebung oder keine andere Kraft heilen kann als die Kraft der Überzeugung!

Jeder der die Eigenschaften des menschlichen Geistes auch nur ein wenig kennt weiß, dass Menschen erst dann aufhören, Unrecht zu tun, wenn sie es selbst wollen.

Bevor sie sich überhaupt dauerhaft im Äußeren zeigen kann, muss sich die Veränderung erst im Herzen des Menschen vollziehen. Der Faktor, der den menschlichen Geist von seiner derzeitigen Neigung abwenden kann, etwas bekommen, ohne etwas zu geben, ist eine subtile, unauffällige Kraft, die manche als *Erziehung* bezeichnen!

Man kann Gesetze verabschieden, die Grenzen festlegen, bis zu denen ein Mensch in eine bestimmte Richtung gehen darf. Doch solange die Menschen überwiegend dazu neigen, gerade das zu tun, was das Gesetz verbietet, ist es unsinnig anzunehmen, die Gesetze könnten nicht unterwandert werden.

Jedes Gesetz, das von dem einen Menschen erlassen wird, kann von einem anderen gebrochen werden!

Will man beginnen, die allgemeine menschliche Neigung einzudämmen, einfach zu nehmen ohne etwas Angemessenes dafür zu geben, ist der richtige Ort für diese Arbeit das Herz des Menschen.

Nur in dem Maße, wie man sein Herz bewegen und den Wunsch erwecken kann, etwas Bestimmtes zu tun oder zu lassen, kann man die Moral oder die Taten eines Menschen verändern.

Welch wunderbare Gelegenheit die heutige Zeit doch Schriftstellern, Philosophen, Geistlichen und Herausgebern von Tageszeitungen und Monatszeitschriften bietet!

Diese Menschen arbeiten in einem Geschäft, in dem es darum geht, andere zu beeinflussen und sie dazu zu veranlassen, etwas Bestimmtes tun oder lassen zu *wollen*. Sie sind diejenigen, die die Medien in der Hand haben, durch die sie den »Geist der Massen« erreichen und beeinflussen können. Wenn Schriftsteller und Geistliche eng zusammenarbeiten würden, könnten sie in nur einem Jahr konzentrierter Anstrengung die Neigung verändern, die der Geist der Massen heute hat.

Kein denkender Mensch wird bezweifeln, dass das revolutionäre Element in der Gesellschaft zur Zeit subtilen Einfluss ausübt und eine konzentrierte Propaganda verbreitet.

Wir müssen Feuer mit Feuer bekämpfen!

Wessen Geist ist fantasievoll genug, um sich vorzustellen, was geschehen würde, wenn jeder Priester der Vereinigten Staaten verspräche, in jede Predigt, die er in den nächsten zwölf Monaten hält, eine großzügige Dosis der Philosophie der Goldenen Regel einfließen zu lassen? Und wenn er darüber hinaus seinen Anhängern noch erklären würde, welchen ökonomischen Wert es hat, diese Philosophie im Berufsleben anzuwenden?

Wessen Geist ist flexibel genug, seine Vorstellungskraft so weit auszudehnen, dass er sieht, was es hieße, wenn jede Zeitung in den Vereinigten Staaten ihre Leitartikel in den nächsten zwölf Monaten gezielt darauf ausrichten würde, in der Wirtschaft den Geist der Goldenen Regel zu fördern?

Gibt es einen Erzieher oder einen Lehrer mit genug Fantasie, um vorherzusehen, wohin es führen würde, wenn in den Vereinigten Staaten alle Lehrer öffentlicher Schulen in den Klassenzimmern eine systematische, konzentrierte Kampagne betreiben würden, Amerikas Schülern den wirtschaftlichen Nutzen der Philosophie der Goldenen Regel aufzuzeigen?

Erst wenn die Menschen feststellen, dass die Goldene Regel wirklich einen wirtschaftlichen Nutzen hat und die einzige Grundlage ist, auf der sie dauerhaften finanziellen Wohlstand und Glück erreichen können, werden sie sie zur Grundlage ihrer Arbeit machen.

Es ist an euch, Ihr Herren der Geistlichkeit und an euch, die Ihr Zeitungen und Zeitschriften verwaltet und herausgebt, die wunderbare Gelegenheit, die sich euch hier bietet, zu ergreifen, um den Massen einen Dienst zu erweisen.

Was werdet Ihr aus dieser Möglichkeit machen?

DER GLÜCKLICHE MITTELWEG

Der Zweck von Schulbildung und Erziehung liegt darin, einem Menschen einen Sinn für Verhältnismäßigkeit zu vermitteln. Wenn ein Mensch bei einem Thema den Sinn für die Verhältnismäßigkeit verliert oder wenn er noch gar nicht begonnen hat, einen solchen auszubilden, wird er häufig als »exzentrisch« oder »eigenwillig« bezeichnet.

Wir gehen davon aus, dass es – streng genommen – so etwas wie einen vollständig ausgeglichenen Geist nicht gibt, doch es ist zweifellos Ziel der Evolution, gerade diese Art Geisteszustand zu entwickeln.

Ein gebildeter Mensch ist jemand, der einen ausgewogenen Sinn für die Verhältnisse entwickelt hat. Um als wirklich gebildet zu gelten, muss man etwas von einem Philosophen haben – man muss sich angewöhnen, Ursachen anhand ihrer Wirkungen zu untersuchen oder Wirkungen anhand ihrer Ursachen.

Sobald man beginnt, ein Problem oder ein Thema zu analysieren, es zu untersuchen und seine Bestandteile zu bestimmen, fängt man an, einen Sinn für Verhältnismäßigkeit zu entwickeln.

Der ausgeglichene Geist ist ein analytischer, untersuchender Geist.

Intoleranz ist eine der zerstörerischsten Eigenschaften, mit der die Menschheit gestraft ist. Wir haben Grund zu der Annahme, dass ein analytischer, untersuchender Geist, wenn überhaupt, nur selten intolerant ist.

Wenn ein Mensch über ein Thema urteilt, ohne Beweise gewürdigt oder alle vorhandenen Fakten darüber geprüft zu haben, kann man ihn ganz sicher nicht als analytisch bezeichnen. Ebenso wenig könnte man sagen, dass er einen vernünftigen Sinn für Verhältnismäßigkeit entwickelt hat.

Nach unserer Überzeugung gibt die Natur einem Menschen, der seine Augen vor Beweisen verschließt oder sich weigert, das Handwerk der Natur zu analysieren, zu untersuchen oder zu prüfen, ihre Geheimnisse oder Gegebenheiten niemals preis.

Lassen Sie uns nicht vergessen, dass jede Ursache eine Wirkung hat. Wenn wir mit dem Ergebnis unserer Bemühungen im Leben nicht zufrieden sind, sollten wir uns darauf besinnen, dass es eine gute Idee ist, die Ursachen dafür zu untersuchen. Wenn wir keinen Erfolg haben, dann ist es eine Wette von etwa hundert zu eins, dass wir die Ursache dann finden, wenn wir uns vor den Spiegel stellen.

Wir können auf keinen Fall alle Ursachen kontrollieren, die uns im Leben betreffen – schon gar nicht in großem Maße. Doch könnte es nicht sein, dass wir immerhin schon ausreichend Ursachen unter Kontrolle haben, um die unerwünschten Wirkungen abzustellen, die wir ganz allein verursachen?

Könnte es nicht sein, dass wir ausreichend Ursachen unter Kontrolle haben, um eine beachtliche Veränderung in unserer Einstellung zu anderen und deren Einstellung zu uns zu bewirken?

Wenn Sie dabei sind, Ihr »Hauptziel« auszuarbeiten, das Sie ab Januar als Erstes in Angriff nehmen wollen, rate ich Ihnen, einen der Grundsätze in Ihrem Programm in folgendem Sinne zu formulieren:

»Im kommenden Jahr werde ich mir besonders große Mühe geben, einen vernünftigen Sinn für Verhältnismäßigkeit zu entwickeln, indem ich es mir angewöhne, die Ursachen aller Einwirkungen, die meinem Lebenswerk, meinem Seelenfrieden und meinem materiellen Erfolg schaden, zu analysieren, zu untersuchen und zu hinterfragen.«

Kapitel 4

WENN EIN MENSCH SEINE ARBEIT LIEBT

Meine Forschungen, bei denen ich in über zehn Jahren mehr als 12.000 Männer und Frauen befragte, förderten einige erstaunliche Tatsachen zutage. Darunter auch die Entdeckung, dass ein Mensch seine Arbeitsergebnisse mindestens um das Zehnfache verbessern kann, ohne müde zu werden, wenn er erst einmal die Arbeit gefunden hat, die er am liebsten tut.

Gestern Abend habe ich vergessen, zu Bett zu gehen. Ich war so in meine Arbeit vertieft, dass die Silberstreifen des frühen Morgens bereits über mir heraufzogen, noch bevor ich überhaupt merkte, dass die Nacht vorüber war.

Trotzdem fühle ich mich erfrischt und bereit für den vor mir liegenden Arbeitstag. Die ganze Nacht hat in meinem Inneren der Prozess der körperlichen Erholung und Erneuerung stattgefunden.

Die Herstellung dieser Zeitschrift und der Vertrieb bis in die entlegensten Teile des Landes macht uns viel Arbeit, von der die Leser nie etwas erfahren. Das Material zu ordnen, vorzubereiten und zu drucken ist dabei noch das Geringste und für uns eher ein Kinderspiel als Arbeit, weil es uns so viel Spaß macht. Der anstrengendste Teil unserer Arbeit ist der Vertrieb der Zeitschrift, wenn sie aus dem Druck kommt. Hier müssen wir alle hart arbeiten, um die Zeitschrift erfolgreich an den Leser zu bringen.

Bei Produktion und Vertrieb dieser Zeitschrift planen und führen wir aus; wir arbeiten und spielen, lachen und singen, spekulieren und prophezeien Nacht für Nacht, Woche für Woche. Und noch nie hat jemand über Müdigkeit geklagt.

Nach dem Abendbrot machen wir einen Spaziergang von ungefähr 16 Kilometern, um ausreichend körperliche Betätigung zu haben. Beim Gehen reden und philosophieren wir, wir planen und denken, sprechen über das Gute und das Schlechte im Menschen, wobei wir das Schlechte oft eher herunterspielen. Dann kehren wir in unser »Spielhaus« zurück, in dem die Zeitschrift entsteht. Dort spielen wir das Spiel, Menschen dabei zu helfen, zu erkennen, wie erfreulich, schön und prachtvoll gemeinschaftliche Anstrengung dann sein kann, wenn sie auf der Goldenen Regel beruht.

Vor ein paar Wochen hatten wir die Möglichkeit, übers Wochenende einen Campingausflug zu machen. Wir dachten darüber nach, sahen uns schon angeln und im Freien die herrliche Landschaft genießen. Doch dann überlegten wir uns, wie viel Spaß wir direkt hier zwischen den hohen Gebäuden Chicagos haben könnten. Wir würden weiter auf den Seiten der Zeitschrift unser Spiel spielen und Tausenden von Menschen dabei helfen, auch Freude an dem Spiel zu finden. Daher entschieden wir, dass wir für so herkömmliche Vergnügungen wie Angeln und Jagen kein ganzes Wochenende opfern könnten.

Die Tatsache, dass kein Mensch sich mit harter Arbeit umbringt, wenn er diese Arbeit liebt, hat eine psychologische Ursache. Das Prinzip lässt sich mit einigen einfachen Erläuterungen aufzeigen und beweisen. Welcher Junge erinnert sich zum Beispiel nicht daran, wie lange er Baseball spielen konnte, ohne müde zu werden, wohingegen er nach zehn Minuten Holz stapeln fast zusammengebrochen wäre?

Wer kann sich daran erinnern, Schlafmangel dabei empfunden zu haben, als er täglich den größten Teil der ersten Hälfte der Nacht mit seiner Auserwählten verbrachte und versuchte, Eindruck auf sie zu machen?

Gibt es wohl jemanden, der sich ganz ohne den Wunsch, so etwas noch einmal zu tun, an einen anstrengenden Tag in den Bergen erinnert, an dem er mit einer Picknickgesellschaft inmitten von Klippen und Felsen in einem malerischen Gebirgszug umhergeklettert ist? Hat man jemals gehört, dass eine solche Art der Anstrengung den Menschen umbringt?

Die Natur hat die Dinge so angeordnet, dass man dort, wo sich Liebe und Arbeitsfreude aufhalten, auch den Lohn der Befriedigung findet. Die Natur hat es ebenso arrangiert, dass der Geist des Menschen alles, was er nicht selbst anzieht, zurückweist. Es gibt nur zwei Energieformen; die eine stößt ab, die andere zieht an. Wenn der Geist eines Menschen dessen Körper also dazu bringt, körperliche Anstrengungen zu unternehmen, die er liebt, kommt automatisch das Gesetz der Anziehung ins Spiel und dem Körper fällt die Arbeit leicht. Reibung oder Widerstand, die das Gesetz der Ablehnung verursacht, entstehen in diesem Fall nicht.

Denken Sie einen Moment über das Prinzip nach, das ich versuche, hier vereinfacht darzustellen. Es wird sich für Sie auszahlen, es zu begreifen.

Jede körperliche Handlung, die man durch Zwang, aus Angst oder aus der Not heraus vollzieht und nicht aus reiner Liebe zu der Leistung, die durch die Handlung erbracht wird, trifft augenblicklich auf Widerstand. Dabei greift das Gesetz der Ablehnung. Das Ergebnis sind Reibung, Energieverlust, ein müder Körper und ein müder Geist.

Wenn Sie ein Kind dazu bringen, etwas Bestimmtes zu tun und wenn es das aus Angst auch wirklich tut, dann haben Sie damit das Gesetz der Ablehnung in Gang gesetzt. Das Ergebnis wird wohl Ärger sein, der entweder Krankheit oder zumindest großes Geschrei hervorruft – beide strapazieren die Körperzellen und führen zu Erschöpfung.

Dasselbe Prinzip greift natürlich auch in Fällen, in denen Männer und Frauen aus der Not heraus gezwungen sind, eine Arbeit zu tun, die sie nicht mögen. Sie tun es, weil sie genug zum Leben brauchen, doch bei ihnen kommt das Gesetz der Ablehnung zum Tragen. Es erzeugt Ärger, Zynismus, Angst und andere negative Eigenschaften, die Zellen und Gewebe im Körper schädigen und Erschöpfung hervorrufen.

Ein Laborversuch, den ich während des Krieges durchgeführt habe, hat gezeigt, welch erstaunliche Ergebnisse man erzielen kann, wenn man Arbeitern, die unter hoher Anspannung und mit hoher Geschwindigkeit arbeiten, passende Musik vorspielt. Die Arbeiter produzierten zwischen 25 und 50 Prozent mehr als vorher, doch das ist noch nicht das Beste: Am Ende des Arbeitstages waren sie überhaupt nicht erschöpft.

Hier ist ein guter Rat für die Rationalisierungsfachmänner und für die Arbeitgeber: Gestalten Sie die Arbeit attraktiver, verleihen Sie ihr, wo immer es geht, einen künstlerischen Anstrich und setzen Sie Musik ein. Machen Sie die Arbeit mit allem, was das Gesetz der Ablehnung entkräftet, annehmbarer, und die Arbeiter werden mehr leisten und sich weniger beschweren, weil sie am Ende des Arbeitstages nicht mehr erschöpft sein werden.

Als junger Mann ging ich häufig zu den vor allem in ländlichen Gegenden verbreiteten Treffen, bei denen die Jugend des Ortes zusammenkommt, und oft die ganze Nacht hindurch tanzt und Spiele spielt. Ich kann mich nicht daran erinnern, auch nur einmal über Erschöpfung durch Schlafmangel oder übermäßige Anstrengung geklagt zu haben – dabei verlangten diese Zusammenkünfte uns stets beides ab. Wir leisteten gewissermaßen harte Arbeit und schliefen überhaupt nicht, doch das Gesetz der Anziehung war die ganze Zeit über in Kraft. Und da es dem Gesetz der Ablehnung nicht gestattet war, sich einzumischen, gingen wir erfrischt aus der nächtlichen Arbeit hervor und waren bereit, in der kommenden Nacht noch mehr zu leisten.

Unser Körper ist ein Instrument, auf dem fortwährend eine Energie spielt, die man Geist nennt. Wenn wir diese Energie dahingehend lenken, dass sie keinen Aufruhr schürt oder das Gesetz der Ablehnung ins Spiel bringt, erlebt der Körper keinerlei Verschleißerscheinungen und verspürt keine Müdigkeit. Wenn aber ganz bestimmte Gefühle körperlichen Einsatz verlangen, während gewisse andere dieses Verlangen bekämpfen und versuchen, es zurückzuschlagen, dann bricht zwischen den beiden gegensätzlichen Kräften im Körper Krieg aus, in dessen Folge Körperzellen sterben. Genau wie Soldaten im Krieg fallen sie zu Millionen; sie werden vernichtet, weil Ziel und Bemühungen von Körper und Geist nicht miteinander harmonieren.

Menschen sind nicht die einzigen, die gegeneinander in den Krieg ziehen. Auch in jedem menschlichen Körper, in dem weder Friede noch Harmonie herrschen, noch die liebevolle Absicht, anderen Dienste zu erweisen, findet ein kleiner Krieg statt! Jede Handlung, die man aus Angst und Not ausführt, oder aus einem anderen Grund, als dem Wunsch, diese Tat zu vollbringen, setzt die beiden gegensätzlichen Kräfte von Anziehung und Ablehnung in Bewegung. Das Ergebnis ist Krieg und Tod, denn auch die Körperzellen sind physische Wesen, in deren Gestalt die beiden Kräfte einander bekämpfen.

Was ich Ihnen hier vermittele, ist eine wissenschaftlich erwiesene Tatsache. Ich habe mir allerdings größte Mühe gegeben, auf wissenschaftliche Begriffe zu verzichten, damit das Prinzip so deutlich wird, dass alle es verstehen und sich zu eigen machen können.

Zehn Jahre lang habe ich Menschen befragt und die Ergebnisse ausgewertet. Bei dieser Forschung, die Einzelanalysen von mehr als zwölftausend Männern und Frauen unterschiedlichen Alters, Charakters und mit unterschiedlichem Bildungsniveau abdeckt, habe ich die erstaunliche Entdeckung gemacht, dass Erfolg im Leben – dieses ewige Grundprinzip des Lebens, nach der die Menschheit seit jeher strebt – auf einigen wenigen, sehr einfachen Prinzipien beruht. Eins davon ist Folgendes:

Wenn man seine Arbeit liebt und lernt, wie man das Gesetz der Anziehung ins Spiel bringt, ohne gleichzeitig das Gesetz der Ablehnung heraufzubeschwören, dann wird man bei jeder Unternehmung erfolgreich sein.

Das System der Charakteranalyse, das ich als einen Bestandteil meiner Forschung entwickelt habe, umfasst mehr als 150

Fragen. Fast jede von ihnen ist dafür vorgesehen, die Art der Arbeit ans Licht zu bringen, die die befragte Person am liebsten mag. Wenn das einmal festgestellt wurde, ist es so leicht, dieser Person ein Erfolgsrezept zu verordnen, wie einem Jungen ein Mittel gegen ein schmutziges Gesicht zu verschreiben. In beiden Fällen schreit und wehrt sich der Patient häufig gegen das Heilmittel und versucht, es zu umgehen, doch wenn die Verordnung befolgt wird, dann wirkt sie auch.

Ich wäre lieber Präsident des Amerikanischen Gewerkschaftsbundes als Präsident der Vereinigten Staaten, weil ich in dieser Position enorme Macht im Bereich der Weltwirtschaft hätte. Ich würde meine gesamten Bemühungen auf die Aufgabe konzentrieren, die organisierte Arbeiterschaft das Gesetz zu lehren, über das ich hier schreibe. Wenn ich mich dabei als fähiger Lehrer erweisen würde und wenn ich dieses Prinzip der breiten Masse der Arbeiter erfolgreich nahebrächte, könnte ich die organisierte Arbeiterschaft zur mächtigsten, zufriedensten und konstruktivsten Kraft der Welt machen – und all das binnen eines Dutzends oder noch weniger Jahren.

Dies richtet sich nicht gegen Samuel Gompers[5], einen Mann von vorzüglichem Charakter und hohen Idealen. Er wird vermutlich die Wahrheit, die in meiner Sicht der Dinge steckt, auch selbst kennen. Doch er wird sie kaum in die Tat umsetzten, weil er bestimmt das Gefühl haben wird, ihm seien die Hände gebunden.

Ich bin zwar weder Samuel Gompers noch Präsident des Amerikanischen Gewerkschaftsverbandes, doch ich bringe diesen Gedanken den Menschen, einschließlich der breiten Masse der Arbeiterschaft, in immer höherem Tempo nahe. Das könnte schon in den nächsten zehn Jahren zu recht ansehnlichen Ergebnissen führen.

Gehälter stellen die Menschen nicht zufrieden. Ein Mann, für den die Lohntüte alles darstellt, was er für seine Arbeit erhält, ist unterbezahlt. Dabei spielt es keine Rolle, wie viel Geld die Lohntüte enthält und ob ihr Inhalt dem Arbeitgeber durch den organisierten Druck der Arbeiter abgepresst werden musste, oder ob das Geld durch die Hände eines willigen, zufriedenen Chefs in die Lohntüte gelangt ist. Die wahre Bezahlung ergibt sich aus der Liebe, mit der man Leistungen erbringt und wenn ein Arbeiter in seinen Leistungen nichts weiter sieht, als den Schweiß und die Mühe, die er sich für sein bloßes Überleben abpressen muss, dann wird er entweder betrogen oder er betrügt sich selbst um das größte Erbe, das ihm das Leben vermacht hat.

Ich schreibe hier nicht etwa über eine fein gesponnene Theorie; man möge sich daran erinnern, dass auch ich meinen Lebensunterhalt im Schweiße meines Angesichts und mit Schwielen an den Händen verdient habe und dafür die niedrigste Art von Arbeit verrichtete. Manchmal habe ich für Unterkunft und Kleidung gearbeitet und manchmal für ein Jahresgehalt von 100.000 Dollar. Daher weiß ich nicht nur vom Hörensagen, sondern aus eigener Erfahrung, dass kein Geld der Welt Glück bringt, außer wenn dieses Geld für eine Leistung bezahlt wurde, die der Mensch von Herzen gern erbracht hat. Wenn sein Herz rebelliert oder wenn er seine Leistungen mit geistigen Vorbehalten erbringt, dann erhält ein Mensch für seine Arbeit niemals wahren Lohn, denn der wahre Lohn ist das Glück.

Es bringt mein Herz fast zum Stillstand, wenn ich meine Mitmenschen sehe, wie sie in organisierter Form unter der Leitung scheinbarer Anführer als bewaffnete Meute aus den Bergwerken von West Virginia marschiert kommen – im vergeblichen Bemühen, durch das Gesetz der Gewalt etwas für sich zu gewinnen! Beim Schreiben dieser Zeilen über das Thema, das mich überhaupt erst zu diesem Artikel angeregt hat, greife ich auf Zeitungsberichte zurück und auf die Angaben meiner eigenen Informanten, die mir gesichertes Datenmaterial über den sogenannten Minen-Krieg von West Virginia liefern. Ich habe den Verdacht, dass Präsident Harding US-Truppen nach West Virginia entsenden wird, um das Durcheinander dort in Ordnung zu bringen, noch bevor ich diese Zeilen fertig geschrieben habe. Und was werden die armen, in die Irre geführten Arbeiter wohl bekommen?

Lesen Sie langsam, machen Sie sich beim Lesen Gedanken und lassen Sie mich Ihnen Folgendes mitteilen:

Wenn sie weiter als gewalttätige Meute auftreten, werden sie auf der Stelle erschossen. Doch auch wenn sie damit aufhören, bevor der starke Arm des Gesetzes über ihnen niedergeht, werden sie eine beträchtliche Menge öffentlichen Ärgers ernten, über den sie in den nächsten zehn Jahren kaum hinwegkommen dürften.

Das Bedauerliche an alldem ist, dass sich keiner der Arbeiterführer auch nur mit einem Wort der Ablehnung gegen diese unbesonnene Vorgehensweise der Bergarbeiter von West Virginia ausgesprochen hat. Mein Herz schlägt für die arbeitenden Menschen, weil auch ich aus dieser Klasse stamme und sie bis heute nicht wirklich verlassen habe. Doch die Wahrheit ist und bleibt die Wahrheit und das Gesetz der Moral ebenfalls, ganz unabhängig von der persönlichen Befindlichkeit des Einzelnen. Und ich gebe nur die Wahrheit wieder, wenn ich hier schreibe, dass die Vorfälle in West Virginia einer Tragödie gleichkommen, die auf die Gewerkschaften als solche genauso schwer zurückfallen wird wie auf jeden einzelnen Arbeiter in ganz Amerika, der einer Arbeiterorganisation angehört.

Obwohl es den Eindruck macht, als ob ich für einen Augenblick abgeschweift sei, geht es in Wirklichkeit die ganze Zeit um Menschen, die erfolgreich sind, weil sie ihre Arbeit lieben. Und jemand, der seine Arbeit mit einer selbstsüchtigen Einstellung verrichtet und die Absicht hat, den letzten Tropfen Lebenssaft aus demjenigen zu pressen, der seine Arbeitskraft bezahlt, wird seine Arbeit auf gar keinen Fall lieben. Erfolg im Leben hängt vom Glück ab und Glück kann man ausschließlich dadurch finden, dass man Leistungen aus Liebe erbringt. Wenn Arbeitsleistungen nur ein Mittel zum Zweck und nicht der Zweck selbst sind, dann kann man beim Arbeiten auch kein Glück finden.

Selbst wenn er uns nichts anderes gelehrt haben sollte, hat der Krieg uns zumindest eines gezeigt: nämlich die unzweifelhafte Tatsache, dass physische Gewalt, die so beschaffen ist, dass sie Ablehnung und Hass hervorruft, nicht zu dauerhaftem Erfolg führen kann. Nur Wahrheit und Gerechtigkeit, die auf der Liebe zur Menschheit beruhen und auf dem unablässigen Verlangen, das Wohl der Menschheit über das Wohl des Einzelnen zu stellen, können beständig andauern.

Derjenige, der die Verantwortung dafür trägt, dass die fehlgeleiteten Bergarbeiter in West Virginia zu den Waffen griffen und versuchten, der Gesellschaft ihre Ansichten aufzunötigen, ist entweder ein Narr oder ein durchtriebener Krimineller, dessen einziges Ziel es war, irgendwelchen Interessen Vorschub zu leisten. Achten Sie darauf, dass ich von »irgendwelchen« Interessen spreche – damit sind Interessen gemeint, die denen, die ihren Lebensunterhalt im Schweiße ihres Angesichts verdienen, in Wirklichkeit nicht nützen, sondern schaden.

Ich kenne die Arbeiter zu gut, als dass es mir entgangen wäre, dass sich hinter dem von ihnen begonnenen vergeblichen Bemühen Verschlagenheit und Hinterlist verbargen. Dieser Einstellung hat nicht etwa der Wunsch, Leistungen zu erbringen, Vorschub geleistet, sondern der Wunsch, selbstsüchtig zu profitieren, der Wunsch, nicht zu geben, sondern zu nehmen. Arbeiter in aller Welt: Erstrebenswerte, konstruktive und dauerhafte Bemühungen sehen anders aus!

Es gibt eine bessere Methode, um das zu bekommen, was einem zusteht. Wenn die Versprechen jedes vernünftigen politischen Führers aus der Vergangenheit und die Schlussfolgerungen der großen Philosophen stimmen, wenn jede Verheißung wahr ist, die die göttliche Hand, die das Universum lenkt, in das Wachsen der Bäume, das Fließen der Bäche, das Singen der Vögel und die Gesichter lachender Kleinkinder gelegt hat – wenn all dies nicht völlig falsch und unvernünftig ist, dann kann der bessere Lösungsweg am runden Tisch gefunden werden, wo Männer sich zu Verhandlungen zusammensetzen, sich gegenseitig ins Vertrauen ziehen, geben und nehmen, um Zugeständnisse bitten und Zugeständnisse machen und dabei stets die Goldene Regel zugrunde legen.

Gewalt kann eine gewisse Zeit lang obsiegen, doch Gewalt bringt niemanden dazu, seine Arbeit zu lieben. Und wenn ein Mensch seine Arbeit nicht liebt, dann wird ihm gewiss die größte Verheißung entgehen, die das irdische Leben zu bieten hat, nämlich die Freude, den Seelenfrieden und das Glück, die aus einem harmonischen, freundlichen Umgang der Menschen untereinander erwachsen.

Suchen Sie sich die Arbeit, die Sie lieben, führen Sie diese Arbeit selbstvergessen aus und Sie werden mit Befriedigung belohnt. Finanziell wird für Ihre Bedürfnisse auf dieser Welt reichlich gesorgt sein, nämlich immer so, dass Ihnen eine sichere Reserve bleibt.

Kapitel 5
EIGENINITIATIVE

Mütter sind schon das Merkwürdigste, was es gibt! Und doch hat unsere gegenwärtige Zivilisation ihre Existenz dem Mutterinstinkt ihrer Art zu verdanken.

Dieser Artikel soll keine Abhandlung über Mütter oder Mutterliebe werden, doch ich gehe zu Beginn und am Schluss auf die Mütter ein. Der eigentliche Anlass, diesen Text zu schreiben, ist ein kleiner Junge. Über ihn schreibe ich aus mehreren Gründen, einer der weniger wichtigen liegt aus meiner Sicht darin, dass es sich um unseren eigenen Sohn handelt – um den Sohn von meiner Frau und mir!

Es sei daran erinnert, dass er nur einer unserer drei Söhne ist.

Doch mein eigentliches Thema ist Eigeninitiative. Deshalb stehen in diesem speziellen Text die Frauen und Kinder nur an zweiter Stelle.

Wenn ich einen Menschen sehe, ganz gleich ob Mann oder Frau, Kind oder Erwachsener, der aufgrund der seltenen Charaktereigenschaft handelt, die sich *Eigeninitiative* nennt, dann verspüre ich immer den Wunsch, diesen Menschen zu ermuntern, die Handlung gleich noch einmal zu wiederholen.

Daher ist das wahre Ziel dieses Artikels wohl, diesem kleinen Jungen, wenn er später einmal größer ist, Mut zu machen, wenn er sich dann diese Zeilen vornimmt und liest, was sein Vater vor Jahren geschrieben hat. Vielleicht schreibe ich das alles aber auch, um andere kleine Jungen und solche, die nicht mehr ganz klein sind, zu ermuntern, dem Beispiel des Kleinen zu folgen.

Lesen Sie nun seine Geschichte:

Jemand hat einmal gesagt, das alle Menschen bei ihrer Geburt gleich sind. Diese Aussage stelle ich allerdings stark in

Frage; ich kann sie sogar zweifellos widerlegen. Die Menschen sind bei ihrer Geburt nicht alle gleich. Nach der Geburt kommen zwar alle in den Genuss derselben Freiheitsrechte, doch das ist etwas anderes, als von Geburt an gleich zu sein.

Einige Kinder sind von frühester Kindheit an hoch qualifiziert und mit »qualifiziert« meine ich, dass sie die Fähigkeit haben, zu bekommen, was sie wollen. Sie haben strategische Fähigkeiten und wissen, wie sie das Gesetz der Selbsterhaltung anwenden müssen.

Andere Kinder haben diese Fähigkeit nicht. Manche von ihnen erwerben sie später durch Ausbildung, andere nie. Es ist und bleibt eine interessante Frage, ob Ausbildung einem Kind die nötige Fähigkeit vermittelt, seine Interessen wahrzunehmen, oder ob sie nur das Potenzial weiterentwickelt, das ohnehin still im Kind schlummert und nur darauf wartet, geweckt und in Taten umgesetzt zu werden. Ich habe nicht die Absicht, diese Frage hier zu beantworten; ich wollte sie nur aufwerfen, um Sie dazu anzuregen, beim Lesen einmal darüber nachzudenken.

Der kleine Junge, über den ich hier schreibe, ist mein Namensvetter. Um korrekt zu sein und der Form Genüge zu tun, mache ich Sie nun bekannt mit Meister Napoleon Blair Hill, Finanzier, Geschäftsmann und Fachmann für wirtschaftliche Probleme aller Art (einschließlich der Verwaltung von Vätern und Müttern).

Vor einigen Monaten hatte Blair vor, ins Zeitungsgeschäft einzusteigen. Über die geplante Unternehmung hatte seine Mutter ihre Auffassungen und der Vater hatte seine eigenen. Sie kennen ja die Mütter. Seit jeher opfern sie sich auf, um Belastungen von ihren Sprösslingen fernzuhalten. Sie arbeiten unglaublich hart, bis hin zur Selbstaufgabe, damit die Kinder »es einmal nicht so schwer haben, wie wir es als Kinder hatten.«

In dieser Hinsicht war Blairs Mutter genau wie alle anderen; alle haben diese Eigenschaft, die ich keineswegs verdamme, sondern sogar verordnen würde, wenn ich könnte.

Eigeninitiative

Ich wünschte mir, dass alle unsere Jungen diese wunderbare Aufregung erleben würden, die ein Junge empfindet, wenn er zum ersten Mal das Gefühl hat, etwas ganz allein zu tun. Ich wollte sie sozusagen direkt ins tiefe, kalte Wasser schubsen, damit sie schwimmen lernten. Wie der alte Adler, der seine Jungen zum Rand der Klippen führt und sie dann hinunterschubst, damit sie lernen, ihre Flügel einzusetzen – genau so wollte ich Blair in den Zeitungshandel einsteigen sehen. Die älteren Jungen würden ihm auf die Füße treten und die Erwachsenen würden in dem kleinen Zeitungsjungen nichts weiter sehen als ein Straßenkind. Es gibt noch viel mehr aufregende Momente, die aus der Sicht eines Vaters gute und notwendige Erfahrungen für ihn hätten sein können.

Als seine Mutter und ich die Angelegenheit durchsprachen und ein Tag nach dem anderen verging, erleichterte Blair uns beiden die Sache ungemein, indem er die seltene Charaktereigenschaft der Eigeninitiative an den Tag legte. Als wir eines Abends einmal nicht zu Hause waren, ging er zum Schuhmacher in unserem Stadtviertel, einem italienischen Herrn, mit dem er befreundet war, und handelte mit ihm ein Darlehen von sechs Cent aus.

Er nahm das Kapital und investierte es in Zeitungen. Dann verkaufte er seinen Vorrat, kaufte neue ein, verkaufte sie wieder – so lange, bis er zu müde war, um weiter zu arbeiten. Anschließend gab er das Geld, was er sich geborgt hatte, zurück und nahm seinen Gewinn mit nach Hause: 47 Cent!

An nur einem Abend, ohne jede vorherige Erfahrung, ohne Ratschläge und Empfehlungen, hat dieser kleine Junge mit geborgtem Kapitel nur drei Cent weniger verdient, als ich für einen ganzen Arbeitstag bekommen hatte, als ich schon mehr als doppelt so alt war wie er.

Als seine Mutter und ich an dem Abend nach Hause kamen, kam uns die Geschichte dieses ungewöhnlichen Geschäftserfolges zu Ohren. Blair lag zwar schon im Bett und schlief, doch die Haushälterin schilderte uns die Einzelheiten. Wir gingen in Blairs Zimmer. Der Junge hatte den Kopf auf eine Hand gelegt und schlief. Seine Mutter zog die Hand unter seinem Kopf hervor, öffnete die kleine, schmutzige Faust und über den ganzen Fußboden rollten Fünf- und Ein-Cent-Münzen.

Er wollte auf keinen Fall riskieren, sein sauer verdientes Geld zu verlieren, also nahm er es mit ins Bett.

Nun, aus folgendem Grund schreibe ich, dass Mütter das Merkwürdigste sind, was es gibt: Blairs Mutter kroch über den Fußboden, sammelte alle Cent-Münzen auf und legte sie ihm wieder in die Hand. Dann kniete sie an seinem Bett nieder und weinte herzzerreißend.

Mütter sind wirklich das Merkwürdigste, was es gibt, nicht wahr?

Mich hat Blairs Geschäftstätigkeit auf eine ganz andere Art berührt. Hinter alldem stand für mich folgende Bedeutung: Einer unserer Jungen hatte uns gezeigt, dass er, komme was wolle, immer fähig sein würde, selbst genug für sein Auskommen zu verdienen. Ich sah Führungsqualitäten in meinem Kind und darauf war ich stolz, sehr stolz. Ich sah darin das eine und seine Mutter sah zugleich etwas ganz anderes.

Was sie sah, war zweifellos stark von ihrem Mutterinstinkt geprägt. Dieser Instinkt bringt Mütter schon seit jeher dazu, sich stets vor ihren Sprössling zu stellen, wenn Gefahr und Schmerz drohen. Blairs Mutter sah einen müden kleinen Jungen vor sich, der auf den gefährlichen Straßen mit einem Bündel Zeitungen herumwedelte, wo alle möglichen Gefahren lauerten.

Ich dagegen sah einen stolzen, kleinen Geschäftsmann, dessen erste Unternehmung ein riesiger Erfolg war. Diese Erfahrung würde ihm Mut für sein nächstes Vorhaben machen und ihm Vertrauen in die eigenen Fähigkeiten verleihen. Es war alles eine Frage der Sichtweise und der eigenen vorherigen emotionalen Erfahrungen. Seine Mutter hat bei ihren Begegnungen mit dem Leben ganz bestimmte Erfahrungen vererbt bekommen und selbst erworben, während ich ganz andere erhalten und mir angeeignet habe. Ein und dieselbe Handlung machte daher auf jeden von uns einen anderen Eindruck.

Blair hat langes Haar, doch Sie dürfen jetzt nicht glauben, dass er deshalb mädchenhaft aussieht. Da das wichtig für das Verständnis dessen ist, was ich über ihn schreibe, nenne ich auch den Grund, aus dem er sein Haar lang trägt.

Er tut es, um seine missgebildeten Ohren zu bedecken. Die Natur hat diesem kleinen Jungen einen grausamen Streich – oder vielleicht war es gar nicht grausam? – gespielt: Sie hat vergessen, ihm Ohren zu geben. Er hat noch nicht einmal ansatzweise Ohren, doch er hört fast genauso gut wie ein Mensch mit normalen Ohren. Der Unterschied liegt hauptsächlich im Aussehen.

Doch für das, was die Natur in seiner äußeren Erscheinung weggelassen hat, entschädigt sie ihn in manch anderer Hinsicht. Wie, das zeigt zum Teil schon die Geschichte, die ich erzählt habe. Soweit ich es beurteilen kann, wird Blair seine Ohren nicht sonderlich vermissen und wenn er so groß ist, dass es ihn nicht mehr stört, dass andere Kinder über sein langes Haar lachen, wird ihm seine Missbildung nicht weiter peinlich sein.

Schon jetzt setzt er sie sinnvoll für sich ein. Die Missbildung erweist ihm gute Dienste, wenn er vorgeben möchte nicht zu hören, wenn er gebeten wird, Dinge zu tun, die er nicht tun will. Vielleicht wird er auch, genau wie Thomas A. Edison, feststellen, dass der Hörfehler ihm dabei hilft, eine Menge wertloses Geplapper auszublenden, das ansonsten hin und wieder eine Kette intelligenter Gedanken unterbrechen könnte.

Vielleicht wird er es sich auch angewöhnen – und ich werde versuchen, das zu fördern – nur die konstruktiven Worte zu hören, die Menschen sagen. Ich werde versuchen, dafür zu sorgen, dass er es nie lernt, den Worten aus dem Munde eines Verleumders zuzuhören. Sollte er sie dennoch vernehmen, möge er herausfinden, wie man sie einfach überhört. Auf ähnliche

Art, wie er es schon heute manchmal tut, wenn seine Mutter ruft: »Blair, komm vom Apfelbaum herunter und lass die Vögel in Ruhe!« Bei solchen Gelegenheiten hat er immer nur ein äußerst schwaches Gehör, doch wenn sein Vater sagt: »Blair, möchtest du, dass wir heute Nachmittag angeln gehen?« dann kann er das, ganz ohne Anstrengung, auch aus einer beachtlichen Entfernung hören.

Ich beschwere mich keineswegs über Mütter, die versuchen, ihre Kinder zu beschützen, nicht im Geringsten! Ich liebe meine Jungen genau so stark wie ihre Mutter es tut. Nur meine Liebe kommt auf andere Art zum Ausdruck. Meine Art ist Männerart und ihre Art ist Frauenart. Selbst wenn ich könnte, würde ich das nicht verändern wollen.

Vor jedem dieser kleinen Jungen, vor Ihren wie vor meinen eigenen, liegen gleichermaßen Mühen und Kämpfe. Je besser wir die Jungen auf die anstrengenden Berge vorbereiten, die vor ihnen liegen, desto besser wird ihre Verfassung sein, wenn sie diese Berge erreichen. Das ist vor allem dann wichtig, wenn wir zufällig nicht da sein sollten, um ihnen beim Klettern zu helfen.

Ich lachte, als all die Münzen aus der Hand unseres Kindes rollten, während seine Mutter weinte. Vielleicht lachte ich auch nur, weil ich dachte, dass es ausreiche, wenn nur eine Person im Hause weinte.

Dann nahm ich meine Frau in die Arme und führte sie sanft von ihrem glücklichen, schlummernden Kind weg. Ich küsste die Tränen von ihren Wangen und erklärte, zu welch einem wunderbaren Geschäftsmann unser kleiner Junge ohne Ohren heranwachsen würde. Tief in meinem Herzen war ich glücklich, dass Gott die Mütter genau so erschaffen hat, wie sie sind, stets bereit, für jedes Lebewesen, das Schmerz und Kummer leidet, eine Träne zu vergießen.

Vielleicht habe ich jetzt mehr über andere Dinge als über Eigeninitiative geschrieben und zu viel über die Mitglieder meiner eigenen Familie. Doch ich habe einfach das Gefühl, dass jede Mutter und jeder Vater, die dies lesen, es mir ohne weitere Entschuldigung nachsehen werden.

Mütter sind das Merkwürdigste, was es gibt!

DER FRAGEBOGEN VON THOMAS A. EDISON

Ja, auch ich habe mich an den Testfragen von Thomas A. Edison versucht. Das Ergebnis war aufschlussreich: Aus dem Stegreif konnte ich gut fünf Prozent der Fragen beantworten, mehr nicht!

Ich mache jetzt eine lange Pause, damit Sie in Ruhe über meine Unwissenheit lachen können. Lachen Sie ruhig herzhaft, mir macht es nichts aus, wenn man über mich lacht. Lachen ist übrigens eines der besten Mittel zur geistigen Stärkung überhaupt.

Wenn Sie mit Ihrer Gymnastik für das Zwerchfell fertig sind, beruhigen Sie sich wieder und lesen ein paar Minuten aufmerksam weiter. Ich werde mich auch bemühen, ein wenig mit Ihnen mitzulachen – doch ich werde sicherlich derjenige sein, der zuletzt lacht!

Ich nahm den ganzen Fragenkatalog von Edison, so wie er in der Presse abgedruckt war, und spazierte damit zur öffentlichen Bibliothek hinüber. Nach genau einer halben Stunde hatte ich 95 Prozent der Fragen korrekt beantwortet. Dann habe ich mithilfe von zwei Telefonanrufen, einem bei der Abteilung für Chemie an unserer Universität und dem andern bei einer unserer Tageszeitungen, genau die Informationen erhalten, die ich brauchte, um die übrigen fünf Prozent zu beantworten. Das ganze Unterfangen dauerte nicht einmal eine Dreiviertelstunde.

Ich bin mir sicher, dass viele, die genau wie ich versucht haben, diese Fragen aus dem Gedächtnis zu beantworten, scheiterten, wobei sie allerdings nicht verstanden haben, welche wirkliche Bedeutung hinter diesen Fragen steht. Vermutlich haben sie aus den Fragen auch nicht die praktische Lehre gezogen, auf die es ankommt, nämlich dass Bildung nicht aus Fakten besteht, die man in seinem Geist gespeichert hat, sondern aus dem Wissen, wo und wie man sich schnell die Fakten verschafft, wenn man sie braucht.

95 Prozent der Fragen auf Edisons Liste erforderten Informationen, die nicht das Geringste mit meinem Lebenswerk zu tun haben; also hatte ich nicht wirklich eine Veranlassung, die Fakten, mit denen ich die Fragen hätte beantworten können, im Geist mit mir herumzutragen.

Nachdem ich begonnen hatte, Jura zu studieren, lernte ich bald, dass niemand darauf hoffen konnte, alle Gesetze in seinem Kopf mit sich herumzutragen, was übrigens auch von niemandem erwartet wurde. Ich stellte fest, das es Sinn der juristischen Ausbildung war, einen Menschen zu lehren, wie er einen ganz bestimmten Punkt im Gesetz genau dann fand, wenn er ihn brauchte, und wie er in den jeweils vorliegenden Fällen die richtigen Rechtsgrundsätze anwendete.

Nun, diese Regel gilt für alle Lebensbereiche. Bildung besteht aus der Fähigkeit, das zu bekommen, was man gerade benötigt, um seine gewählte Lebensaufgabe erfolgreich erfüllen zu können. Jedes Wissen, das darüber hinausgeht, ist überflüssiger Ballast, toter Stoff, der mindestens genauso gut in Enzyklopädien, öffentlichen Bibliotheken und in den Archiven der Lehrinstitutionen aufgehoben ist.

Wahre Bildung besteht aus Eigenanalyse, daraus dass Sie herausfinden, welches Temperament Sie haben, welche Arbeit für Sie am besten geeignet ist, und aus der Fähigkeit, sich die passenden Werkzeuge anzueignen, um diese Arbeit zu verrichten.

Ein akademischer Grad an sich ist kein Beleg dafür, dass sein Träger gebildet ist. Genauso wenig ist es ein Beleg für Unwissenheit oder Analphabetismus, wenn jemand keinen akademischen Grad vorzuweisen hat.

Vor Kurzem hat sich ein Universitätsabsolvent bei einer Zeitung in einer Großstadt beworben. Um festzustellen, wie viel

Allgemeinwissen er hatte, wurde er gefragt, was er denn über Sokrates wisse. Er antwortete sogleich: »Gar nichts« und fügte hinzu »Doch ich weiß, wo ich etwas über ihn herausfinden kann.« Er wurde weggeschickt, um zu recherchieren. Am nächsten Tag sollte er sich zurückmelden und darauf vorbereitet sein, über alles zu berichten, was er über das Leben des Sokrates wusste.

Er ging in die öffentliche Bibliothek und arbeitete den ganzen Nachmittag bis in den Abend hinein, um die Fakten zu seinem Thema zusammenzustellen. Am nächsten Tag meldete er sich zur verabredeten Stunde wieder bei der Zeitung – mit einem der besten biografischen Abrisse über das Leben des Sokrates, den der Redakteur je gelesen hatte.

Obwohl er nichts über das Zeitungsgeschäft wusste, erhielt der junge Mann die Anstellung. Und ob Sie es glauben oder nicht, heute ist dieser Mann einer der höchstbezahlten Zeitungsleute in Amerika und einer der erfolgreichsten Männer in diesem Geschäft.

Er hatte keine Fakten über Sokrates im Kopf, aber er wusste, wo sie im Bedarfsfall zu finden waren!

Da ich nun schon einmal bei diesem Thema bin, lassen Sie mich nebenbei die drei besten Quellen erwähnen, aus denen man Informationen zu jedem Thema schöpfen kann, was die Menschheit kennt, beziehungsweise jemals gekannt hat, soweit Fakten darüber festgehalten wurden.

Eine Quelle ist die öffentliche Bibliothek, die andere ist jede moderne Universität und die dritte Quelle ist jede moderne Tageszeitung in einer großen Stadt. Im Redaktionsbüro einer Zeitung wie dem von William Randolph Hearst herausgegebenen *San Francisco Examiner* können Sie praktisch zu jedem Thema exakte Informationen erhalten. Vor ein paar Tagen brauchte ich zum Beispiel die Adresse und den genauen Aufenthaltsort des ehemaligen Präsidenten William Howard Taft. Der *Chicago Examiner* stellte mir die Informationen in weniger als fünf Minuten zur Verfügung. Diesen Dienst erwiesen mir die Mitarbeiter obendrein so höflich und bereitwillig, als ob es ihnen wirklich ein Vergnügen war.

Fast alle großen Tageszeitungen haben in ihren Archiven Fotos der meisten Führungspersönlichkeiten der Welt, die man bei den Verantwortlichen einsehen oder ausborgen kann. Das ist eine der Dienstleistungen, die die großen Zeitungen der Gesellschaft bieten.

Es ist überraschend, welch eine Vielfalt von genauen Informationen man erhält, wenn man einen Professor einer modernen Universität fragt. Wenn Sie Fakten über Chemie, Botanik, Biologie, Elektrizität oder über jedes beliebige andere Thema benötigen, können Sie in der Regel alles, oder zumindest einen Teil dessen, was Sie wissen müssen, einfach erfahren, indem Sie dem Professor einer dieser Fakultäten an der örtlichen Universität einen Besuch abstatten.

Ein Mensch, der im Leben Erfolg hat, ist jemand, der auf das, was er braucht, genau dann zugreifen kann, wenn er es braucht. Wenn er es nicht bekommt, ist er nicht erfolgreich, ganz gleich, wie geschickt er auch die Gründe erklärt, aus denen er es nicht erhalten hat.

Wenn ich Bewerber prüfen müsste, würde ich ihnen (bei allem Respekt, der meinem guten Freund Edison gebührt) keine Wissensfrage stellen. Mich würde vielmehr interessieren, herauszufinden, was sie mit dem Wissen, das sie haben, anfangen können und ob sie wissen, wo sie sich, wenn nötig, Informationen beschaffen können.

Abraham Lincoln war der Schulbildung nach kein gebildeter Mann. Er war auch kein Mann der Literatur, doch er war ein machtvoller Meister darin, sich zum richtigen Zeitpunkt und auf die richtige Art und Weise durchzusetzen. Er hatte keine Ahnung von Geometrie oder Chemie, doch er hatte beachtliche Kenntnisse über Herz und Charakter der Menschen. Er verstand es, sogar Menschen, die ihn in Wirklichkeit nicht mochten und die anderer Meinung waren als er, dazu zu bringen, mit ihm zusammenzuarbeiten. Lincoln war ein gebildeter Mann.

Vor Kurzem fragte mich ein Universitätsprofessor:
»Was wäre das Erste, das Sie tun würden, wenn man Sie zum Präsidenten der Vereinigten Staaten wählen würde?«
»Das Erste, was ich tun würde«, antwortete ich, »wäre, mich mit einem Beraterstab zu umgeben, der aus den erfolgreichsten Führungskräften besteht, die ich finden kann. Jeder einzelne wüsste ganz genau, wo er das, was er noch nicht weiß, schnell herausfinden kann.«
Eine sorgfältige Analyse der Verfahrensweisen, mit denen Menschen vorgehen, die ein außergewöhnlich hohes Maß an Erfolg in Wirtschaft, Finanzgeschäften oder in der Industrie erreicht haben, wird zeigen, dass sie nicht deshalb erfolgreich wurden, weil sie in ihrem Kopf so viel gespeichert hatten. Sie sind auch nicht nur durch eigene Anstrengungen erfolgreich geworden, sondern weil sie es verstanden, Mitarbeiter zu finden, die sich durchsetzen können. Sie haben Erfolge erzielt, weil sie erkannt haben, dass zwar kein einzelner Mensch ein Superhirn hat, dass ein solches aber gebildet werden kann, wenn man die richtige Kombination von Gehirnen anderer Menschen geschickt zusammenstellt.
Selbst wenn ein Bewerber tatsächlich alle Fragen auf dem Fragebogen korrekt beantworten könnte, würde Edison ihn vermutlich trotzdem nicht einstellen. Es sei denn, der Bewerber machte zusätzlich deutlich, dass er fähig sei, sich die nötigen Informationen zu verschaffen, um Fragen, die vielleicht über die des Fragebogens hinausgehen, zu beantworten. Ebenso müsste er wohl in der Lage sein, ihm vorliegende Informationen in ein praktisches Vorhaben umzusetzen. Informationen zu haben bedeutet noch nicht, dass man auch weiß, was man damit anfangen soll.
Vor einigen Jahren begegnete ich im Zuge meiner Forschungsarbeit einem Absolventen der Universität von Yale. Er war tief gesunken und bettelte auf der Straße. Dabei verfügte er über das bemerkenswerteste Faktenwissen, das ich bei einem Menschen je gesehen hatte. Wenn es aber darauf ankam, diese

Fakten in ein praktisches Vorhaben umzusetzen, mit dem man seinen Lebensunterhalt verdienen konnte, war er hilflos wie ein Kind.

Wenn sich jemand bei mir um eine Stelle bewerben würde, wäre es mir viel lieber, er könnte mich mit Eigenschaften überzeugen, die der Fragebogen von Edison gar nicht enthüllt.

Mir würde es darauf ankommen, dass der Bewerber wüsste, was Eigeninitiative bedeutet, und sie auch ergreifen würde. Auch wichtig wäre, dass er an sich selbst glaubte, ein gutes Gespür dafür hätte, eine harmonische Atmosphäre unter seinen Arbeitskollegen zu schaffen, und dass er die Gewohnheit hätte, mehr und bessere Leistungen zu erbringen als die, zu denen er laut Vertrag verpflichtet wäre. Diejenigen, die er nicht mag, sollte er nicht verleumden und schließlich und endlich sollte er wissen, wann, wo und wie er alle nötigen Fakten und Materialien beschaffen könnte, um seine Arbeit effektiv zu erledigen.

Solch ein Mann wäre meiner Meinung nach viel eher ein Mann von Bildung als jemand, der bloß all die mehr oder weniger abstrakten Fragen auf der langen Liste von Edison beantworten kann.

Der Fragebogen von Edison erinnert mich an einen Mann in Washington D.C., der sich einer Prüfung des öffentlichen Dienstes unterzog, um Briefträger zu werden. Eine der Fragen, die ganz offensichtlich darauf abzielten, die Allgemeinbildung des Bewerbers zu prüfen, lautete:

»Wie viele Soldaten schickten die Briten zu uns herüber, um den Aufstand von 1776 niederzuschlagen?«

Nachdem er sich am Kopf gekratzt und einen Moment darüber nachgedacht hatte (die Betonung liegt auf *nachgedacht*), antwortete der Bewerber: »Eine verdammt große Masse mehr, als je zurückgekehrt ist.«

Er absolvierte die Prüfung mit Bravour und erhielt die Stelle. Seine Antwort zeigte, dass er einen ausgeprägten Sinn für Humor hatte und in der Lage war, im Notfall schnell eine praktikable Lösung zu finden.

Lassen Sie sich also keine grauen Haare wachsen, wenn Sie sich am Fragebogen von Edison versucht haben und auch nicht besser abgeschnitten haben als ich. Versuchen Sie es noch einmal mithilfe der Bibliothek – dann werden Sie ein besseres Ergebnis erzielen.

Kapitel 6

DAUERHAFTER ERFOLG BASIERT AUF HARTER ARBEIT UND VORÜBERGEHENDEN FEHLSCHLÄGEN

Ich komme noch einmal auf ein Thema zurück, das mir sehr am Herzen liegt. Die Zeitschrift, die Sie in den Händen halten, ist das beste Beispiel dafür, dass jedes Unglück in Wirklichkeit ein Segen ist, der nur in Verkleidung auftritt, denn dieses Blatt verdankt sein Entstehen vor allem Not und vorübergehenden Fehlschlägen.

Bei den feinsinnigsten Gedanken, die sich ihren Weg auf diese Seiten gebahnt haben, wo sie nun in gedruckter Form stehen, handelt es sich um Gedanken, die in Kampf, Not und Fehlschlägen geboren wurden.

Wenn Sie einmal die Seiten der Geschichte bis zum ursprünglichen Beginn all dessen zurückblättern, was über unsere Zivilisation bekannt ist, dann werden Sie feststellen, dass die Männer und Frauen, deren Namen auch nach ihrem Tod weiterlebten, jene waren, deren Bemühungen aus Kampf, Not und Fehlschlägen hervorgegangen sind.

Es gibt auch Menschen, für die Denkmäler aus Marmor errichtet wurden, die keine Kämpfe, Not und Fehlschläge durchgestanden haben. Doch diejenigen, die Denkmäler in den Herzen ihrer Mitmenschen hinterlassen haben, nämlich dort, wo sie weder von den zersetzenden Kräften der Elemente noch durch entwürdigende Eingriffe von Menschenhand zerstört werden können, die mussten den Preis dafür in Form von Aufopferung und Kampf bezahlen!

Vor zwölf Jahren wurde ein Baby in eine der wohlhabendsten Familien Amerikas hineingeboren. Die ganze Welt überschüttete den kleinen Jungen mit Geschenken, die er überhaupt nicht brauchte und auch nicht verwenden konnte. Ein

König schickte als seinen Beitrag zu dieser Sammlung von Nutzlosigkeiten übertriebenerweise sogar ein Gitterbettchen aus Gold, das 40.000 Dollar gekostet hatte.

Ich habe seinerzeit in der Stadt, in der das Baby zur Welt kam, Jura studiert, deshalb ist mir der Fall geläufig. Die überreiche Fülle an Geschenken erinnerte mich an eine Bibelstelle, die sinngemäß lautet: »Denn wer da hat, dem wird gegeben werden; und wer nicht hat, von dem wird man auch das nehmen, was er hat.«

Keine andere Aussage beschreibt die Natur des Menschen treffender als dieser Satz. Gleiches zieht Gleiches an; Wohlstand zieht Wohlstand an; Armut zieht Armut an. So ist nun einmal des Menschen Art.

Nach einiger Zeit war das Baby alt genug, so dass man mit ihm hinaus auf die Straße gehen konnte. Doch wenn der Kleine nach draußen gebracht wurde, wurde er von einer regelrechten Gefolgschaft von Dienern und Privatdetektiven flankiert, deren Aufgabe es war, darauf zu achten, das dem Kind kein Unglück zustieß. Sein Leben lang durfte der Kleine nicht ohne den Schutz dieser Diener hinaus gehen. Allein durfte er nicht auf die Straße gehen. Er wurde mit einer solchen Sorgfalt beaufsichtigt, dass man meinen konnte, er sei aus kostbarerem Holz geschnitzt als andere Menschen.

Dieser kleine Junge kannte keine Sorgen. Er hatte niemals Härten durchzustehen und lernte nie, was Kampf bedeutet. Er wusste nur, dass er nicht auf der Welt war, um sich abzumühen. Er brauchte sich nicht selbst anzukleiden – dafür hatte er Diener. Er brauchte seine Augen nicht zu benutzen – dafür hatte er die Augen der Diener. Auch seine Hände musste er nicht benutzen – dafür hatte er die Hände der Diener. Genau genommen brauchte er überhaupt nichts zu tun.

Um nicht von den Schneestürmen im kalten Norden beeinträchtigt zu werden, fuhr er jeden Winter mit einem Heer von Dienern an den Golf von Mexiko, um dort in den Wellen des Meeres zu spielen. Immer, wenn er schwimmen ging, war er von den Dienern umringt. Sie waren an seiner Seite und passten auf, dass ihm kein Unglück geschah.

Vor zwei Jahren kehrte dieser kleine Junge, der inzwischen zehn Jahre alt war, wieder einmal aus seinem Winterquartier in Florida in den Norden zurück. Als er sich mit seinen Dienern in den Gärten aufhielt, merkte er, dass die Tore offen standen und dahinter erblickte er die langersehnte Freiheit, die ein jedes normale Kind ständig anstrebt. Als die Aufmerksamkeit der Diener für einen Moment nachließ, sah er seine Chance und rannte in Richtung Straße. Es gelang ihm, hinaus zu kommen und er lief mitten auf die Straße, wo er von einem Auto überfahren und auf der Stelle getötet wurde.

In dem selben Augenblick, als das geschah, hielten sich in den anderen großen Städten vermutlich mindestens noch eine Million weiterer kleiner Bengel auf überfüllten Straßen auf. Keiner von ihnen wäre auf einer Freifläche von vier Hektar Größe überfahren worden, weil diese »bedauernswerten« kleinen Jungen alle die Kunst der Selbstverteidigung gelernt hatten. Aus dem Kampf – einem Kampf, den sie aus Notwendigkeit führen mussten – hatten sie gelernt, wie man Autos aus dem Weg geht.

Lassen Sie es mich wiederholen: Fürwahr, Kampf und Mühsal bringen Ausdauer und Kraft hervor!

Diener und Privatdetektive können im Allgemeinen zwar ein Baby bewachen und verhindern, dass es entführt wird. Sie können es auch davor schützen, von Autos überfahren zu werden, wenn sie ihre Pflichten vorschriftsgemäß erfüllen. Doch wenn das Kind heranwächst und beginnt, seinen Platz in der Gesellschaft einzunehmen, fordert das immerwährende Gesetz der ausgleichenden Gerechtigkeit seinen Tribut. Der frühe Schutz, der dem Kind jeglichen Kampf erspart, kommt es teuer zu stehen, wenn es zum ersten Mal voll und ganz auf seine eigenen Fähigkeiten angewiesen ist, denn dann stellt es fest, dass es gar keine echten »Ressourcen« hat, aus denen es schöpfen kann.

Ein Schmied entwickelt seinen starken Arm nur mithilfe von »Widerstand«. Je größer die Widerstandskraft, desto größer wird seine Stärke. Dadurch, dass er tagein, tagaus den Hammer schwingt, wird sein Arm letzten Endes so stark, dass er ihm immer dann gute Dienste erweist, wenn körperliche Stärke gefragt ist. Auf dieselbe Art wie der starke Arm des Schmieds wird auch jede andere Art von Stärke entwickelt: Nämlich dadurch, dass man Widerstände überwindet.

Voller Stolz weisen wir auf Abraham Lincoln als auf einen der wirklich großen Amerikaner vergangener Zeiten hin, und doch vergessen viele dabei, dass sowohl seine körperliche als auch seine moralische Stärke aus Not und Kampf entstanden sind! Wenn sie finanziell dazu in der Lage gewesen wäre, hätte Nancy Hanks ihn zweifellos gern in ähnlich fürstliche Verhältnisse hineingeboren wie die des kleinen Jungen, von dem vorher die Rede war. Doch wenn seine Mutter ihn in besseren Verhältnissen zur Welt gebracht hätte, dann hätte sich Lincoln zweifellos niemals in solche Höhen aufgeschwungen, wie er sie in seinem Leben schließlich erreicht hat!

Lincolns Größe entsprang hauptsächlich seinen frühen Kämpfen und Nöten, denn sie haben ihm Stärke verliehen, nämlich genau die machtvolle Stärke, die ihm geholfen hat, eine der härtesten Krisen des Landes durchzustehen.

Das gefährlichste Hindernis, das einem Kind begegnen kann, ist das Geld, sofern es dazu eingesetzt wird, dem Kind Kämpfe im Leben zu ersparen.

Vor gut zwanzig Jahren arbeitete ich als Sekretär eines vermögenden Mannes, dessen zwei Söhne Universitäten in anderen Städten besuchten. Eine meiner Aufgaben war es, jedem Jungen am Ersten des Monats einen Scheck in Höhe von 100 Dollar auszustellen. Das war ihr »Taschengeld« und es saß ihnen stets ziemlich locker in der Tasche.

Nun, ich erinnere ich mich noch gut daran, wie ich die Jungen um die schöne Zeit beneidet habe, die sie sich mithilfe der monatlichen Geldsendung machen konnten. Nach und nach brachten sie dann ihre jeweiligen Diplome mit nach Hause, hatten jedoch vor allem gelernt, große Mengen Whiskey trinken zu können.

Inzwischen liegt einer der beiden jungen Männer bereits unter der Erde, der andere befindet sich in der Nervenheilanstalt, er ist Opfer des »D.T.«.

Im vergangenen Jahr hatte ich die Ehre, an der Hochschule, die einer der beiden besucht hatte, einen Vortrag zu halten. Der Schulleiter erzählte mir, dass der monatliche 100-Dollar-Scheck vermutlich der entscheidende Faktor gewesen war, der den Jungen zugrunde gerichtet hatte. Durch den Scheck hatte er genug Geld, um ein »guter Kumpel« zu sein. So gewöhnte er sich das Trinken an und das trieb ihn in den Ruin!

Mir ist jetzt klar, dass mich das Schicksal glücklich getroffen hat: Mithilfe der großen kosmischen Antriebskraft der Not wollte ich seit meiner frühen Kindheit vorwärts kommen und zwang mich, selbst für meine Schulbildung und meine Existenz zu kämpfen. Damals erschien mir der Kampf sehr hart, doch heute weiß ich, dass es ein Stärkungsprozess war, den ich brauchte, um mich auf die Art Arbeit vorzubereiten, die ein Mensch im Leben zu leisten hat.

Meine eigenen Söhne kommen inzwischen gut voran. Trotz der wichtigen Moral, die mich meine eigene Erfahrung und die der beiden besagten Jungen gelehrt haben, stelle ich fest, dass ich dazu neige, es meinen Söhnen nach Möglichkeit »leicht zu machen«. Das ist eine verbreitete, vielleicht auch eine allgemein menschliche Neigung, die ausschließlich zu Enttäuschung und Kummer führt, welche sich einstellen, wenn ein Kind darauf angewiesen ist, auf seine eigenen Kraftreserven zurückzugreifen, jedoch keine findet, weil es noch nie den nötigen Widerständen begegnet ist, um solche Reserven aufzubauen.

Es mag banal klingen, doch es ist trotzdem richtig anzumerken, dass dauerhaft Gutes für ein Kind nur aus dem erwächst, was es sich selbst aufgebaut hat. Von daher ist der größte

Dienst, den man einem jeden Menschen erweisen kann, ein solcher, der dazu beiträgt, dass derjenige lernt, sich auf sich selbst zu verlassen.

Wenn Sie einem Bettler zehn Cent hinwerfen, dann helfen Sie ihm damit zwar kurzfristig, doch auf lange Sicht schaden Sie ihm. Denn durch ihre Spende befreien Sie ihn von der Notwendigkeit, für sich selbst zu kämpfen.

Auf einer meiner jüngsten Reisen durch das Land habe ich in der Stadt Lawton in Oklahoma einen Mann getroffen, der mir viel Stoff zum Nachdenken geliefert hat. Er hat mich einen ganzen Nachmittag lang in seinem Auto herumgefahren, bis ich erfuhr, das er blind wie ein Maulwurf ist. Seine Augen waren von einer dunklen Brille verdeckt und weder auf seinem Gesicht noch in seiner Stimme konnte man ein Anzeichen seiner Behinderung erkennen. Lachend führte er mit mir eines der interessantesten Gespräche, die ich je erlebt habe und unterhielt mich so blendend, dass ich gar nicht merkte, dass er blind war.

Später erfuhr ich dann von den Kämpfen, die der Mann in jungen Jahren ausgefochten hatte. Im Alter von vier Jahren verlor er sein Augenlicht. Vor einigen Jahren stellte er sich an der Northwestern University in Chicago vor, um sich als Student einzuschreiben. Doch man verweigerte ihm die Zulassung. Man riet ihm dringend, nichts zu tun, was auch die Kräfte von körperlich gesunden jungen Männern und Frauen bis aufs Äußerste herausgefordert hätte.

Doch dieser junge Mann ließ sich nicht unterkriegen! Er blieb hartnäckig. Schließlich fragten ihn die Universitätsangestellten, wie viel Geld er hätte, um für das Studium aufkommen zu können und er antwortete: »35 Dollar.«

Sie erklärten ihm, dass es reine Zeitverschwendung sei, mit seiner Behinderung und ohne ausreichend Geld die Ausbildung zu beginnen und rieten ihm, es gar nicht erst zu versuchen. Er ging hinaus, lief ein-, zweimal um den Häuserblock, kehrte zurück und sagte zu ihnen: »Nun passen Sie mal auf. Nehmen Sie mich zumindest für das erste Semester auf. Wenn ich im Unterricht dann nicht Schritt halten kann und mit meinem Geld nicht auskomme, dann können Sie mich ja immer noch hinauswerfen.« Sie stimmten zu, vermutlich vor allem deshalb, weil sie es nicht übers Herz brachten, es ihm zu verweigern.

Dieser junge Mann hat nicht nur sein erstes Semester als Klassenbester mit Auszeichnung absolviert, sondern den gesamten Studiengang.

Das ist aber noch nicht alles. Er sorgte für sein Auskommen, indem er sich in den Hörsälen bei den Vorlesungen Notizen machte, diese mit der Schreibmaschine abtippte und die Kopien an seine Mitstudenten verkaufte. Die hatten übrigens alle einwandfreie Augen und ausreichend Geld auf der Bank.

Nur äußerst selten hat ein Mensch die Gelegenheit, wirklich einmal die Grenzen seiner Fähigkeiten zu testen. So ziemlich alles, was wir uns im Geiste vornehmen, können wir auch wirklich erreichen. Wenn wir nicht aus purer Notwendigkeit, durch Kampf und Not dazu gezwungen sind, entdecken wir nur selten alle Möglichkeiten, die in uns stecken. Halten Sie es als allgemeine und zugleich vernünftige Regel fest, dass wahre Stärke aus Kampf, Not, Widrigkeiten und Hindernissen hervorgeht, die uns in den Weg gestellt werden, ohne das wir unmittelbar Einfluss darauf haben. Könnten wir diese Ursachen »kontrollieren«, dann würde es sie gar nicht geben, weil wir sie sofort ausschalten würden. Doch dadurch würden wir uns selbst um die nützlichste Erfahrung bringen, die ein Mensch machen kann.

Vor gut zwanzig Jahren war ich gezwungen, im Kohlebergwerk zu arbeiten. Außer der puren Not hätte mich niemals etwas dazu gebracht, eine solche Arbeit zu verrichten. Und doch habe ich genau bei dieser Arbeit eine Erfahrung gemacht, die wichtigen Einfluss darauf hatte und weiterhin hat, dass ich zum Wohl meiner Mitmenschen die bestmöglichen Leistungen erbracht habe und dies weiterhin tun werde. Wir befinden uns mitten in einer schweren industriellen Krise, nicht nur in Amerika, sondern auf der ganzen Welt. Daher zielt ein Großteil unserer Bemühungen darauf ab, die »Ursache« auszuschalten, die zu dieser Krise geführt hat. Diese Bemühungen sind nicht ohne sichtbare Ergebnisse geblieben. Ohne den »Zwangsdienst«, der vor Jahren in den Kohlebergwerken geleistet wurde, wäre das gar nicht möglich gewesen. Er hat mich den Menschen nahegebracht, die in diesen Minen arbeiteten, und gab mir die großartige Möglichkeit, ihre Arbeitsbedingungen und Sorgen, über die sie klagten, sowie ihre Fehler und Tugenden zu analysieren.

Wenn ich es mir jetzt erlaube, für oder über diejenigen zu schreiben, die die niedrigste Art von Arbeit verrichten, dann schreibe ich das nicht als jemand, dessen Hände noch nie vom Schmutz und Staub harter, ehrlicher Arbeit bedeckt waren, sondern als jemand, der Seite an Seite mit diesen Männern gearbeitet hat, deren Stimmen jetzt lautstark Gerechtigkeit und eine faire Behandlung verlangen.

Wenn ich nun die Botschaft, »mehr und bessere Arbeit zu leisten als die, die bezahlt wird« wiederum an die Arbeiter sende, aus deren Reihen auch ich stamme, dann führe ich sie damit gewiss nicht in die Irre oder gebe ihnen unkluge Ratschläge. Denn es handelt sich hier um die Praxis, die mir selbst stärker als alles andere dabei geholfen hat, mich aus einer wenig lebenswerten Umgebung zu befreien, in der man nicht viel verdienen kann. Ebenso hat sie mir geholfen, die Arbeit zu finden, die ich wirklich liebe. Der Grund, aus dem diese Praxis vernünftig ist, liegt auf der Hand: Durch sie entwickelt der Mensch immer mehr Fähigkeiten, bis er schließlich ganz von selbst aus seiner beengten Umgebung ausbricht, indem er die Aufmerksamkeit von Menschen auf sich zieht, die in erstrebenswerteren Verhältnissen leben. Aus Anstrengung und Widerstand entsteht Stärke! Je größer die Anstrengung, desto größer die Stärke, die sich zum Ausgleich dafür einstellt. Ein Mensch, der törichterweise die besten Leistungen, zu denen er fähig ist, gezielt vorenthält, weil er vielleicht nicht das verdient, was er wert ist, der verlängert nur die Dauer seiner Misserfolge.

Mir fällt keine Eigenschaft ein, die mir eine höhere Dividende eingebracht hat und die mich meinem letztendlichen Ziel im Leben näher gebracht hat, als die Gewohnheit, mehr und bessere Arbeitsleistungen zu erbringen als die, die tatsächlich bezahlt werden!

Legen Sie die Betonung hier auf das Wort *Gewohnheit*.

Diese Praxis muss zur Gewohnheit werden und bevor die ersten wirklichen Ergebnisse sichtbar werden, muss man sich erst einmal Anerkennung verdienen. Würde man nur an einem einzigen Tag mehr und bessere Leistungen erbringen als die, die bezahlt werden, und würde man das an den übrigen fünf Arbeitstagen der Woche bleiben lassen, dann wäre das so, als ob man für einen Preiskampf nur eine Stunde pro Woche trainieren und sich in der restlichen Zeit ausruhen würde.

Aus Widerstand entwickelt sich Stärke!

Es mag sein, dass ein Mann von Geburt an für die »beschwerliche Tretmühle der Plackerei« geschaffen wurde, wenn er aber begreift, dass sich aus Plackerei, Widerstand, Anstrengung und Widrigkeiten Stärke entwickelt, dann wird er nicht länger Opfer dieser hinderlichen Umstände bleiben. Stattdessen wird er schon bald die Fesseln der Umstände und seiner Umgebung, auch wenn sie noch so eng scheinen, sprengen und sein Glück machen, ein Glück, das aus Kämpfen und Mühsal entstanden ist.

EIN HOCH AUF DEN, DER VERSAGT!

Während meine Finger beginnen, auf den Tasten meiner Schreibmaschine zu spielen, sehe ich vor meinem inneren Auge eine große Anzahl von Männern, deren Gesichter von Sorgen und Verzweiflung gezeichnet sind.

Manche tragen Lumpen und sind an der letzten Station der langen, langen Wegstrecke angekommen, an der kein Mensch landen möchte und wogegen er stets kämpft: Das Scheitern!

Andere leben in besseren Umständen, doch auf ihren Gesichtern steht die Angst vor dem Verhungern geschrieben, das zuversichtliche Lächeln ist von ihren Lippen gewichen und auch sie scheinen den Kampf aufgegeben zu haben.

Dann ändert sich der Schauplatz. Ich schaue noch einmal hin und werde zurück zu vergangenen Ereignissen getragen. Dort sehe ich ebenfalls Fehlschläge – Fehlschläge, die für die Menschheit bedeutsamer waren als alle Erfolge, die in die Weltgeschichte eingegangen sind.

Ich sehe den unschönen Ausdruck im Gesicht des Sokrates, als er am Ende dessen stand, was die Menschen als Scheitern bezeichnen. Die Augen nach oben gerichtet harrte er dort aus und erlebte Augenblicke, die lang wie eine Ewigkeit gewesen sein müssen, bis er schließlich aus dem giftigen Schierlingsbecher trank.

In einem spanischen Kerker sehe ich Christoph Kolumbus als Gefangenen in Ketten liegen. Das ist der Tribut, der ihm für seine Aufopferung gezahlt wurde, mit der er über ein unbekanntes Meer gesegelt war, um eine unbekannte Welt zu entdecken. Dabei war ihm stets klar, dass er kaum eine Chance hatte, jemals wieder in seine Heimat zurückzukehren.

Nun habe ich das Gesicht von Thomas Paine vor Augen, dem Mann, den die Engländer festnehmen wollten, um ihn als den wahren Anstifter der Amerikanischen Revolution hinzurichten. Ich sehe ihn in einem schmutzigen Gefängnis in Frankreich ruhig im Schatten einer Guillotine ausharren. In der Gnadenfrist, die ihm vor seinem Tod gewährt wird, schreibt er viele Seiten über den Weg zur Freiheit der Menschen.

Ich sehe ebenfalls das Gesicht des Mannes aus Galiläa, der auf dem Hügel von Golgatha am Kreuz leidet – als Lohn für seine Bemühungen, die Menschen auf der Erde dazu zu bringen, anständig miteinander umzugehen.

Misserfolge überall!

Ach, könnte man so ehrenvoll versagen! Ach, könnte man in die Geschichte eingehen wie diese Männer, indem man mutig genug ist, die Menschheit über den Einzelnen zu stellen und Prinzipien über pekuniären Erfolg. Die Hoffnung der Welt ruht auf solchem Versagen.

EIN MASSSTAB FÜR JEDERMANN!

Einen wirklichen Mann kann man daran messen, ob er fähig ist, mit ungetrübtem Blick die Schönheit und das Gute und alle Ungerechtigkeit und alles Unrecht auf der Welt zu erkennen, und zugleich in allen Dingen und allen Menschen gegenüber Maß zu halten.

Ich verneige mich vor dem, der die Schwächen der Menschheit betrachten kann, ohne dabei zynisch zu werden; vor dem, der Gnade und Gerechtigkeit miteinander verbindet; vor dem, der auch in Menschen, die nicht mit ihm übereinstimmen, das Gute sieht; vor dem, der harmonisch mit jenen zusammenarbeitet, die er nicht mag. Ich verneige mich vor dem, der Selbstkontrolle übt und dessen Handlungen gegenüber anderen von Vernunft und nicht von Emotionen regiert werden.

Genau solch ein Mann war der unsterbliche Abraham Lincoln!

Er blieb auch ein Mann, der eine Botschaft zu verkünden hatte, als man ihn so sehr provoziert hatte, dass er auch mit dauerhafter Kränkung hätte reagieren können. Als Lohn für seine Größe hat die Welt Lincoln ein immerwährendes Denkmal errichtet. Es ist ein Denkmal, das niemals von den natürlichen Elementen zersetzt oder durch Menschenhand mutwillig zerstört werden kann: Ein Denkmal, das in den Herzen der Menschen errichtet wurde – nicht aus Steinen, sondern aus Liebe, Mitgefühl, Geduld, Toleranz und aus dem Geist der Vergebung für die Menschheit. Denn das sind die erhabenen Charaktereigenschaften, die in der Erinnerung mit seinem Namen verbunden werden und an denen sich heute jeder Mensch wirklich messen lassen muss!

DIE SCHÄDLICHE WIRKUNG VON HINTERLIST UND BETRUG

Es gibt nichts, was wirklich schlimm ist, solange niemand versucht, es mithilfe von Hinterlist und Betrug zu vertuschen.

Mit jemandem, der mutig seine Fehler eingesteht, mögen wir nicht unbedingt einer Meinung sein, doch einen gewissen gesunden Respekt für seine Offenheit können wir ihm nicht vorenthalten.

Andererseits wird ein Mensch, sobald er selbst bei weniger bedeutsamen Themen etwas verheimlicht oder schwindelt, sofort als nicht vertrauenswürdig bezeichnet.

Wenn man eine Leiche im Keller hat, wird man im unpassendsten Moment darüber stolpern. Es wäre eine gute Idee, sie freiwillig auszugraben und zu sagen: »So – und was fange ich nun damit an?«

Die Menschen vergeben anderen in der Regel die meisten schlechten Taten, es sei denn, man versucht, sie zu verschleiern oder geheim zu halten. In solchen Fällen verzeihen die Menschen, wenn überhaupt, nur widerwillig.

Durch Offenheit, auch in weniger wichtigen Bereichen, wurden schon oft beständige Freundschaften geschlossen. Das Fehlen einer solchen Offenheit hat andererseits schon zu Feindschaften geführt, die ein Leben lang andauern.

Wenn jemand Dinge verheimlicht und selbst in unwichtigen Angelegenheiten zu Betrug und Hinterlist neigt, dann kann man davon ausgehen, dass er bei wichtigeren Themen zu denselben Taktiken greifen wird.

BRINGEN SIE MEHR LEISTUNGEN UND BESSERE LEISTUNGEN ALS DIE, FÜR DIE SIE BEZAHLT WERDEN

Diese einfache Ermahnung kommt von einem Mann, der ganz unten angefangen hat, mit der niedrigsten Art von Arbeit, die es gibt.

Die Ermahnung ist der Schlüsselsatz in fast jeder öffentlichen Ansprache, die dieser Mann hält; sie durchdringt fast alles, was er schreibt und sie ist allgegenwärtig in seinen alltäglichen Unterhaltungen.

Es gibt viele Gründe, aus denen dieser Ratschlag vernünftig ist, doch es reicht, hier nur einen einzigen Grund zu nennen, nämlich, dass jeder Mensch, der es sich zur Gewohnheit macht, diese Art von Leistungen zu erbringen, schon bald Abnehmer für seine Dienste anziehen wird, die sich gegenseitig überbieten werden. Er hebt sich von der gewöhnlichen Masse genauso ab, wie ein Wolkenkratzer über gewöhnliche Häuser emporragt.

Leisten Sie das Beste, was Sie können, ungeachtet des Lohns, den Sie dafür erhalten und schon bald – viel schneller als Sie es sich vorstellen können – werden Sie als »bemerkenswerte« Person gelten. Größere Verantwortung und höhere Gehälter wird man Ihnen förmlich aufdrängen.

Erbringen Sie bestmögliche Leistungen nicht unbedingt mit Blick auf den Käufer, sondern behalten Sie sich dabei selbst im Auge! Wenn man vergisst, sich diese Praxis zur Gewohnheit zu machen, dann ist das das größte Hindernis, welches zwischen 95 Prozent der Menschen und dem Erfolg steht – doch auf Sie trifft das natürlich nicht zu. Oder doch?

Ziellosigkeit ist ein schweres Vergehen, das direkt in Armut, Elend, Not und ins Scheitern führt. Ein Mensch, der kein bestimmtes, konstruktives Ziel im Leben hat, ist schlicht ein Fehler, der der Natur unterlaufen ist. Denn solche Wesen hat sie aller Wahrscheinlichkeit nach nicht mit Absicht erschaffen.

Kapitel 7
DIE MAGISCHE LEITER ZUM ERFOLG

Die Magische Leiter zum Erfolg habe ich praktisch in jeder Stadt der Vereinigten Staaten in Vorträgen hunderttausenden Menschen vorgestellt. Sie hat ein gewisses »Etwas«, das unbeschreiblich ist und das jeden, der von ihr hört, anspricht, anregt und in ihren Bann zieht. Sie hat Tausenden dabei geholfen, den ersten Schritt zu größeren Leistungen zu machen. Die Leiter übt auf alle Menschen Anziehungskraft aus: auf Reiche und Arme, auf Gebildete und Analphabeten. Darüber hinaus bringt sie die Menschen im Geiste eines größeren Verständnisses einander näher.

Das Ziel dieser Leiter ist es, aufzuzeigen, was man unter menschlicher Arbeitskraft versteht und wie sie in denen, die noch keine solche Kraft in sich tragen, erzeugt werden kann. Arbeitskraft entsteht ausschließlich durch Wissen, das in organisierter Form auf intelligente Weise in eine bestimmte Richtung gelenkt wird. Fakten allein stellen keine solche Kraft dar. Auch unorganisiertes Wissen, das nicht intelligent kontrolliert und dirigiert wird, stellt keine Macht dar.

Es gibt eine Menge Wissen, das ordentlich klassifiziert wurde und in sorgfältig verlegten Enzyklopädien abgelegt wurde. Doch solange es nicht in organisierte, intelligent gesteuerte Bemühungen umgesetzt wird, bleibt es ohne jede Wirkung.

Auch Universitätsabschlüsse oder die Ausbildung, für die sie stehen, verfügen über keinerlei Macht, solange man die Inhalte nicht sinnvoll klassifiziert, in organisierte Form bringt und in die Tat umsetzt. Deshalb gilt es, erworbenes Wissen bewusst und gezielt einzusetzen, um einen messbaren Erfolg zu erzielen.

Bei der Schaffenskraft des Menschen handelt es sich um planmäßig und klug gesteuerte Energie, die von Informationen und Intelligenz verkörpert wird.

In einem Sack voller loser Kettenglieder steckt, ihrem Gewicht, ihrer Spannkraft und ihrer Größe nach zu urteilen, eine starke Kette. Doch solange die Glieder nicht sinnvoll angeordnet, miteinander verbunden und zusammengeschweißt werden, bilden sie nichts weiter als eine mögliche Kette. Für die Fähigkeiten des Menschen gilt dasselbe – erst wenn sie in organisierte Form gebracht werden, stellen sie eine Kraft dar.

Es gibt zwei Arten von menschlicher Arbeitskraft. Die eine Art kommt dadurch zum Ausdruck, dass der Einzelne seine individuellen Fähigkeiten organisiert, was ihm zunehmend Kraft verleiht. Bei der anderen Art von Arbeitskraft handelt es sich um die Organisation von einzelnen Personen und Menschengruppen.

Man weiß, dass eine Handvoll gut organisierter Soldaten in der Lage ist, eine zehnmal größere Gruppe unorganisierter, undisziplinierter Männer in die Flucht zu schlagen. Die Geschichte ist voller Lebensgeschichten von Männern, die es dadurch zu Ruhm und Wohlstand gebracht haben, dass sie ihre individuellen Fähigkeiten stets intelligent und zielgerichtet eingesetzt haben. Zugleich waren in ihrer Umgebung immer auch Millionen andere, die zwar die gleichen Voraussetzungen hatten wie sie, aber entweder Mittelmaß geblieben sind oder zu absoluten Versagern wurden.

In einer ganz gewöhnlichen, kleinen Trockenbatterie steckt eine beträchtliche Menge Energie, jedoch nicht soviel, dass sie körperlichen Schaden verursachen würde, wenn man mit dem Finger einen Kurzschluss verursachen und die Energie in seinen Körper aufnehmen würde. Tausend solche Trockenbatterien sind genauso harmlos – es sei denn, man nimmt ein Kabel und schließt sie alle zusammen. Wenn man so die Energie von tausend Batterien in ein einziges Kabel gespeist hat, wird dadurch genug Strom erzeugt, um eine Maschine von beachtlicher

Größe in Bewegung zu setzen. Man kann die Trockenbatterien mit Menschen vergleichen, die, wenn sie ihre Anstrengungen in organisierter Form und in einer großen Gruppe unternehmen, eine viel größere Kraft freisetzen, als wenn ein Mensch alleine handeln würde.

Das Ziel dieser Leiter besteht hauptsächlich darin, auf das Verfahren aufmerksam zu machen, mit dem man seine eigene Kraft entwickeln und sie auf die wirtschaftlichen Probleme des Lebens anwenden kann.

1. Stufe:	Ein konkretes Ziel im Leben
2. Stufe:	Selbstvertrauen
3. Stufe:	Eigeninitiative
4. Stufe:	Vorstellungskraft
5. Stufe:	Handlungsbereitschaft
6. Stufe:	Begeisterung
7. Stufe:	Selbstkontrolle
8. Stufe:	Die Gewohnheit, mehr und bessere Arbeit zu verrichten, als die, die bezahlt wird
9. Stufe:	Eine anziehende Persönlichkeit
10. Stufe:	Präzises Denken
11. Stufe:	Konzentration
12. Stufe:	Ausdauer
13. Stufe:	Fehlschläge
14. Stufe:	Toleranz und Mitgefühl
15. Stufe:	Arbeit
16. Stufe:	Die Goldene Regel

Wenn Sie ihre eigenen Fähigkeiten nach dem Muster dieser Leiter organisieren und wenn Sie die Eigenschaften, die die 16 Stufen verkörpern, richtig entwickeln, dann werden Sie feststellen, dass Sie stark an Kraft gewinnen werden. Sie werden in den Besitz von Macht gelangen, von der Sie nie geglaubt hätten, sie zu besitzen. Wenn Sie diese Macht dann intelligent steuern, können Sie jede Position im Leben erreichen, die Sie anstreben.

Die 16 Stufen der Leiter stellen die kostbarsten und anschaulichsten Erfahrungen dar, die ich in meinem 21-jährigen Geschäftsleben gemacht habe:

Ich werde Sie nun an Erfahrungen aus meinem Leben teilhaben lassen, damit auch Sie die großen Lehren nachvollziehen können, die sich hinter dieser Leiter verbergen. Ich hoffe, dass das den Weg, auf dem Sie zu ihrem angestrebten Ziel im Leben gelangen, etwas verkürzen und die Hindernisse, die Ihnen dabei im Weg stehen werden, etwas verkleinern wird.

Erfolg sollte keine reine Glücksache mehr sein, wie es noch in der Mehrzahl der Fälle zutrifft. Denn inzwischen ist Ihnen der Weg, der zum Erfolg führt, bekannt – jeder Zentimeter der Wegstrecke wurde sorgfältig und exakt aufgezeichnet.

Wenn Sie die Inhalte der Magischen Leiter zum Erfolg beherrschen und Ihre Fähigkeiten nach diesem Vorbild systematisch einsetzen, dann wird diese Leiter Sie überall hinführen. Diese Aussage treffe ich nicht nur, nachdem ich meine eigenen Fähigkeiten systematisiert und erfolgreich auf ein bestimmtes Ziel ausgerichtet habe, sondern auch nachdem ich anderen geholfen habe, das zu tun – in vielen Tausend Fällen.

Die Magische Leiter zum Erfolg verkörpert Beobachtungen und Erfahrungen aus 22 Jahren, von denen ich mindestens zwölf damit verbracht habe, Charakter und Verhaltensweisen des Menschen intensiv zu untersuchen und zu studieren.

In dieser Zeit habe ich die Lebenssituation von mehr als zwölftausend Männern und Frauen analysiert. Dies förderte erstaunliche Tatsachen zutage. Eine davon ist, dass 95 Prozent der Erwachsenen zu der Gruppe gehören, die man mit Fug und Recht als unorganisiert bezeichnen kann, oder als Menschen, die stets nur anderen nachfolgen. (Das gilt sowohl für ihre individuellen Fähigkeiten als auch für Anstrengungen, die sie gemeinsam oder in einer Gruppe unternehmen.) Die übrigen fünf Prozent kann man als Führungspersönlichkeiten bezeichnen. Beim Ordnen und Klassifizieren der menschlichen Neigungen und Gewohnheiten, die durch meine Analysen ans Licht gekommen sind, hat sich noch etwas Erstaunliches gezeigt: Die überwältigende Mehrheit der Menschen, die zur Klasse derer gehören, die stets anderen nachfolgen, taten dies hauptsächlich deshalb, weil sie kein bestimmtes Ziel im Leben hatten und keinen genauen Plan, nach dem sie es verfolgen konnten.

Bis hierher hat die Analyse der Magischen Leiter zum Erfolg Ihnen gezeigt, dass es voll und ganz darauf ankommt, durch die Organisation, Koordination und Klassifizierung menschlicher Fähigkeiten Zugriff auf die eigene Arbeitskraft zu erhalten.

Bedenken Sie dabei aber bitte, dass diese Leiter kein Wundermittel gegen jedes Übel ist, das der Menschheit bei ihrer Entwicklung im Weg steht, und sie ist auch nicht als »neue Erfolgsformel« gedacht. Sie hat lediglich den Zweck, Ihnen dabei zu helfen, all das, was Sie längst in sich tragen, in eine systematische Ordnung zu bringen und Ihre Bemühungen in Zukunft kraftvoller und exakter auf ein bestimmtes Ziel auszurichten als bisher. Mit anderen Worten geht es darum, Ihnen dabei zu helfen, sich selbst auszubilden – wobei mit dem Wort *ausbilden* gemeint ist, Ihre natürlichen Fähigkeiten *heraus*zubilden, indem Sie Ihren Geist entwickeln, ihm eine systematische Ordnung verleihen und ihn auf intelligente Weise steuern.

Macht entsteht durch echte Bildung! Ein Mensch, der es nicht gelernt hat, seine geistigen Fähigkeiten in organisierte Form zu bringen, sie zu klassifizieren und intelligent auf ein bestimmtes Ziel auszurichten, ist kein gebildeter Mensch. Ein Mensch, der es nicht gelernt hat, Tatsachen von bloßen Informationen zu unterscheiden, und Tatsachen nicht zu einem organisierten Handlungsplan zusammenstellen kann, der ist kein gebildeter Mensch.

Bloße Schulbildung ist kein Beweis für Bildung. Auch Universitätsabschlüsse an sich belegen nicht, dass ihre Inhaber gebildete Menschen sind.

Das Wort *Ausbildung*[6] sollte man im Sinne von *heraus*bilden verstehen, nämlich so, dass sich im Inneren des Menschen eine Fähigkeit dadurch herausbildet, dass sie angewendet wird. Dann tritt sie nach außen und wird perfektioniert. Anders als uns viele Wörterbücher vermitteln, geht es bei der Ausbildung nicht darum, das Gehirn mit Wissen vollzustopfen.

Ich halte mich so lange bei den Begriffen *ausbilden* und *organisieren* auf, weil diese beiden Wörter das A und O der Magischen Leiter zum Erfolg darstellen.

Bildung ist etwas, das Sie erwerben müssen. Niemand kann sie Ihnen geben, Sie müssen sie sich selbst aneignen. Sie müssen arbeiten, um sie zu erwerben und um sie stets auf dem neuesten Stand zu halten. Bildung entsteht nicht durch Wissen, sondern durch Taten. Das Nachschlagewerk *Enzyclopedia Britannica* steckt voller Fakten, doch die einzelnen Bände besitzen keine eigene Kraft. Da sie die klassifizierten Fakten, die auf ihren Seiten abgelegt wurden, nicht in Taten umsetzen können, sind Bücher nicht gebildet. Dasselbe gilt für einen Menschen, der wie ein Roboter nur Wissen ansammelt, ohne es systematisch zur Anwendung zu bringen.

In einer Tonne Kohle steckt beachtlich viel Energie, doch bevor man sie nutzen kann, muss man die Kohle zunächst ausgraben und durch Verbrennung zum Glühen bringen. Ebenso enthält all das, was im Gehirn eines Menschen latent vorhanden ist, auch nicht mehr Energie als die Kohle unter Tage, wenn es nicht organisiert und zu einem bestimmten Zweck genutzt wird.

Der Grund, aus dem man sich mithilfe von Lehrern in der Schule leichter Bildung erarbeiten kann als ohne sie, liegt darin, dass die Schule dabei hilft, Wissen in organisierte Form zu bringen.

Wenn Sie den Eindruck haben, dass ich die Frage der Organisation hier zu ausführlich betone, lassen Sie mich auf Folgendes hinweisen: Das fehlende Vermögen, die geistigen Fähigkeiten zu organisieren, zu klassifizieren und intelligent zu steuern, stellt die Felsen und Riffe dar, an denen die Mehrheit der »Versager« zerschellt und untergeht.

Durch die Wiederholungen und dadurch, dass ich die Frage immer wieder aus einem anderen Blickwinkel betrachte, möchte ich Ihnen deutlich machen, wie wichtig es ist, Ihre eigenen Fähigkeiten richtig in organisierte Form zu bringen und auf ein bestimmtes Ziel auszurichten. Wenn es mir gelingt, Ihnen das klarzumachen, dann werde ich mehr für Sie getan haben, als jede Schule der Welt jemals für ihre Schüler leisten kann.

Nach dieser Einleitung sind wir nun bereit, die erste Stufe der Magischen Leiter zum Erfolg zu nehmen.

DIE ERSTE STUFE: EIN KONKRETES ZIEL IM LEBEN

Niemand würde auf die Idee kommen, große Mengen von Sand, Holz, Steinen und Baumaterial zusammenzutragen, um ein Haus zu bauen, ohne vorher dafür einen bestimmten Bauplan erstellt zu haben. Und doch hat meine Analyse der Lebenssituation von mehr als zwölftausend Personen stichhaltig nachgewiesen, dass 95 Prozent der Menschen keinen solchen Plan für ihre berufliche Laufbahn haben – dabei ist sie tausendmal wichtiger als der Bau eines Hauses.

Gehen Sie nicht über die Bedeutung des Wortes *konkret* hinweg, denn es ist das wichtigste Wort in der Überschrift »Ein konkretes Ziel im Leben«. Ohne dieses Wort würde der Satz aussagen, dass wir nur das vage Ziel haben, erfolgreich zu sein. Wie, wann oder wo, das wissen wir nicht, beziehungsweise, diejenigen unter uns, die zu der Gruppe der 95 Prozent zählen, wissen es nicht. Wir ähneln einem Schiff ohne Steuerruder, das auf dem Meer treibt, immer im Kreis fährt und dabei die gesamte Energie verbraucht, die es eigentlich bräuchte, um ans

Ufer zu kommen. Dorthin gelangen wir aber nicht, weil wir nicht ausdauernd ein konkretes Ziel verfolgen.

Sie haben zwar gerade begonnen, sich Ihre eigene Schaffenskraft anzueignen, indem Sie Ihr Wissen in organisierte Form bringen, es klassifizieren und intelligent einsetzten, doch vorab müssen Sie sich erst ein bestimmtes Ziel setzen. Denn wenn Sie kein lohnenswertes Ziel haben, auf das Sie Ihre Kräfte konzentrieren können, werden Sie auch keine große Kraft mobilisieren.

Neben dem konkreten Ziel im Leben brauchen Sie einen ebensolchen Plan, nach dem Sie vorgehen wollen, um es zu erreichen. Schreiben Sie sich deshalb Ihr Ziel in Form einer Erklärung auf und notieren Sie sich auch so detailliert wie möglich Ihren Plan, mit dessen Hilfe Sie Ihr Ziel erreichen wollen.

Ich bestehe aus einem psychologischen Grund darauf, dass Sie Ihr bestimmtes Ziel und den Plan, mit dem Sie es erreichen wollen, schriftlich festhalten sollen. Wenn Sie erst einmal das Thema der Autosuggestion beherrschen, werden Sie den Grund voll und ganz verstehen. Er wird auch noch einmal in einem Artikel zum Thema Selbstvertrauen erläutert, der zu einem späteren Zeitpunkt in dieser Zeitschrift erscheinen wird.

Merken Sie sich, dass sich sowohl Ihr konkretes Ziel, als auch der Plan, mit dem Sie es erreichen wollen, von Zeit zu Zeit ändern können. Denn wenn Sie genug visionäre Kraft und Fantasie hätten, um schon jetzt ein Ziel vor Augen zu haben, das weitreichend genug ist, um Ihren Ehrgeiz auch später noch zu befriedigen, dann wären Sie ein ungewöhnlicher Mensch. Jetzt kommt es erst einmal darauf an, dass Sie lernen, wie wichtig es ist, immer mit einem konkreten Ziel vor Augen und nach einem konkreten Plan zu handeln. Das müssen Sie sich beim Organisieren Ihrer Fähigkeiten zum Prinzip machen und Sie müssen es auf alles anwenden, was Sie tun. Systematisches, organisiertes Bemühen muss Ihnen zur Gewohnheit werden.

Ein Jahr, nachdem Sie Ihre erste Erklärung zu Ihrem konkreten Ziel im Leben ausgearbeitet haben, werden Sie sich höchstwahrscheinlich über den begrenzten Umfang Ihres Zieles wundern. Denn dann werden Sie bereits weitergehende Visionen und stärkeres Selbstvertrauen entwickelt haben.

Sie werden mehr schaffen, weil Sie es sich zutrauen und den Mut haben, sich eine größere Aufgabe zuzumuten als die, die Sie sich ursprünglich als Ziel gesetzt haben.

Dieser Prozess der Ausbildung – der Entwicklung aus dem Inneren heraus – wird Sie dazu befähigen, in größeren Maßstäben zu denken, ohne Angst zu bekommen. Dadurch werden Sie auch lernen, Ihr konkretes Ziel im Leben analytisch und schlussfolgernd zu betrachten – nicht nur als Ganzes, sondern auch in seinen einzelnen Bestandteilen, die Ihnen, jedes für sich, klein und unbedeutend erscheinen werden.

Ingenieure versetzen Berge ohne die geringste Schwierigkeit von einem Ort an den anderen – nicht den ganzen Berg auf einmal, sondern Schaufel für Schaufel, immer nach einem bestimmten Plan.

Die Zeit und das Geld, die benötigt wurden, um den Panamakanal zu bauen, wurden Jahre im Voraus korrekt berechnet, und zwar lange, bevor auch nur eine Schaufel bewegt wurde. Denn die Ingenieure, die den Kanal bauten, hatten gelernt, wie man nach einem bestimmten Plan vorgeht.

Der Kanal wurde ein Erfolg!

Er war ein Erfolg, weil die Männer, die ihn planten und bauten, exakt nach dem Prinzip vorgingen, das ich hier als Leitlinie für Sie festgehalten habe, als die erste Stufe unserer Leiter. Daran können Sie erkennen, dass das Prinzip keineswegs neu ist. Seine Richtigkeit braucht nicht mehr durch einen Versuch nachgewiesen zu werden, da die erfolgreichen Männer der Vergangenheit sie längst unter Beweis gestellt haben.

Entscheiden Sie nun, was Sie in Ihrem Leben gern tun möchten, formulieren Sie Ihr Vorhaben und beginnen Sie, es umzusetzen. Wenn es Ihnen schwerfällt, festzulegen wie Ihr Lebenswerk aussehen soll, dann können Sie die Dienste von Fachleuten in Anspruch nehmen (es gibt nicht viele, doch zumindest ein paar), die Analysen erstellen und Ihnen bei der Suche nach einer Lebensaufgabe helfen. Es muss eine Aufgabe sein, die mit Ihren natürlichen Neigungen, Ihrem Charakter, Ihren körperlichen Voraussetzungen, Ihrer Ausbildung und mit Ihren angeborenen Fähigkeiten harmoniert.

Das führt uns auf die zweite Stufe der Leiter.

DIE ZWEITE STUFE: SELBSTVERTRAUEN

Es würde sich kaum lohnen, sich ein bestimmtes Ziel im Leben zu setzen oder einen Plan aufzustellen, mit dem man es erreichen will, wenn man nicht auch das Selbstvertrauen besäße, das Vorhaben in die Tat umzusetzen, um tatsächlich zum Ziel zu kommen.

Fast jeder Mensch besitzt eine gewisse Menge dessen, was gemeinhin als Selbstvertrauen bezeichnet wird, doch nur relativ wenige Menschen haben die bestimmte Art von Selbstvertrauen, um die es bei der zweiten Stufe der Magischen Leiter zum Erfolg geht.

Selbstvertrauen ist eine Geisteshaltung, die jeder binnen kurzer Zeit entwickeln kann. Das Verfahren, mit dem man das erreicht, werden wir detailliert in einer Lektion über das Selbstvertrauen darstellen, die zu einem späteren Zeitpunkt in dieser Zeitschrift erscheinen wird. Hier wollen wir einstweilen deutlich machen, dass diese Geisteshaltung dringend nötig ist.

Vor gut zwanzig Jahren war ich Arbeiter im Kohlebergwerk. Ich hatte kein bestimmtes Ziel vor Augen und es fehlte mir an dem nötigen Selbstvertrauen, um mir eins zu setzen. Doch eines Abends geschah etwas, was den wichtigsten Wendepunkt in meinem Leben markierte. Ich saß am Kaminfeuer und diskutierte mit dem Mann, bei dem ich wohnte, über das Problem, das mittlerweile die ganze Welt beschäftigt: Das Missverhältnis zwischen Beschäftigten und Arbeitgebern. Ich machte eine Äußerung, die den Mann beeindruckte und er tat etwas, was mich erstmals lehrte, Selbstvertrauen zu entwickeln. Er beugte sich zu mir herüber, nahm mich bei der Schulter, schaute mir direkt in die Augen und sagte: »Alles, was recht ist, du bist ein gescheiter Junge und wenn du dich aufmachen und zur Schule gehen würdest, dann würdest du dir in der Welt schon einen Namen machen!«

Es war nicht so sehr das, was er sagte, sondern die Art, wie er es sagte – das Leuchten in seinen Augen, der feste Griff, mit dem er meine Schulter hielt, als er sprach – all das beeindruckte mich. Zum ersten Mal in meinem Leben hatte mir jemand gesagt, dass ich »gescheit« war, oder dass ich mir vielleicht in der Welt »einen Namen« machen könnte. Das war für mich der erste Hoffnungsschimmer und verlieh mir einen ersten flüchtigen Eindruck von Selbstvertrauen.

Der Samen des Selbstvertrauens war nunmehr in mir gesät worden und ist in all den Jahren immer weiter gewachsen. Dieses keimende Selbstvertrauen brachte mich als Erstes dazu, die Arbeit bei den Bergarbeitern aufzugeben und eine einträglichere Beschäftigung aufzunehmen. Es brachte mir ferner einen so starken Wissensdurst, dass ich in jedem Jahr, um das ich älter werde, noch eifriger studiere als zuvor. Bis heute hat das dazu geführt, dass ich Fakten in kaum mehr als einem Zehntel der Zeit zusammentragen, klassifizieren und systematisieren kann, als noch vor ein paar Jahren.

DIE DRITTE STUFE: EIGENINITIATIVE

Eigeninitiative ist eine sehr seltene Charaktereigenschaft, die einen Menschen dazu bringt, das zu erledigen, was er zu tun hat, ohne dass man ihn dazu auffordern muss. Alle großen Führungspersönlichkeiten müssen Eigeninitiative besitzen. Ein Mann, der nicht aus Eigeninitiative handelt, könnte niemals ein großer General werden, denn es erfordert intensive Aktivität, die Kunst der Strategie erfolgreich anzuwenden. Das gilt sowohl für den Krieg als auch für die Wirtschaft.

An jeder Ecke lauern goldene Möglichkeiten und warten nur darauf, dass ein Mensch vorbei kommt und von ihnen Gebrauch macht. Jemand, der nur die Aufgaben erfüllt, die ihm zugeteilt werden und dann seine Arbeit einstellt, erweckt keine sonderliche Aufmerksamkeit. Wenn er aber selbst die Initiative ergreift und sich auf die Suche nach zusätzlichen Aufgaben macht, wenn er seine regulären Pflichten erfüllt hat, dann wird er gewiss das wohlwollende Interesse seiner Vorgesetzten auf sich ziehen. Die werden ihm dann bereitwillig größere Verantwortung übertragen und entsprechenden Lohn zahlen.

Bevor jemand in einem jeden Betätigungsfeld in hohe Positionen aufsteigen kann, muss er erst über Visionen verfügen, fähig sein, in großen Begriffen zu denken, konkrete Pläne zu schmieden und sie in die Tat umzusetzen. Das alles setzt voraus, dass er Eigeninitiative entwickelt hat.

Eine der wichtigsten Eigenschaften der Goldenen Leiter ist das Maß, in dem die Stufen zueinander passen und miteinander harmonieren. Nur dadurch bildet die Leiter ein machtvolles System aus verwertbarem Material. Achten Sie bitte darauf, wie die dritte und vierte Stufe einander ergänzen, und auch, welche Kraft entsteht, wenn man diese beiden Stufen in der Lebenspraxis richtig miteinander verbindet.

DIE VIERTE STUFE: VORSTELLUNGSKRAFT

Vorstellungskraft ist die Werkstatt des menschlichen Geistes, in der alte Vorstellungen in neue Ideen und Vorhaben umgewandelt werden. Als Edison die Glühbirne erfand, brachte er zunächst in seiner Vorstellung und dann in seinem Labor zwei Prinzipien zusammen, die eigentlich altbekannt sind. Neu ist sozusagen nur die Art und Weise, auf die er sie miteinander verknüpfte. Wie fast jedem Amateurelektriker war auch ihm klar, dass Reibung in elektrisch leitfähigem Material Hitze erzeugt, und dass man zum Beispiel einen Draht so lange erhitzen kann, bis durch die Reibung ein weißes Glühen entsteht, wodurch Licht produziert wird. Das Problem war nur, dass der Draht dabei durchbrannte und zerriss.

Nachdem er auf der ganzen Welt nach einer bestimmten Faser oder einem Draht gesucht hatte, der nicht reißt, wenn man ihn so lange erhitzt, bis er weiß glüht, dachte Edison an das alte Prinzip der Holzkohle zurück: Man stapelt Holz auf den Boden und zündet es an. Wenn es eine Weile gebrannt hat, wirft man Erde auf das Feuer und entzieht ihm so die Luft. Das Holz schwelt dann zwar weiter, doch es verbrennt nicht, weil dem Feuer ein Großteil des Sauerstoffes entzogen wurde und daher keine vollständige Verbrennung möglich ist. Als Edison sich dieses Prinzip vergegenwärtigt hatte, ging er in sein Labor, platzierte einen Glühfaden in das Innere einer Glaskugel, entzog ihm die Luft und siehe da, er hatte die langersehnte Glühbirne erfunden.

Als Christoph Kolumbus seine Augen auf der Suche nach der »Neuen Welt« nach Westen richtete, setzte er seine Eigeninitiative und Vorstellungskraft wohl auf die gewinnbringendste Weise ein, die es jemals in der Geschichte gegeben hat. Aus der Verbindung dieser beiden Eigenschaften wurde Amerika geboren – unser Amerika, auf das wir stolz sind und um das uns die ganze Welt beneidet.

Als Gutenberg seine Aufmerksamkeit darauf ausrichtete, die moderne Druckerpresse zu erfinden, setzte er ebenfalls seine Eigeninitiative und Vorstellungskraft gewinnbringend ein, weil er dadurch den Gedanken Flügel verlieh. Das führte dazu, dass uns heute die Neuigkeiten aus aller Welt zum Preis von zwei bis drei Cent vor die Haustür geliefert werden und dass alle Teile der Welt in engeren Kontakt miteinander getreten sind.

Als die Brüder Wright sich auf das Flugzeug konzentrierten, verwendeten sie Eigeninitiative und Vorstellungskraft, wodurch es binnen weniger Jahre gelang, den Luftraum zu beherrschen und die Entfernung zwischen zwei Orten ganz enorm zu verkürzen.

Alle großen Erfindungen verdanken wir der Verbindung dieser beiden Kräfte – Eigeninitiative und Vorstellungskraft. Niemand kann die Grenzen bestimmen, zu denen ein normal begabter Mensch durch den Einsatz von Eigeninitiative und Vorstellungskraft vorstoßen kann.

Das Fehlen dieser beiden Eigenschaften ist der Hauptgrund, aus dem 95 Prozent der erwachsenen Weltbevölkerung kein bestimmtes Ziel im Leben hat. Das hat wiederum zur Folge, dass diese Gruppe Menschen in ihrem Leben nur immer anderen nachfolgt.

Führungspersönlichkeiten sind immer Männer und Frauen mit Eigeninitiative und Vorstellungskraft.

DIE FÜNFTE STUFE: HANDLUNGSBEREITSCHAFT

Alle Welt bezahlt nur für eine Sache: Entweder für eine Leistung oder für eine Handlung, die vollbracht wird! Sorgfältig irgendwo aufbewahrtes Wissen ist wertlos. Es nützt niemandem, solange es nicht in Form von Handlungen zum Ausdruck kommt. Niemand bezahlt für Waren, die hoch oben in den Regalen liegen – sie müssen heruntergeholt und angeboten werden, damit die Kunden sie kaufen.

Sie mögen Absolvent der Universitäten Yale, Harvard oder Princeton sein und die Fakten aller Enzyklopädien der Welt in Ihrem Kopf gespeichert haben – wenn Sie dieses Wissen nicht systematisieren und durch Handlungen zum Ausdruck bringen, dann nützt es weder Ihnen noch der Außenwelt.

Vor einigen Jahren bin ich in Chicago in die öffentlichen Parkanlagen gegangen und habe sieben dieser sogenannten »Tagediebe« getroffen. Das sind die Männer, die mit der Zeitung über dem Gesicht herumliegen und schlafen, während es reichlich Arbeit zu hohen Löhnen gibt. Ich wollte mir einen Eindruck von ihrer jeweiligen Ausrede verschaffen. Mir war klar, dass es einen »Grund« dafür geben musste, dass sie nicht arbeiteten.

Mit ein wenig Kleingeld und einer Handvoll Zigarren in der Hosentasche kam ich ihnen recht nah und was glauben Sie, was mir alle erzählt haben?

Jeder von ihnen sagte mir im Wesentlichen: »Ich bin hier, weil mir niemand auf der Welt eine Chance gegeben hat!«

Überlegen Sie mal – »weil mir niemand auf der Welt eine Chance gegeben hat!«

Hat die Welt jemals einem Menschen eine Chance gegeben, die anders aussah als die, die er sich selbst geschaffen hat? Die darin bestand, dass er sich aufgemacht hat und mithilfe von Vorstellungskraft, Selbstvertrauen, Eigeninitiative und der anderen Qualitäten, auf denen unsere Leiter beruht, gehandelt hat?

Es ist unumstritten, dass dort, wo niemand handelt, alle Bildung und alles Wissen der besten Universitäten der Welt sowie alle guten Absichten und Eigenschaften, auf denen die Magische Leiter beruht, nicht den geringsten Wert haben.

Jemand, der nicht über die großartige Eigenschaft der Handlungsbereitschaft verfügt, ähnelt einer großen Lokomotive. Einer Lokomotive, die mit Kohle im Kasten, Wasser im Tank, Feuer im Feuerkasten und mit Dampf im Dampfdom auf dem Abstellgleis oder im Lokomotivschuppen steht, ohne dass ein Maschinist da wäre, der die Drosselklappe öffnen könnte.

Solange das niemand tut und die Lokomotive in Bewegung setzt, ist sie unbeschreiblich nutzlos.

Auch in Ihrem Kopf steckt eine großartige Maschine; eine die es mit allen Lokomotiven und anderen von Menschenhand geschaffenen Maschinen, die jemals gebaut wurden, aufnehmen kann. Doch solange Sie sie nicht in Bewegung setzen, ist sie so nutzlos wie die Lokomotive, die ohne den Maschinisten auf dem Abstellgleis steht.

Wie viele Millionen Menschen gibt es auf der Welt, die alle wesentlichen Voraussetzungen haben, um sehr erfolgreich zu sein und die alles haben, was man braucht, um der Welt große Dienste zu erweisen. Doch eines fehlt ihnen: die Handlungsbereitschaft!

Sie brauchen nur ein wenig Fantasie, um festzustellen, wie eng die Handlungsbereitschaft mit allen anderen Eigenschaften zusammenhängt, die die ersten vier Stufen unserer Leiter ausmachen. Sie können leicht sehen, wie fehlende Handlungsbereitschaft alle anderen Eigenschaften aufheben kann. Wenn jemand zur Tat schreitet, dann geraten negative Eigenschaften wie Zaudern, Angst, Sorge und Zweifel grundsätzlich in die Defensive. Fast jeder weiß, dass man aus der Offensive heraus einen besseren Kampf führen kann, als aus der Defensive.

Handlungsbereitschaft ist eine der wichtigsten Eigenschaften, über die Führungspersönlichkeiten verfügen müssen, und sie unterscheidet sie zugleich maßgeblich von denen, die ihnen nur folgen. Es lohnt sich, darüber nachzudenken und es könnte uns dabei helfen, aus der breiten Masse der Mitläufer in die ausgesuchte und begrenzte Klasse der Anführer aufzusteigen.

DIE SECHSTE STUFE: BEGEISTERUNG

Die nächste Stufe der Leiter ist passender Weise die Begeisterung, denn sie animiert den Menschen in der Regel zum Handeln. Von daher stehen Begeisterung und Handlungsbereitschaft auf unserer Leiter in enger Verbindung.

Würden wir die Stufen ihrer Wichtigkeit nach ordnen, dann müsste die Begeisterung eigentlich sogar noch vor der Handlungsbereitschaft stehen, denn wenn ein Mensch keine Begeisterung verspürt, wird er auch keinen großen Tatendrang entwickeln.

Normalerweise kommt Begeisterung automatisch auf, wenn jemand die Arbeit findet, die für sie oder für ihn am besten geeignet ist und die sie oder er am liebsten mag. Für eine Arbeit, die Sie nicht mögen, werden Sie sich wahrscheinlich auch nicht wirklich begeistern. Also müssen Sie fleißig weitersuchen, bis Sie schließlich die Arbeit gefunden haben, die Sie mit Leib und Seele tun möchten. Es muss eine Arbeit sein, in der Sie sich ernsthaft und dauerhaft selbst »verlieren« können.

DIE SIEBTE STUFE: SELBSTKONTROLLE

Ganze 18 lange und gefährliche Jahre stand ein Erzfeind zwischen mir und der Möglichkeit, mein Hauptziel im Leben zu erreichen. Dieser Feind ist das Fehlen von Selbstkontrolle.

Ständig suchte ich Auseinandersetzungen und Streit – meist fand ich sie auch. Den Großteil meiner Zeit verbrachte ich damit, jemand anderem klarzumachen, dass er im Unrecht war, obgleich ich diese kostbare Zeit besser darauf hätte verwenden sollen, mir selbst klarzumachen, dass ich Unrecht hatte.

An Menschen herumzukritteln ist zweifellos die unergiebigste Beschäftigung, der man nachgehen kann. Man verdirbt dadurch Freundschaften und schafft sich Feinde. Solche Nörgelei trägt keinesfalls dazu bei, einem Menschen zu helfen oder ihn zu verändern.

Fehlende Selbstkontrolle führt zu Krittelei.

Noch niemals ist jemand für andere zum Anführer geworden, solange er es nicht gelernt hat, seine eigene Person mithilfe von Selbstkontrolle zu führen. Selbstbeherrschung ist der erste Schritt zum Erreichen wirklicher Leistungen. Doch dies sind alles leere Worte, solange ich noch nicht den wahren Grund genannt habe, aus dem jeder, der wirklichen Erfolg erzielen will, dringend Selbstkontrolle ausüben muss.

Wenn ein Mensch die »Nerven verliert«, dann spielt sich in seinem Gehirn etwas ab, für das man ein allgemeineres Verständnis entwickeln sollte. Eine Person, die in Wut gerät, »verliert« nämlich nicht wirklich die Nerven, sondern sie strapaziert sie. Diese starken Gefühle zerren an den Nerven und führen dazu, dass chemische Botenstoffe in das Gehirn gelangen, die in Verbindung mit Wut ein tödliches Gift erzeugen.

Ein Mensch, der wütend ist, stößt mit jedem Atemzug ausreichend Giftstoffe aus, um damit ein Meerschweinchen zu töten!

Es gibt nur drei Wege, auf denen man die Giftstoffe, die das Gehirn in der Wut produziert hat, wieder loswerden kann. Ein Weg führt über die Poren der Haut, der zweite über die Lunge, durch die das Gift in Form von Gasen ausgeatmet wird, und der dritte Weg über die Leber, die Schadstoffe aus dem Blut herausfiltert.

Wenn diese drei Wege überlastet sind, verteilt sich das überschüssige Gift, das der Mensch durch seine Wut erzeugt hat, im ganzen Körper und vergiftet ihn. Das geschieht auf dieselbe Art wie bei jeder anderen tödlichen Droge, die mithilfe einer Spritze in die Blutbahn injiziert wird.

Wut, Hass, Zynismus, Pessimismus und andere negative Geisteszustände sind tendenziell Gift für den Körper und sollten daher gemieden werden. Sie sind Teil des tödlichen Übels, das man das Fehlen von Selbstkontrolle nennt.

DIE ACHTE STUFE: DIE GEWOHNHEIT, MEHR UND BESSERE ARBEIT ZU VERRICHTEN ALS DIE, DIE BEZAHLT WIRD

Ich glaube nicht, dass jemand, der es sich nicht angewöhnt, mehr und bessere Leistungen zu erbringen als die, die in Dollar und Cent bezahlt werden, über das Niveau von Durchschnittlichkeit hinaus gelangen kann.

Derjenige, der sich diese Arbeitsweise zur Gewohnheit gemacht hat, gilt normalerweise als Führungspersönlichkeit. Soweit ich weiß, sind Menschen, die so arbeiten, in ihren Berufen oder Branchen – ungeachtet der Hindernisse, die ihnen naturgemäß zuvor im Weg standen – ausnahmslos an die Spitze gelangt.

Jemand der auf diese Art Leistungen erbringt, kann sicher sein, die Aufmerksamkeit von Menschen zu erregen, die dann miteinander in einen regen Wettbewerb treten, um in den Genuss seiner Leistungen zu kommen. Man hat noch nie gehört, dass um Dienstleistungen eines Menschen, der versucht, mit so wenig Arbeit wie möglich über die Runden zu kommen und diese achtlos und unwillig verrichtet, ein Wettbewerb entbrannt wäre.

Alle Begabung, alle Schulbildung und alles Wissen, das seit jeher in Büchern festgehalten wurde, werden nicht fähig sein, einen lohnenswerten Markt für jemanden zu schaffen, der nur das absolute Mindestmaß an Arbeit in einer Qualität leistet, die gerade so durchgeht.

Dagegen wird sich die Einstellung, bereitwillig mehr und bessere Arbeit zu leisten als die, die bezahlt wird, ganz sicher auszahlen. Darüber hinaus kann diese Einstellung auch viele negative Eigenschaften und das Fehlen anderer positiver Eigenschaften aufwiegen.

DIE NEUNTE STUFE: EINE ANZIEHENDE PERSÖNLICHKEIT

Wenn Sie nicht durch eine angenehme Persönlichkeit Anziehungskraft auf andere Menschen ausüben, könnte es schlimmstenfalls passieren, dass Sie an Ihrem Lebenswerk scheitern – auch dann, wenn Sie über alle anderen Eigenschaften verfügen, die bis hierher aufgeführt wurden.

Persönlichkeit kann nicht mit einem Wort beschrieben werden, denn sie besteht aus der gesamten Summe aller Eigenschaften, die Sie von jedem anderen Menschen auf der Welt unterscheidet. Ihre Kleidung bildet einen Teil, ja sogar einen sehr wichtigen Teil Ihrer Persönlichkeit. Auch Ihr Gesichtsausdruck, der durch das Vorhandensein oder Nichtvorhandensein von Falten dokumentiert wird, gehört dazu. Ihre Sprache ist ein ganz wichtiger Bestandteil Ihrer Persönlichkeit, denn sobald Sie etwas gesagt haben, wird man Sie sofort als vornehm oder als das Gegenteil ansehen. Zu Ihrer Persönlichkeit gehört auch Ihre Stimme, ein Organ, das, um gut anzukommen, gepflegt, geschult und entwickelt werden muss, damit die Stimme harmonisch, voll und in einem angemessenen Sprechrhythmus erklingt. Auch Ihr Händedruck ist Bestandteil Ihrer Persönlichkeit. Gewöhnen Sie sich daher einen kräftigen, festen Händedruck an. Wenn Sie Ihrem Gegenüber zum Gruß nur eine schlaffe, kalte, leblose Hand entgegenstrecken, dann stellen Sie sich ihm damit als ein Mensch mit einer negativen Persönlichkeit vor.

Eine anziehende Persönlichkeit kann man als eine beschreiben, die andere Menschen dazu veranlasst, sich dem betreffenden Menschen zuzuwenden und sich bei ihm in harmonischer, freundschaftlicher Gesellschaft zu fühlen. Eine negative Persönlichkeit ist eine, die andere dazu veranlasst, sich so weit wie möglich von dem entsprechenden Menschen fernzuhalten.

Sie können sich sicherlich problemlos selbst analysieren und feststellen, ob sich andere Menschen zu Ihnen hingezogen fühlen oder nicht. Wenn nicht, dann werden Sie den Grund dafür gewiss auch bald finden. Es mag ebenfalls eine interessante Information für Sie sein, dass die Sorte Mensch, die Sie anziehen, deutlich auf Ihren eigenen Charakter und auf Ihre Persönlichkeit schließen lässt. Denn Sie werden nur solche Menschen anziehen, die mit Ihnen harmonieren und deren Charakter und Wesensart mit Ihrer übereinstimmt.

Über eine anziehende Persönlichkeit verfügt für gewöhnlich ein Mensch, der sanft und freundlich spricht und Worte wählt, an denen man nicht Anstoß nehmen kann; der einen angemessenen Kleidungsstil und Farben wählt, die gut zusammenpassen. Es ist ein Mensch, der uneigennützig ist und bereitwillig anderen hilft, ungeachtet unterschiedlicher politischer Einstellungen, Religionszugehörigkeit oder ökonomischer Standpunkte. Es ist jemand, der, ob mit oder ohne Grund, nicht schlecht über andere spricht. Dieser Mensch schafft es, sich zu unterhalten, ohne in Streit verwickelt zu werden oder zu versuchen, Auseinandersetzungen über strittige Themen wie Religion und Politik anzuzetteln. Der Mensch mit der anziehenden Persönlichkeit ist jemand, der in seinem Gegenüber das Gute sieht und über das Schlechte hinwegsieht, der andere weder verändern noch maßregeln will und der häufig und von Herzen lächelt. Dieser Mensch liebt kleine Kinder, Blumen, Vögel, Wiesen, Wälder und Flüsse. Er empfindet Mitgefühl für alle, die in Schwierigkeiten stecken, vergibt anderen unfreundliche Handlungen und räumt allen das Recht ein, so zu handeln, wie sie wollen, solange sie dadurch nicht die Rechte anderer verletzen. Dieser Mensch bemüht sich ernsthaft darum, bei seinen Gedanken und Taten konstruktiv zu bleiben, er macht anderen Mut und spornt sie dazu an, sich stärker bei einer Arbeit zum Wohl der Menschheit zu engagieren. Das gelingt ihm, weil er andere dazu bringt, sich für ihre eigene Person zu interessieren und sie anregt, Selbstvertrauen zu entwickeln. Er ist ein geduldiger und interessierter Zuhörer und macht es sich zur Gewohnheit, sein Gegenüber an der Unterhaltung teilhaben zu lassen, ohne ihn zu unterbrechen und ständig nur selbst zu reden.

Eine anziehende Persönlichkeit ist durch den Einsatz von angewandter Psychologie leicht zu entwickeln – genau wie alle anderen Eigenschaften, aus denen die Leiter besteht.

DIE ZEHNTE STUFE: PRÄZISES DENKEN

Wenn Sie einmal gelernt haben, richtig zu denken, dann werden Sie es sich angewöhnen, mühelos und automatisch jede Information, die Sie erhalten, vorab zu untersuchen. Das heißt, Sie prüfen, ob es sich bloß um eine »Vermutung« oder um eine *Tatsache* handelt. Sie werden lernen, alle Sinneseindrücke zu meiden, die nicht aufgrund von Tatsachen aufkommen, sondern die Vorurteilen, Hass, Wut, Voreingenommenheit und anderen falschen Quellen entspringen.

Außerdem werden Sie dazu fähig, Tatsachen in zwei Gruppen einzuteilen, nämlich in relevante und irrelevante. Ihnen wird klar werden, wie Sie die »wichtigen« Tatsachen herausgreifen, sie in organisierte Form bringen und zu einem vernünftigen Urteil oder einem Handlungsplan verarbeiten können.

Sie werden lernen, das, was Sie in Zeitungen und Zeitschriften lesen, zu analysieren und die nötigen Schlüsse daraus zu ziehen. Dabei ziehen Sie aus den bekannten Tatsachen Schlussfolgerungen in Bezug auf Dinge, die Sie noch nicht kennen. So gelangen Sie zu einem ausgewogenen Urteil, zu einem, das weder von Vorurteilen eingefärbt ist, noch auf bloßen »Informationen« beruht, die Sie nicht weiter hinterfragt haben.

Wenn Sie verstanden haben, wie man richtig denkt, werden Sie das, was andere sagen, mit dem gleichen Verfahren beurteilen können. Das wird Sie der Wahrheit ein ganzes Stück näher bringen. Wenn Ihre Intelligenz nicht zustimmt, werden Sie nicht länger alles für eine Tatsache halten. Wie jeder vernünftige Denker werden auch Sie jede Information, die versucht, sich ihren Weg in Ihren Geist zu bahnen, verschiedenen Prüfungen unterziehen.

Darüber hinaus werden Sie lernen, sich von dem, was ein Mensch über einen anderen sagt, nicht beeinflussen zu lassen, solange Sie die Aussage nicht abgewogen und geprüft haben. Dann erst bestimmten Sie nach den Prinzipien des richtigen Denkens, ob diese Aussage wahr oder falsch ist.

Wenn wissenschaftliches Denken in der Lage ist, all dies für Sie zu leisten, dann handelt es sich dabei doch um eine wünschenswerte Eigenschaft, nicht wahr?

Wenn Sie die vergleichsweise einfachen Prinzipien verstehen, die richtiges Denken ermöglichen, dann wird es all das – und noch viel mehr – für Sie leisten.

DIE ELFTE STUFE: KONZENTRATION

Konzentration, in dem Sinne wie wir sie als eine unserer Leiterstufen verstehen, bezieht sich auf die Praxis, Ihren Geist dazu zu bewegen, sich Ihr Hauptziel oder jedes andere Vorhaben in allen Einzelheiten bildlich vorstellen. Denken Sie auf diese Weise so lange an alles, was mit ihrem Ziel zusammenhängt und zu ihm hinführt, bis das Bild klare Formen angenommen hat und praktische Mittel und Wege offenbart, um das Ziel Wirklichkeit werden zu lassen.

Konzentration ist der Prozess, durch den Sie Ihre Vorstellungskraft dazu bringen, alle Winkel Ihres Unterbewusstseins zu durchsuchen. Dort liegen vollkommene Bilder von allem verborgen, was Ihr Geist jemals über Ihre fünf Sinne aufgenommen hat. Folglich werden Sie darin auch alles finden, was Sie benötigen, um sich ganz genau auf Ihr Ziel zu konzentrieren.

Konzentration beschreibt auch den Prozess, Kräfte zu bündeln, ähnlich der Verbindung elektrischer Batterien durch Kabel. Genau so vereinen Sie die Kraft aller Eigenschaften, die die Magische Leiter ausmachen und die dazu dienen, ein Ziel zu erreichen, auf das Sie sich gerade konzentrieren.

Durch diese Vorgehensweise konzentriert man seine gedanklichen Kräfte so lange auf ein bestimmtes Thema, bis man es im Geiste analysiert, in seine Bestandteile zerlegt und es wieder neu zu einem bestimmten Vorhaben zusammengefügt hat.

Es geht darum, Auswirkungen anhand ihrer Ursachen und Ursachen anhand ihrer Auswirkungen zu untersuchen.

DIE ZWÖLFTE STUFE: AUSDAUER

Ausdauer und Konzentration sind so eng miteinander verbunden, dass die Linie, die beide voneinander trennt, nur schwer auszumachen ist.

Ausdauer ist gleichbedeutend mit Willenskraft oder Entschlossenheit. Es ist die Eigenschaft, mit deren Hilfe Sie die Aufmerksamkeit Ihrer Geisteskräfte durch das Prinzip der Konzentration so lange auf ein bestimmtes Ziel richten, bis Sie es erreicht haben.

Ausdauer ist eine Eigenschaft, die Sie dazu bringt, wieder aufzustehen, wenn ein vorübergehender Fehlschlag Sie einmal aus der Bahn geworfen hat, und dazu, Ihr Streben nach einem bestimmten Anliegen oder Ziel fortzusetzen. Diese Eigenschaft verleiht Ihnen den Mut und das Vertrauen, es ungeachtet aller Hindernisse, die Ihnen noch begegnen können, weiter zu versuchen.

Wenn eine Bulldogge ihren Gegner tödlich an der Gurgel gepackt hat, führt ihre Ausdauer dazu, dass sie sich festbeißt und liegen bleibt, trotz aller Anstrengungen, sie abzuschütteln.

Sie sollen Ihre Ausdauer aber nicht entwickeln, um sie dann zu demselben Zweck einzusetzen wie die Bulldogge. Sie entwickeln Ausdauer, damit sie Ihnen über die unvermeidlichen Felsen und Riffe hilft, die jeder Mensch überwinden muss, der einen lohnenswerten Platz in der Welt anstrebt. Ihre Ausdauer soll Sie unerschütterlich in eine Richtung führen, von der Sie wissen, dass es für Sie die richtige ist. Wenn Sie Ihre Ausdauer aber unüberlegt einsetzen, könnte Sie das leicht in Schwierigkeiten bringen.

DIE DREIZEHNTE STUFE: FEHLSCHLÄGE

Wir sind bei der »glückbringenden« 13. Stufe angekommen: bei den Fehlschlägen!

Passen Sie auf, dass Sie auf dieser Stufe nicht stolpern. Es ist die interessanteste Stufe, weil es hier um Tatsachen geht, mit denen Sie sich im Leben auseinandersetzen müssen, ob Sie wollen oder nicht. Diese Stufe zeigt Ihnen auf sonnenklare Weise, wie Sie jeden Fehlschlag in einen Vorteil für sich verwandeln können. Sie werden lernen, aus jedem Scheitern einen Grundstein zu formen, auf dem das Haus Ihres Erfolges für immer fest gegründet stehen wird.

Die Fehlschläge sind das einzige Thema auf der ganzen Leiter, das man als »negativ« bezeichnen könnte. Doch ich werde Ihnen zeigen, wie und warum es hier um eine der wichtigsten Erfahrungen Ihres Lebens geht.

Die Natur hat für den Menschen gezielt Fehlschläge eingeplant: Als eine Art Hürdenlauf, den er absolvieren muss und um ihn angemessen auf eine lohnenswerte Arbeit im Leben vorzubereiten. Jedes Scheitern ist eine große Feuerprobe, auf die uns die Natur stellt, und ein Härtungsprozess, in dem sie die Schlacken von allen menschlichen Qualitäten entfernt und diese wie Metall veredelt, das dann ein Leben lang einer intensiven Nutzung standhält. Das Scheitern folgt dem mächtigen Gesetz des Widerstandes, das einen Menschen in dem Maße stärkt, in dem es ihm gelingt, den jeweiligen Widerstand zu überwinden.

In jedem Fehlschlag steckt eine wichtige und dauerhafte Lehre, wenn man nur bereit ist, herauszufinden, um welche Lehre es sich handelt, über sie nachzudenken und Nutzen aus ihr zu ziehen. Fehlschläge fördern die Toleranz, das Mitgefühl und die Herzensgüte eines Menschen.

Auf dem Pfad des Lebens werden Sie es nicht weit bringen, solange Sie nicht bemerken, dass es sich bei jeder Widrigkeit und jedem Fehlschlag in Wirklichkeit um einen Segen handelt, der nur in Verkleidung auftritt. Es handelt sich um einen Segen, weil er Ihren Körper und Ihren Geist in Bewegung versetzt und beide – dem Gesetz der Beanspruchung entsprechend – zum Wachsen bringt.

Wenn wir zurückblicken, finden wir in der Geschichte lauter Fälle, die deutlich zeigen, welch reinigende und stärkende Wirkung Fehlschläge haben.

Sobald Sie begreifen, dass Fehlschläge ein unumgänglicher Bestandteil der Bildung eines Menschen sind, werden sie vor

Fehlschlägen keine Angst mehr haben. Und siehe da, schon wird es kein Scheitern mehr geben! Noch niemand hat sich nach einem K.o.-Schlag wieder aus der Niederlage erhoben, ohne in der einen oder anderen Hinsicht stärker oder klüger geworden zu sein.

Wenn Sie nun auf Ihre eigenen Fehlschläge zurückblicken, könnten Sie das Glück haben, darunter auch einen zu finden, der schwerwiegende Folgen hatte. Wenn Sie solche Fehlschläge erlebt haben, dann werden Sie zweifellos merken, dass sie stets gewisse Wendepunkte in Ihrem Leben oder bei Ihren Vorhaben markiert haben, die letztlich für Sie von Vorteil waren.

DIE VIERZEHNTE STUFE: TOLERANZ UND MITGEFÜHL

Eines der Übel der heutigen Welt ist die Intoleranz und das Fehlen von Mitgefühl.

Wäre die Welt tolerant gewesen, hätte der Weltkrieg das Gesicht der Erde nicht derart verwüsten können.

Gerade hier in Amerika ist es besonders wichtig, dass wir die Lektion von Toleranz und Mitgefühl lernen. Denn das Land ist ein großer Schmelztiegel, in dem wir mit den Angehörigen aller Rassen, Religionen und Glaubensrichtungen Seite an Seite leben. Nur wenn wir andere Kulturen, Lebensweisen und Religionen respektieren, können wir friedlich miteinander leben.

Wenn wir keine Toleranz und kein Mitgefühl zeigen, dann werden wir nicht dem Anspruch gerecht, mit dem sich unser Land anfangs von der Alten Welt unterschied, die jenseits des Atlantiks unter dem Joch von Zaren, Königen und Kaisern stand.

Im Krieg haben wir viele wichtige Lektionen gelernt, von denen die wichtigste Folgende ist: Es ist möglich, dass Angehörige aller Religionen, Nationalitäten und Rassen für ein gemeinsames Anliegen Seite an Seite kämpfen.

Wenn wir schon im Krieg für ein gemeinsames Anliegen kämpfen konnten, ohne anderen Religionen, Glaubensrichtungen oder Rassen gegenüber intolerant zu sein und wenn uns das nötig und sinnvoll erschien, warum können wir das dann nicht auch in Friedenszeiten?

Macht entsteht durch Zusammenarbeit!

Zu allen Zeiten haben die aufgebrachten, kämpfenden Massen immer stärker unter ihrer eigenen Gleichgültigkeit und Intoleranz untereinander gelitten, als unter der Unterdrückung durch die herrschende Klasse.

Würde es den Massen tatsächlich einmal gelingen, ihre Intoleranz abzulegen und für eine gemeinsame Sache vereint und als geschlossene Front zu kämpfen, dann könnte keine Macht der Welt sie mehr besiegen.

Im Krieg sind Niederlagen meist die Folge von fehlender Organisation. Das ist auch im normalen Leben der Fall. Wenn Intoleranz vorherrscht und die Menschen sich nicht in Harmonie um ein gemeinsames Ziel bemühen, dann öffnet das einigen wenigen, die begriffen haben, wie machtvoll gemeinsame Anstrengungen sind, Tür und Tor. Diese wenigen Menschen ergreifen die Gelegenheit und übernehmen die Führung der unorganisierten, intoleranten Massen.

Gerade jetzt im Moment stiftet Intoleranz in zwei Bereichen auf der Welt großes Chaos: In der Religion und in Handel und Industrie. Hinter dem Streit zwischen dem sogenannten »Kapital« und der »Arbeit« steckt nichts weiter als Intoleranz und Habgier. Das wird auf beiden Seiten deutlich. Wenn beide Parteien einmal einsehen würden, dass die eine der Arm ist und die andere das Elixier, das den Arm am Leben erhält, dann würden beide bald erkennen, dass Intoleranz nicht nur dem einen, sondern beiden gleichermaßen schadet.

Lassen Sie uns die Intoleranz aufgeben und Prinzipien über den Dollar stellen und das Wohl der Menschheit über den selbstsüchtigen Einzelnen. Lassen Sie uns zumindest soviel wirkliche Intelligenz aufbringen wie die kleine Honigbiene, die zum Wohle ihres Bienenstocks arbeitet, damit er nicht zugrunde geht.

DIE FÜNFZEHNTE STUFE: ARBEIT

Dies ist die kürzeste aller Überschriften für die Stufen unserer Leiter, doch sie beschreibt eine der wichtigsten Eigenschaften.

Alle Naturgesetze schreiben vor, dass nichts leben soll, was nicht auch benutzt wird. Wenn man einen Arm an seine Körperseite binden und länger nicht aktiv benutzen würde, dann würde er verkümmern und absterben. Das gilt auch für jedes andere Körperteil. Wenn man es nicht benutzt, führt das zu Verfall und Tod.

So ähnlich ist es auch um den Geist des Menschen bestellt, der mit all seinem Potenzial verkümmert und abstirbt, wenn er nicht genutzt wird. Das stimmt nicht ganz – nicht der Geist wird eingehen, sondern das Gehirn. Das Gehirn ist das körperliche Organ, durch das der Geist arbeitet, und wenn man es nicht nutzt, dann verkümmert es.

Jedes Bild, das über die fünf Sinne in das Gehirn eines Menschen gelangt, lagert sich in einer der winzigen Gehirnzellen ein. Wenn es dort nicht weiter genutzt wird, verkümmert es und stirbt ab. Wird es dagegen fleißig benutzt, bleibt es lebendig und gesund.

Heute räumen die modernsten Pädagogen ein, dass die eigentliche »Bildung«, die ein Kind erwirbt, nicht aus dem Wissen besteht, das es aus Schulbüchern schöpft. Sie besteht vielmehr daraus, dass sich das Gehirn entwickelt, nämlich bei dem Prozess, sich das Wissen aus den Büchern anzueignen. Bei dieser Tätigkeit ist das Gehirn stets im Einsatz und darin liegt der wahre Wert der Schulbildung.

Sie können die Eigenschaften, aus denen die Magische Leiter besteht, alle Ihr Eigen nennen – allerdings zu einem einzigen

Preis, zum Preis der Arbeit. Damit ist ausdauerndes, unaufhörliches Arbeiten gemeint. Solange Sie diese Eigenschaften trainieren und immer wieder anwenden, bleiben Sie stark und gesund. Lassen Sie die Eigenschaften aber in Ihrem Inneren schlummern, anstatt ihnen Ausdruck zu verleihen, dann verkümmern sie und sterben schließlich ab.

DIE SECHZEHNTE STUFE: DIE GOLDENE REGEL

Nun haben wir die letzte Stufe der Leiter erreicht. Wenn wir es nur einen Augenblick bedenken, kommen wir zu der Überzeugung, dass sie eigentlich die erste Stufe sein müsste. Denn sie allein entscheidet, ob ein Mensch bei der Anwendung aller anderen Eigenschaften, die zu der Leiter zählen, letztendlich Erfolg hat oder scheitert.

Die Philosophie der Goldenen Regel bildet wie die strahlende Sonne den Hintergrund für alle anderen Eigenschaften, aus denen die Leiter besteht. Wenn die Goldene Regel nicht den Weg beleuchtet, den Sie entlanggehen, dann kann es leicht passieren, dass Sie kopfüber in einen Abgrund stürzen, aus dem Sie sich nie wieder befreien können.

Die Philosophie der Goldenen Regel macht absolute Herrscher, wie Könige oder Kaiser unmöglich und hilft, Menschen wie Abraham Lincoln und George Washington hervorzubringen. Sie ist es, die einzelne Menschen oder ganze Nationen zu Wachstum oder in den Untergang führt, je nachdem, ob die Regel befolgt wird oder nicht.

Die Goldene Regel weist den einzig sicheren Weg zum Glück, denn sie bringt den Einzelnen unmittelbar dazu, der Menschheit sinnvolle Dienste zu erweisen und selbstlos für die Gemeinschaft dazusein. Sie hilft dem Menschen, den Geist des »Bienenstocks« zu entwickeln und bringt ihn dazu, seine selbstsüchtigen Eigeninteressen dem Wohl der anderen unterzuordnen.

Die Goldene Regel wirkt wie eine Barriere gegen Machtmissbrauch. Wenn er sich an die Regel hält, wird ein Mensch, der erfolgreich die Eigenschaften entwickelt hat, die die Stufen der Leiter repräsentieren, die Macht, die er dadurch erlangt, nicht für schädliche Zwecke missbrauchen. Die Goldene Regel wirkt auch wie ein Gegengift gegen Schaden, den jemand anrichten könnte, der weder Macht noch Wissen hat. Sie bringt den Menschen dazu, die Eigenschaften, die auf den Stufen der Leiter beschrieben sind, zu entwickeln und sie auf intelligente, konstruktive Art zum Ausdruck zu bringen.

Die Goldene Regel ist das Licht der Fackel, die den Menschen zu den Zielen in seinem Leben führt, aufgrund derer er der Nachwelt etwas Wertvolles hinterlässt. Diese Fackel wirft auch ein Licht auf die Last, die seine Mitmenschen tragen, und leuchtet auch ihnen den Weg zu nützlichen, konstruktiven Bemühungen.

Die Bedeutung der Goldenen Regel liegt ganz einfach darin, dass wir andere genauso behandeln müssen, wie wir selbst behandelt werden wollen. Denn: »Was Du nicht willst, das man Dir tu, das füg auch keinem andern zu.« Es geht darum, dass wir anderen in Form von Gedanken, Handlungen und Taten nur das entgegenbringen, was wir selbst auch gern von ihnen empfangen würden.

Sie haben nun das Konzept dieser Leiter vor sich liegen, eine vollkommene Blaupause oder einen Plan, mit dem Sie jede opportune Unternehmung im Leben vollbringen können. Es muss sich nur um ein Ziel handeln, das zu Ihrem Lebensalter, zu Ihren Neigungen, Ihrer Schulbildung und Ihrer Umgebung passt. Die Magische Leiter wird Sie führen, wenn Sie das Ende des Regenbogens des Erfolges suchen, das wir alle früher oder später im Leben einmal zu finden hoffen.

Das Ende Ihres Regenbogens ist schon in Sicht, glauben Sie mir. Und wenn Sie alle Eigenschaften beherrschen, aus denen diese Leiter besteht, dann werden Sie den Beutel voller Gold an sich nehmen können, der nur darauf wartet, dass sein rechtmäßiger Besitzer erscheint und Anspruch auf ihn erhebt.

Kapitel 8
DIE MACHT ORGANISIERTER BEMÜHUNGEN

Dieser Artikel basiert auf wissenschaftlichen Tatsachen. Wenn Sie ihn eingehend studieren, werden Sie feststellen, auf welcher Grundlage man einen Anführer von einem Menschen unterscheiden kann, der stets nur nachfolgt. Der Artikel zeigt auch klar, auf welchem Wege Macht erworben wird.

Lassen Sie mich zu Ihrer Einstimmung auf das Thema einige einfache Vergleiche ziehen. Stellen wir uns zu Beginn einmal freischwebende Dampfschwaden vor, wie wir sie in der Luft sehen, nachdem ein Zug an uns vorbeigefahren ist.

Solcher Dampf besitzt keine Kraft. Wenige Minuten zuvor hatte dieser Dampf noch genügend Kraft, um den Zug zu ziehen. Denn zu diesem Zeitpunkt war der Dampf in konzentrierter Form auf engem Raum zusammengepresst oder anders funktionsfähig gemacht.

Das fließende Wasser eines Flusses verfügt ebenfalls über keinerlei Kraft, solange es sich von einem Ufer zum anderen ausbreiten kann. Konzentriert man es aber zu einem Mühlbach und legt den Lauf des Wassers durch einen Damm in eine bestimmte Richtung fest, dann kann es die Räder der Industrie drehen.

Aus organisierten Bemühungen entsteht Kraft!

Eine gewöhnliche Ladung Schießpulver ist praktisch unschädlich, wenn man sie an der Luft zur Explosion bringt. Bringt man aber dieselbe Menge Pulver in eine gepresste Form und lenkt die Energie mithilfe eines Gewehrlaufes in eine bestimmte Richtung, dann gewinnt das Pulver Stärke und Triebkraft.

Sonnenstrahlen werden auch an einem sehr heißen Tag nur dann ein Loch in eine Zeitung brennen, wenn sie systematisch gebündelt und konzentriert durch eine Lupe auf das Papier gerichtet werden. Diese gezielte Lenkung mit der Lupe wird den Sonnenstrahlen die Kraft verleihen, auf der Stelle ein Loch in das Papier zu brennen.

Nach diesen Vorbemerkungen sind wir nun bereit, das eigentliche Thema dieses Artikels zu erörtern – menschliche Schaffenskraft und die Frage, wie man sie entwickelt. Genau wie jede andere Art von Kraft entwickelt man auch die Schaffenskraft durch organisierte Bemühungen. Das kann auf zweierlei Wegen geschehen. Der eine Weg besteht darin, die Fähigkeiten eines einzelnen Menschen in organisierte Form zu bringen, bei dem anderen geht es darum, Menschen in Gruppen zu organisieren. Eine hochgradig organisierte Gruppe hoch organisierter Einzelpersonen ist in der Lage, erstaunliche Ergebnisse zu erzielen.

Die Geschichte liefert zahlreiche Beispiele dafür, wie eine kleine Armee gut ausgebildeter und gut organisierter Soldaten eine zehnmal größere Gruppe Soldaten besiegt hat, die desorganisiert und schlecht ausgebildet war. Ein halbes Dutzend gut ausgebildeter Polizisten ist in der Lage, eine desorganisierte Menschenmenge von tausend oder mehr Menschen zu kontrollieren.

Nun folgt ein Gedanke, der sich direkt an Sie richtet, machen Sie ihn sich zu Eigen und wenden Sie ihn an – dann können Sie sich in jede Höhe aufschwingen, die Sie gern erreichen möchten. Hier nun der Gedanke:

Eine gut organisierte Einzelperson kann ihre Vorhaben auch dann ausführen, wenn sie damit bei Menschen in ihrer Umgebung auf Widerstand stößt. Ein einzelner Mensch ist in der Lage, sein Wissen, die ihm geläufigen Tatsachen und seine Vorhaben so gründlich in organisierte Form bringen, dass ihn nichts auf der Welt mehr von der Vollendung seiner Vorhaben abhalten kann. Doch das alles ist nur eine Art Vorspiel zu dem, was ich zum Thema organisierte Bemühungen mitzuteilen habe.

Heutzutage gibt es auf der Welt drei große potenzielle Mächte. Ich nenne sie absichtlich *potenzielle* Mächte, weil sie, gemessen daran, was sie in organisierter Form erreichen könnten, nur passiv wirken. Diese Mächte sind zum ersten die Kirchen, zum zweiten die Schulen und zum dritten die Zeitungen.

Wenn diese drei Mächte gut organisiert und harmonisch zusammenarbeiten und ein gemeinsames Ziel verfolgen würden, dann könnten sie damit innerhalb der nächsten zwanzig Jahre die Richtung ändern, in die sich die zivilisierte Welt heute entwickelt. Wenn sie das wirklich versuchen würden, dann könnte nichts auf der Welt diesen drei Mächten mehr Einhalt gebieten!

Lesen Sie die vorangegangene Passage noch einmal – sie ist von ganz entscheidender Bedeutung.

Es wäre vermessen zu vermuten, dass es heute einen Anführer oder Organisator auf der Welt gäbe, der fähig wäre, diese drei Mächte dazu zu bringen, auf ein gemeinsames Ziel hin zu arbeiten. Doch ziehen wir einmal eine Methode in Betracht, mit der man durchaus Erfolge erzielen könnte, nämlich die Organisation der Pressemacht.

ORGANISATIONSPLAN FÜR EINE DER DREI FÜHRENDEN MÄCHTE DER WELT

Sie werden nicht viel Fantasie aufbringen müssen, um sich die Einflussmöglichkeiten vorzustellen, die sich ergeben würden, wenn sich fünfhundert Zeitungen zusammenschließen und zusammenarbeiten würden. Sie würden alle von einer zentralen Stelle aus kontrolliert und würden nach einem bestimmten, sinnvoll aufgestellten Plan auf ein gemeinsames Ziel hinarbeiten.

Folgen Sie mir in Ihrer Fantasie, wenn ich eine Skizze entwerfe, die veranschaulicht, welche Macht organisierte Bemühungen haben.

Nehmen wir einmal an, dass wir fünfhundert gut funktionierende Zeitungen haben, einhundert davon sind Tageszeitungen in den hundert größten Städten Amerikas, die anderen vierhundert sind Wochenzeitungen in den vierhundert wichtigsten und am dichtesten besiedelten Bezirkshauptstädten unseres Landes.

Diese fünfhundert Zeitungen stehen unter ein und derselben Leitung, daher verfolgen sie einen einheitlichen Kurs und arbeiten stets harmonisch zusammen. Sie erreichen täglich beziehungsweise wöchentlich etwa fünf Millionen Menschen.

Es muss gar nicht erwähnt werden, dass sich die meisten Menschen davon beeinflussen lassen, was sie in ihrer Lieblingszeitung lesen. Genauso wenig muss erwähnt werden, dass die meisten Menschen Zeitung lesen, ohne das Gelesene zu analysieren und dessen Wahrheitsgehalt in Frage zu stellen.

Sie sehen also zunächst, dass eine einzige führende Kraft in Gestalt eines Zeitungsskonzerns fünf Millionen Menschen beeinflussen kann und sich dadurch eine Zahl von Anhängern schafft, die eine beachtliche Macht verkörpert!

DIE REDAKTIONELLE POLITIK DIESER FÜNFHUNDERT BLÄTTER

Stellen wir uns einmal den Mann, der hinter diesen fünfhundert Zeitungen steht, als einen weisen, gewissenhaften, patriotischen Menschen vor. Durch seine Zeitungen teilt er den Menschen mit, wer George Washington war und wofür er stand. Manche haben das übrigens wirklich vergessen.

Lassen Sie uns ebenfalls annehmen, dass er seinen fünf Millionen täglichen Lesern mitteilt, wofür Abraham Lincoln stand, wer Jefferson und Franklin waren und welches ihre Gesinnung war. Nehmen wir an, dass er den fünf Millionen Lesern Tag für Tag, Woche für Woche die Tatsache einprägt, dass diese Männer selbstlose Staatsmänner waren, die das Wohl der Allgemeinheit über das Wohl des Einzelnen stellten. Dabei opferten sie auch ihre eigenen Interessen zum Wohle der Menschen.

Es liegt natürlich auf der Hand, dass diese fünfhundert Zeitungen, die fünf Millionen Menschen erreichen, eine bedeutende Wirkung im Geist der Amerikaner erzeugen dürften. Im Vergleich dazu kann eine einzelne Zeitung kaum etwas ausrichten.

Nehmen wir einmal an, dass diese fünfhundert Zeitungen im Zuge ihrer gemeinsamen, organisierten Bemühungen jeden Tag einen eindrucksvoll geschriebenen Leitartikel über das amerikanische Nationalgefühl veröffentlichen würden. Er würde in jeder Schule Amerikas und bei fünf Millionen Lesern zu Hause gelesen werden.

Darüber hinaus würden die fünfhundert Zeitungen bei ihrem gemeinsamen Vorhaben, die destruktiven Neigungen der Menschen zu verändern, jeden Tag und jede Woche einen eindrucksvoll geschriebenen Leitartikel enthalten, der sich an alle Kirchenmitglieder richtet. Ganz unabhängig von Religion oder Glaubensrichtung würde dieser Artikel auf den schädlichen Hang zur Intoleranz hinweisen, den sowohl Führer als auch Mitglieder verschiedener christlicher Kirchen an den Tag legen. Dieser Leitartikel würde aufzeigen, wie unsinnig religiöser Wettstreit ist und zu welch erheblichem Machtverlust er beiträgt.

Stellen wir uns nun vor, dass sich ein weiterer Leitartikel in den fünfhundert Zeitungen jeden Tag, beziehungsweise einmal pro Woche, an die breite Masse der gewerkschaftlich organisierten Arbeiterschaft richten würde. Darin würde den arbeitenden Menschen geraten, buchstäblich vor ihrer eigenen Haustür zu kehren und für Ordnung in den eigenen Reihen zu sorgen – ansonsten wäre es nur eine Frage der Zeit, bis das eine Kraft von außen erledigen würde. Der Artikel würde ebenfalls wiederholt auf die allgemein gültige Gesetzmäßigkeit hinweisen, dass man immer nur so viel nehmen sollte wie man gibt – ansonsten muss man mit Konsequenzen rechnen. In dem Text würde auch darauf hingewiesen, dass es der Arbeiterschaft keinesfalls nützt, die gleichen Fehler zu machen, die sie dem Kapital zur Last legt – das würde letzten Endes zu Niederlagen und ins Verderben führen. Man würde in dem Blatt die Vorteile der Goldenen Regel aufzeigen und den arbeitenden Menschen klarmachen, wie günstig es für sie wäre, diese Regel anzuwenden. Denn dadurch würden sie immer dann, wenn sie glauben, man hätte sie ungerecht behandelt, Schlechtes mit Gutem vergelten. Dies dürfte ihnen die Sympathie und Gunst der Öffentlichkeit einbringen, in deren Genuss sie ansonsten nie gekommen wären.

Stellen wir uns nun vor, dass in diesen fünfhundert Zeitungen jeden Tag und jede Woche wiederum ein Leitartikel abgedruckt wäre, der an die Arbeitgeber und an die sogenannten Kapitalisten in Amerika gerichtet ist. Darin würden ihnen die Vorteile genannt, die sie hätten, wenn sie den Arbeitern dabei zuvorkommen würden, sich die Goldene Regel zu Eigen zu machen. Denn der Seite, die die Regel zuerst beherzigen würde, dürfte zweifellos große Ehre zuteil werden. Die Artikelserie würde ferner die Geschichte bis in die Zeiten des alten Roms zurückverfolgen und aufzeigen, dass Machtmissbrauch für diejenigen, die ihn betrieben haben, zweifellos immer ins Chaos und ins Verderben geführt hat.

Nun kommen wir zu dem Teil der redaktionellen Politik, die einigen Leuten wohl eine Menge Spaß bereiten und einige andere unendlich peinlich berühren dürfte. Damit sind die täglich und wöchentlich fünfhundertfach erscheinenden Leitartikel gemeint, die für unsere Senatoren und Abgeordneten in Washington geschrieben werden würden und die ihre Aufmerksamkeit auf die Tatsache lenken würden, dass sie unsere Diener sind und nicht unsere Herren! Sie gehen nach Washington, um dort den Menschen zu dienen, die sie gewählt haben und nicht umgekehrt. Die Artikel machten auch deutlich, dass den Politikern ihre Ämter keinerlei Rechte oder Privilegien persönlicher Art einbrächten, außer dem Recht, den Menschen zu dienen. Demnach sollte die Macht ihrer Ämter weder dafür eingesetzt werden, private Unternehmungen zu fördern, noch persönliche Freunde bevorzugt zu behandeln und schon gar nicht dafür, privates Vermögen anzusammeln. In den Artikeln ginge es auch darum, dass sie nicht das Recht hätten, das Kongressjournal[7] und ihr Post-Privileg[8] einzusetzen, um ihren politischen Interessen Vorschub zu leisten. Auch wenn sie nicht gezwungen wären, täglich die Stechuhr zu drücken, würde von den Parlamentariern, den Zeitungsartikeln zufolge, erwartet, dass sie jeden Tag in Washington zum Dienst erschienen und an jeder Sitzung des Kongresses teilnähmen.

In jeder der fünfhundert Zeitungen gäbe es auch eine Rubrik mit dem Titel *Die persönlichen Tätigkeiten von Senatoren und Abgeordneten*. Darin würde den Lesern jeden Tag und jede Woche über die persönlichen Aktivitäten berichtet, denen Senatoren und Abgeordnete nachgingen, wenn sie sich in Washington aufhielten. In dieser Rubrik würde auch immer in tabellarischer Form aufgeführt, wie jeder Senator und Abgeordnete über die wichtigsten Vorlagen im Kongress abgestimmt hätte. Darüber hinaus würde die Rubrik weitere Informationen über das öffentliche Leben in Washington enthalten, die hilfreich bei der Entscheidung wären, wer wieder in den Kongress gewählt werden sollte und wer nicht.

Als das weltweit größte Redaktionsbüro, das Nachrichten sammelt und verbreitet, könnten es sich die fünfhundert Zeitungen durchaus leisten, ein Büro in Washington zu unterhalten. Es würde eine gut aufgestellte Nachrichtenredaktion sein, die aus einer sachkundigen Belegschaft bestände. In der Redaktion würden genügend unterschiedliche Talente daran arbeiten, alle Tatsachen über das öffentliche Leben in Washington zusammenzutragen. Sie würden jede der fünfhundert Zeitungen mit lückenlosen Berichten über die Tätigkeiten versorgen, denen jeder Abgeordnete und Senator nachginge, wenn er sich in Washington aufhielte.

Wäre ein Abgeordneter oder Senator bei Antritt seines Mandats in Washington ein vergleichsweise armer Mann und blühte dann urplötzlich à la Packard auf, wobei er, zusätzlich zu seinem lebensnotwendigen Bedarf, eine überbordende Fülle an Luxus genösse, dann wäre das ein Fall für die Nachrichtenredaktion. Sie würde sich Fakten über die Quelle seines Reichtums verschaffen und die Menschen im Land korrekt darüber informieren. Solche Berichte könnten natürlich auch den Abgeordneten oder Senator selbst vor beträchtlichen Unannehmlichkeiten und Erklärungen bewahren, denn bei einigen Menschen könnte es zu Missverständnissen hinsichtlich der Quelle eines solch rätselhaften Wohlstandes kommen.

Sollte ein Senator oder Kongressabgeordneter einmal während einer Sitzung des Kongresses seinen Posten verlassen und in eine andere Stadt reisen, würde ein Mitglied dieses hochorganisierten Redaktionsbüros ihn (inkognito) begleiten. Dabei würde der Journalist erfahren, wohin der Abgeordnete führe, wen er träfe und was er an dem Ort wollte (und ob er es erreichte oder nicht). Diese Fakten würden hübsch geordnet, gewichtet und sorgfältig zu Berichten für die fünfhundert Zeitungen zusammengestellt, so dass sie bald im ganzen Land allgemein bekannt werden würden.

Wenn sich eine Handvoll Senatoren zum Mittagessen träfe, um, sagen wir, noch vor den vorgeschriebenen Nominierungskongressen zu entscheiden, wer der nächste Präsident der Vereinigten Staaten werden sollte, dann würde das Redaktionsbüro sofort davon erfahren. Es würde die Information rechtzeitig unters Volk bringen, damit die Menschen beurteilen könnten, wen sie wählen sollten. So bliebe ihnen genug Zeit, sich entweder die Leistungsbilanz des zukünftigen Kandidaten anzusehen oder anderweitig zu prüfen, ob er fähig wäre, diese Aufgabe zu erfüllen.

Nun ja, es wäre von Seiten des Redaktionsbüros schon ein wenig anmaßend, auf diese Weise vorzugehen, doch Sie dürfen nicht vergessen, dass Zeitungsjournalisten schon immer als recht »neugierig« galten. Bedenken Sie auch, dass die Leute solche Dinge gern lesen würden, wenn sie nur wüssten, wie sie sie in Erfahrung bringen können. Es wäre eine Aufgabe der fünfhundert Zeitungen, den Menschen genau dabei zu helfen. Im Gegenzug für diese Dienstleistungen würden die Zeitungen natürlich von den Lesern auch etwas erwarten – sie würden erwarten, eine organisierte, unerschütterliche Anhängerschaft von fünf Millionen Menschen zu haben, die eine wirkliche Macht verkörpert!

Achten Sie auf die Bedeutung des letzten Satzes!

Da die fünfhundert Zeitungen ja fünf Millionen Menschen in verschiedenen amerikanischen Bundesstaaten erreichen, hätten sie nebenbei auch die hervorragende Möglichkeit, festzustellen, wen die Menschen überhaupt gern als Präsidenten der Vereinigten Staaten hätten. Es würde zu den Aufgaben der Zeitungen gehören, den Bewohnern auf dem Lande mitzuteilen, wen die Bewohner der Stadt für den besten Präsidenten hielten, und umgekehrt. Dadurch hätten die Menschen ein zuverlässiges Mittel für die Kommunikation untereinander.

Schließlich würden die Zeitungen die Menschen nebenbei auch mit informativen, gründlich recherchierten Nachrichten aus aller Welt versorgen. Dazu zählen nicht die Scheidungsskandale, Mordprozesse, Raubüberfälle und andere wenig aufschlussreiche Boulevardgeschichten, die man zum Leben wirklich nicht braucht.

So viel zu der Macht, die aus den organisierten Bemühungen von fünfhundert Zeitungen erwachsen könnte. Wir haben die Zeitungen vor allem deswegen als Beispiel beschrieben, damit Sie sich geistig in einen Lebensbereich hineinversetzen können, der erkennen lässt, wie Macht entsteht.

Lassen Sie mich nun auf das Thema kommen, das ich eigentlich im Sinn hatte, als ich anfing, diesen Artikel zu schreiben:

Das Thema, das Ihnen zeigt, wie Sie Ihre eigenen Fähigkeiten in organisierte Form bringen, um auf Ihre eigene Schaffenskraft zugreifen zu können.

Allgemein ausgedrückt gibt es auf der Welt zwei Sorten von Menschen und das müssen wir beachten, bevor wir eine korrekte Sichtweise zum Thema der organisierten Bemühungen einnehmen können. Bei den beiden Sorten von Menschen handelt es sich um Anführer und um solche, die ihnen stets nachfolgen. Die beiden Gruppen sind sehr ungleich aufgeteilt: 95 Prozent der erwachsenen Bevölkerung gehört zu den Menschen, die anderen folgen, und fünf Prozent zu den Anführern.

Der Hauptunterschied zwischen den beiden liegt darin, dass die eine Gruppe sich selbst organisiert hat und gelernt hat, wie sie die Menschen in ihrer Umgebung in organisierte Form bringt. Die andere Gruppe ist *un*organisiert – das betrifft sowohl ihre jeweiligen Mitglieder als auch die Menschengruppe insgesamt.

Sie werden daher feststellen, dass es zwei Arten von Organisation gibt. Die eine betrifft das Individuum und die andere betrifft die Gruppe.

Lassen Sei uns bei dem einzelnen Menschen anfangen und davon ausgehen, dass es sich dabei um Sie handelt.

Sie können sich selbst in einen regelrechten menschlichen Dynamo verwandeln, der Stärke und Führungsqualitäten erzeugt. Dazu müssen Sie nur die folgenden Empfehlungen befolgen und zu dem Zweck anwenden, Ihre eigenen Fähigkeiten in organisierte Form zu bringen. Zuerst einmal müssen Sie die 16 Prinzipien entwickeln und kultivieren, die in der Magischen Leiter zum Erfolg beschrieben sind. Sie müssen ein jedes der 16 Prinzipien verstehen und anwenden; das erste davon lautet: »Ein konkretes Ziel im Leben.«

Während sie die Leiter hinaufsteigen, müssen Sie Selbstvertrauen, Eigeninitiative, Vorstellungskraft, Handlungsbereitschaft, Begeisterung und Selbstkontrolle entwickeln. Dasselbe gilt für die Gewohnheit, mehr und bessere Arbeit zu verrichten als die,

die bezahlt wird, für eine anziehende Persönlichkeit, für die Fähigkeit, präzise zu denken und die Fähigkeit, alle Ihre Bemühungen auf ein einziges Ziel zu konzentrieren, sowie für die Ausdauer. Sie müssen lernen, von all Ihren Fehlschlägen und Fehlern zu profitieren, und jede Lehre, die Sie aus ihnen ziehen, anzunehmen und das Gelernte anzuwenden. Es ist erforderlich, dass Sie stets Toleranz und Mitgefühl an den Tag legen und die Arbeit finden, für die Sie am besten geeignet sind und die Sie am liebsten mögen. Schließlich und endlich müssen Sie die Philosophie der Goldenen Regel zur Grundlage aller Ihrer Beziehungen zu anderen Menschen machen.

Dadurch werden Sie bei der Umwandlung Ihrer individuellen Fähigkeiten in tatsächliche Schaffenskraft den richtigen Weg einschlagen. Gelingt es Ihnen nicht, alle 16 Prinzipien der Magischen Leiter zum Erfolg anzuwenden, die im vorangegangenen Absatz genannt wurden, wird es Ihnen entsprechend an der Kraft fehlen, die aus organisiertem Bemühen entsteht. Haben Sie Ihre Fähigkeiten aber erst einmal gründlich sortiert und disponiert, dann werden Sie bereit sein, aus der überwältigend großen Menge der Menschen hervorzutreten, die anderen nur nachfolgen. Sie werden dann Ihren Platz unter den Anführern einnehmen, auch wenn Sie jetzt noch zu der anderen Gruppe gehören.

Das ist der einzige Weg, auf dem Sie Führungsqualitäten erlangen können!

Wenn Sie Ihre Fähigkeiten nicht gemäß der Formel organisieren, die in der Magischen Leiter zum Erfolg beschrieben wird, dann können Sie sich auch gleich damit abfinden, jemand zu sein, der anderen folgt, also Mitglied der großen Familie derer, die man »lohnabhängig« nennt. Sie werden sich wohl oder übel der Ungerechtigkeit und der Führung anderer unterordnen müssen. Es sei denn, Sie stellen sich selbst als eine kleine Einheit von Schaffenskraft auf, die Sie dazu befähigen wird, sich von der Fremdbestimmung zu lösen und in die Position aufzusteigen, in die Sie im Leben gelangen möchten.

Aus Armut, Kummer, Sorge und Ungerechtigkeit gibt es kein Entrinnen, außer durch organisierte Bemühungen!

Lesen Sie sich den letzten Absatz bitte noch einmal durch. Wenn Sie dann über seine Bedeutung nachdenken, diese verstehen und den Gedanken, der dahinter steckt, in die Tat umsetzen, dann ist Ihr Aufstieg zu den Höhen menschlichen Wirkens nur noch eine Frage von Wochen oder Monaten.

Es mag ungerecht erscheinen, dass es Menschen gibt, die ein vergleichsweise bequemes Leben führen, ohne sich je die Hände schmutzig machen oder sich redlich abmühen zu müssen. Doch ganz gleich wie sich diese scheinbare Ungerechtigkeit darstellt, können Sie ihr nur auf eine Art aus dem Weg gehen: Wenn Sie Ihre Fähigkeiten in organisierte Form bringen, werden Sie genügend Stärke entwickeln, um sich von den Lasten zu befreien, an die Sie zuvor gefesselt waren.

Denken Sie daran, dass ich mich hier nicht etwa in einer Moralpredigt ergehe.

Führungsqualität und individuelle Stärke erwachsen aus organisierten Bemühungen und diese gehen wiederum daraus hervor, dass Sie Ihre eigenen Fähigkeiten in organisierte Form bringen und sie durch konkrete Vorhaben auf ein konkretes Ziel ausrichten.

Wenn Sie dieses Prinzip fest in Ihrem Geist verankern, werden Sie sehen, wie sinnlos es ist, ständig Ihr »unglückliches« Los im Leben zu beklagen. Sie können Ihr »Glück« selbst steuern – dazu müssen Sie nur Ihre Bemühungen in organisierte Form bringen und das Prinzip von Ursache und Wirkung verstehen.

Möchten Sie wissen, warum der eine Mann Millionär wird, wohingegen sein Nachbar, der das moralisch genauso oder womöglich noch mehr verdient hätte, ein armer Schlucker bleibt? Das kann ich Ihnen erklären: Der eine hat die Fähigkeit, seine Bemühungen zu organisieren und sie intelligent auf ein bestimmtes Vorhaben auszurichten, und dem anderen fehlt diese Fähigkeit. Besser gesagt hat der eine seine Fähigkeiten entwickelt und in organisierte Bemühungen umgesetzt, wohingegen der andere das aufgrund von fehlendem Verständnis oder einer lethargischen Lebenseinstellung versäumt hat.

Wenn Sie beginnen, diese Sichtweise auf die Ursache zu übertragen, die für die einen Armut und für die anderen Reichtum erzeugt, dann haben Sie eine der wichtigsten Lektionen im Leben gelernt. Wenn Sie ein hochintelligenter Mensch sind, werden Sie auch verstehen, warum es Unsinn ist, einen anderen Menschen dafür zu hassen oder zu beneiden, dass er sich ein eigenes Haus gebaut hat und Sie keines haben.

Sie werden dann die nötige Weisheit erlangt haben, um Ihre eigenen Fähigkeiten und Bemühungen auf das Ziel auszurichten, sich ebenfalls ein Haus zu bauen. Auf diese Weise können Sie im Leben auch sonst alles erreichen, was Sie sich wünschen, ohne jemals auf die Idee zu kommen, das Haus eines anderen Menschen einreißen oder ihm das wegnehmen zu wollen, was er sich selbst durch organisierte Bemühungen geschaffen hat.

Jemand, der die unumstößliche Wahrheit nicht verstanden hat, dass Schaffenskraft aus organisierten Bemühungen erwächst und dass diese Art Bemühen festlegt, was man erreichen und festhalten kann, der wird niemals das wirkliche Wesen der Wirtschaft begreifen.

Wenn Sie verstehen, worauf ich hier versuche hinzuweisen, dann verstehen Sie auch, dass die Frage, wie der Reichtum der Welt gerecht verteilt werden kann, nichts weiter als eine Frage der Bildung ist.

Sie werden dann auch begreifen – und das ist für Sie noch wichtiger – dass Ihr persönliches Programm im Leben voll und ganz von Ihrer Bildung abhängt. Durch Bildung werden Sie lernen, Ihre Bemühungen in eine sinnvolle Ordnung zu bringen. Wenn Sie einen hohen Bildungsgrad erreichen, dann werden Sie natürlich auch verstehen, dass Sie dadurch in der Verantwortung stehen, Menschen in Ihrer Umgebung bei ihrer Ausbildung zu helfen. Ihnen wird ebenso einleuchten, dass derjenige, der am meisten dazu beiträgt, anderen Menschen zu Bildung zu verhelfen, in Wirklichkeit derjenige mit dem höchsten Bildungsstand der Welt ist. Jedes Mitglied der menschlichen Familie muss lernen, wie es seine Bemühungen auf dieser Erde organisiert und richtig ausrichtet, nämlich zum Wohle und für den Erhalt des menschlichen Geschlechts.

Ich habe nicht vor, den Lesern dieser Zeitschrift vorzuschreiben, wie sie sich verhalten sollen oder welches ihre ethischen Wertmaßstäbe sein sollten. Doch ich gestatte mir die Ehre, diese grundlegende Wahrheit an Sie weiterzugeben. Denn sie bildet die eigentliche Grundlage für alle Leistungen, die ein Mensch auf dieser Welt erbringen kann.

Schon lange bin ich über den Wunsch, die Welt zu verbessern, hinausgewachsen. Ich glaube, dass aus dem richtigen Verständnis dieser höchst wichtigen, fundamentalen Prinzipien, die alle Ergebnisse beeinflussen und kontrollieren, eine dauerhafte Reform erwachsen wird. Und ich glaube, dass Bildung das einzige Mittel zu konstruktiver Reform ist, das uns Menschen zur Verfügung steht. Von daher braucht ein Mensch mit einer vernünftigen Ausbildung eigentlich gar keine Reformen.

Zum Schluss möchte ich noch folgenden Gedanken mit Ihnen teilen:

Wer kann Sie davon abhalten, Ihre eigenen Fähigkeiten gründlich in organisierte Form zu bringen und bei jeder Unternehmung, die Sie beginnen, Ihr Bestes zu geben? Gibt es jemanden, der die Macht hätte, Sie aufzuhalten, wenn Sie einmal entschieden haben, Ihre Fähigkeiten zu organisieren und auf ein bestimmtes Ziel auszurichten? Nehmen wir einmal an, dass Sie zu der großen Menge Menschen gehören, die man »lohnabhängig« nennt, die jeden Tag zu einer bestimmten Zeit an einem bestimmten Ort sein müssen, um genug für ihr Auskommen zu verdienen. Gibt es denn jemanden, der Sie davon abhält, Ihre Fähigkeiten darauf auszurichten, dass Sie sich zumindest einmal einen Tag frei nehmen können?

Beantworten Sie alle diese Fragen! Die Antwort könnte Sie aus der Trostlosigkeit von Armut und Niederlagen geradewegs in das Licht von Erfolg und Fülle hineinführen. Probieren geht über Studieren!

Kapitel 9
DAS SUPERHIRN

Durch organisierte Bemühungen kann man Macht erzeugen. Wenn Sie viel Geld verdienen wollen, müssen Sie sich zunächst vollständigen Zugriff auf das Prinzip der organisierten, gemeinsamen Bemühungen verschaffen.

Vor 14 Jahren hat Andrew Carnegie mir gegenüber eine Aussage gemacht, die ich erst zehn Jahre später wirklich begriffen habe.

Ich habe den großen Stahlmagnaten in einem Zeitungsinterview gefragt, worauf er seinen Erfolg zurückführt. Daraufhin bat er mich, zu erklären, was ich unter dem Begriff *Erfolg* verstehe. Als ich sagte, dass ich damit sein Geld meine, erklärte er: »Nun, wenn Sie wissen möchten, wie ich zu meinem Geld gekommen bin, so habe ich das meiner Belegschaft zu verdanken. Meine Männer haben es für mich verdient. In unserem Geschäft haben wir ein Superhirn. Damit ist aber nicht mein Verstand gemeint, und auch nicht der eines anderen Mitarbeiters, sondern es ist die Gesamtsumme des Sachverstandes, mit dem ich mich umgeben habe. So setzt sich unser Superhirn für die Stahlindustrie aus dem Verstand aller meiner Mitarbeiter zusammen. Ich habe viele Jahre dafür gebraucht, um diese Männer um mich herum zu versammeln, und um dieses Superhirn aufzubauen. Dafür leistet jeder Einzelne einen wichtigen Beitrag. Ich stimme nicht immer und bei allen Themen mit meinen Mitarbeitern überein und sie auch nicht mit mir. Vermutlich mögen einige von uns sich auch persönlich nicht sonderlich gut leiden, doch ich weiß, dass ich diese Männer brauche und sie wissen, dass sie mich dafür brauchen, um unser Superhirn in Gang zu halten. Denn nur mithilfe dieses Hirns können wir in der Stahlindustrie bestehen.«

Noch Jahre später fragte ich mich, was Carnegie wohl mit dem Begriff »Superhirn« gemeint hat. Als ich dann etwas älter wurde, begann ich langsam zu verstehen: Carnegie hatte in diesen wenigen Worten seine ganze Lebensphilosophie erklärt. Er kannte den Wert, den organisierte Bemühungen haben. Ihm war klar, dass jemand, der allein geistige Bemühungen unternimmt, ohne sie mit anderen abzustimmen, nicht viel erreichen kann. Er wusste ebenfalls den hohen Wert der Zusammenarbeit zu schätzen. Seine Belegschaft bestand aus Männern, die nicht immer seiner Meinung waren. Die Menschen, die er beschäftigte, schätzte er nicht in jeder Hinsicht und sie schätzten ihn vermutlich auch nicht uneingeschränkt, doch jedem war klar, dass er den anderen brauchte. Deswegen richteten alle ihre Anstrengungen auf einen bestimmten Zweck und am Schluss profitierten alle davon.

In der Geschichte, wie Carnegie eines der größten Vermögen angesammelt hat, das das Land je gesehen hat, steckt meiner Meinung nach eine große Lehre für jeden von uns. Wäre es nicht möglich, in allen Gesellschaftsschichten genau auf dieselbe Art wie er es tat, organisierte Bemühungen zu unternehmen? Charles M. Schwab ist in die Fußstapfen von Andrew Carnegie getreten. Er hat exakt dieselbe Philosophie angewendet und damit fast ebenso großen Erfolg erzielt wie Carnegie. Kann daher nicht auch jeder andere einfach das Prinzip in jedem sinnvollen Geschäftsfeld anwenden und ähnlichen Erfolg haben?

Welch bemerkenswerte Stärke doch ein Mensch an den Tag legt, der fähig ist, seine Vorurteile abzulegen und mit einer Gruppe von Menschen zusammenzuarbeiten, die bei vielen Themen nicht seiner Meinung sind, ohne dass es zu Reibereien kommt. Wie genial doch jemand ist, der über ausreichend Selbstkontrolle verfügt. Genau wie es damals bei Andrew Carnegie der Fall war und derzeit bei Charles M. Schwab ist, die Seite an Seite mit Männern zusammenarbeiten, die anderen Rassen angehören und andere religiöse Auffassungen haben. Dabei kommt niemals ein Gedanke an Streit oder auch nur das geringste Zeichen von Intoleranz auf.

Ich würde Mr. Schwab eine beachtliche Summe Geld dafür bieten, ein paar Monate bei ihm arbeiten zu dürfen. Dabei würde ich einfach gern das Verfahren untersuchen, mit dem er das Prinzip der organisierten Bemühungen in die Tat umsetzt. Dank dieses Prinzips ist er vom bescheidenen Kutscher an die Spitze eines der größten Wirtschaftszweige Amerikas aufgestiegen und beschäftigt nunmehr Tausende von Menschen.

Macht entsteht durch organisierte Bemühungen. Seinen Anfang nimmt dieser Organisationsprozess stets im Geiste eines bestimmten einzelnen Menschen. Der bringt zunächst seine eigenen geistigen Fähigkeiten in eine systematische Ordnung und fängt dann an, andere Menschen um sich zu versammeln. Die lehrt er, wie sie sich wiederum selbst organisieren und gemeinsam Gruppenarbeit leisten können. Ach, wie schön es doch wäre, ein solches Genie zu sein, das über genügend Selbstkontrolle und Toleranz verfügt, um ganz ohne Selbstsucht oder Hochmut mit anderen auf ein bestimmtes Ziel hinzuarbeiten.

Kapitel 10
EINIGE INTERESSANTE TATSACHEN ZUR ANALYSE DES MENSCHLICHEN CHARAKTERS

Dies ist der erste Artikel in einer Serie zu dem interessanten Thema Charakterstudien. Der Artikel basiert auf Tatsachen, die bei der Analyse von mehr als zehntausend Menschen aus nahezu allen Berufsbereichen und Gesellschaftsschichten gewonnen und klassifiziert wurden.

Vor fünf Jahren kam einmal ein junger Mann in mein Büro und fragte unvermittelt: »Was können Sie für einen Tagedieb tun?«

Der junge Bursche sah auch ganz wie einer aus. Doch sein Akzent ließ sogleich auf seine Schulbildung schließen. Er sprach ein gewandtes, flüssiges Englisch, was mir verriet, dass er nicht durch fehlende Ausbildung in seine missliche Lage geraten war.

Ich händigte ihm den Analysebogen aus, ließ ihn an einem Schreibtisch Platz nehmen und wies ihn an, den Bogen sorgfältig auszufüllen. Dann wendete ich mich meinem nächsten Besucher zu. Normalerweise braucht man etwa dreißig Minuten, um den persönlichen Analysebogen, den ich verwende, sorgfältig auszufüllen.

Doch nach nur 15 Minuten stand der junge Mann mit dem säuberlich ausgefüllten Bogen wieder vor meinem Schreibtisch.

Ich nahm das Blatt entgegen, faltete es, ohne einen Blick darauf zu werfen, zusammen und legte es vor mir auf den Tisch. Dann streckte ich dem jungen Mann die Hand entgegen und sagte: »Ich möchte Ihnen zu Ihrer ungewöhnlichen Konzentrationsfähigkeit gratulieren. Sie sind fähig, sich auf alles, was Sie tun, so lange zu konzentrieren, bis Sie es beendet haben. Ich gratuliere Ihnen ebenfalls zu Ihrer außergewöhnlichen Begeisterungsfähigkeit.

Wenn bei jemandem diese beiden Eigenschaften so gut ausgebildet sind wie bei Ihnen, dann erscheint mir meine Aufgabe, Ihre Situation zu analysieren und Sie auf den Weg zum Erfolg zu bringen, vergleichsweise leicht.«

Der junge Mann errötete und stotterte etwas in der Art, dass ihn das »Glück verlassen« habe und begann, mir zu berichten, warum er es an keinem seiner Arbeitsplätze zu etwas gebracht hatte. Doch ich unterbrach ihn. Denn ich sah den Grund dafür sonnenklar vor Augen, obwohl ich noch keinen Blick auf seinen persönlichen Analysebogen geworfen hatte.

Ich faltete den Bogen auseinander und las seine bescheidene kleine Geschichte: Jeder Abschnitt, jede Zeile und jedes Wort bestätigten das, was ich bereits aus seinen wenigen Bemerkungen herausgehört hatte, die er beim Eintreten in mein Büro gemacht hatte.

Dieser junge Mann ist ein interessanter Fall, weil er charakteristisch für eine Gruppe von Menschen ist, die zu Hunderttausenden durch ein Leben voller Fehlschläge und Niederlagen gehen. Das liegt hauptsächlich an einem einzigen Mangel, der in 999 von tausend Fällen behoben werden kann.

Lassen Sie mich kurz zusammenfassen, was sein persönlicher Analysebogen ans Licht brachte.

Zuallererst enthüllte er, dass dieser junge Mann eine fabelhafte Schulbildung genossen hatte, drei Jahre davon an einer Hochschule sowie bei einem Spezialkurs an einer führenden Universität. Der Bogen ließ ebenfalls erkennen, dass er begabt und von schneller Auffassungsgabe war, präzise analysieren konnte und als Denker weit über dem Durchschnitt lag. Obendrein war seine Persönlichkeit außergewöhnlich attraktiv und er scheute nicht vor Arbeit zurück. Somit brachte er in der Tat alle entscheidenden Charaktereigenschaften für den Erfolg mit, bis auf eine: Selbstvertrauen!

Noch bevor ich mit der Analyse seines Charakters zur Hälfte fertig war, fragte ich ihn: »Wie würden Sie reagieren, wenn man Ihnen eine Anstellung als Schulleiter eines Gymnasiums zu einem Jahresgehalt von 3.000 Dollar anbieten würde. Würden Sie sie annehmen?« Er zögerte, wiegte den Kopf einige Male hin und her und begann dann zu sprechen. Doch ich unterbrach ihn und sagte: »Danke, ich glaube Sie würden sie nicht annehmen.«

Er protestierte und meinte, er habe doch noch gar nicht geantwortet, aber ich bat ihn, ihm mitteilen zu dürfen, dass er sehr wohl schon geantwortet hatte, nämlich durch sein Zögern.

Dann bestand er darauf, seinen Standpunkt mit folgenden Worten darzulegen:

»Nun, es ist so: Wenn ich glauben würde, dass ich mich in dieser Stellung halten könnte, dann würde ich sie sofort annehmen. Doch ich habe noch nie 3.000 Dollar pro Jahr verdient und daher glaube ich kaum, dass ich mich an solch einem Arbeitsplatz behaupten könnte.«

Ich schloss für einen kurzen Augenblick die Augen und blickte zurück in die Vergangenheit. Ich sah mich selbst an der Stelle des jungen Mannes und wusste genau, was er empfand und warum.

Ich brachte meine Analyse zu Ende und legte mir dann einen Plan zurecht, wie ich ihn auf den richtigen Weg zurück bringen konnte.

Der ausgefüllte Fragebogen zeigte mir zwei Anhaltspunkte, an denen ich den jungen Mann zu fassen bekommen würde – nur zwei von zwanzig oder mehr möglichen Schwächen. Doch diese beiden sind die gefährlichsten Schwachpunkte, die jeden durchschnittlichen Menschen an seiner Weiterentwicklung hindern können.

Diese beiden Schwächen waren, wie bereits gesagt, der Mangel an Selbstvertrauen und das Fehlen eines konkreten Zieles im Leben.

Damals beschränkte sich meine Arbeit auf die Aufgabe, dem jungen Mann per Ausschlussverfahren dabei zu helfen, genau die Arbeit zu finden, die am besten zu ihm passte. Es musste eine Arbeit sein, die zu seinem Temperament, seinen körperlichen Voraussetzungen, seiner Ausbildung und zu seinen natürlichen Neigungen passte. Darüber hinaus galt es, ihm zu helfen, das nötige Selbstvertrauen aufzubauen, um in dieser Arbeit erfolgreich sein zu können.

Ich habe dieses Beispiel gewählt, weil es für 75 Prozent aller Fälle steht, die ich gegenwärtig untersuche und für einen ebenso großen Anteil der zehntausend Fälle, die ich in der Vergangenheit analysiert habe.

Wir möchten zwar alles über unseren Charakter erfahren, aber wehe dem, der uns die bittere Wahrheit nicht zu versüßen vermag.

Jeder Verkäufer tut gut daran, zu bedenken, dass niemand kauft, was ein anderer nur »loswerden« will.

Wenn Sie sich jetzt immer noch nicht von Ihren Schwierigkeiten trennen können, dann graben Sie sie doch ein – aber bitte in 1,80 Meter Tiefe unter dem Erdboden und vergessen Sie tunlichst, wo sich die Begräbnisstätte befindet.

DAS VERFAHREN, MIT DEM DER JUNGE MANN AUF DEN WEG ZUM ERFOLG GEBRACHT WURDE

Zuerst machte ich mich daran, herauszufinden, mit welcher Lebensaufgabe der junge Mann den größten Erfolg erzielen könnte. Das kann man in 99 von hundert Fällen recht leicht feststellen.

Durch das Verfahren, mit dem die persönlichen Daten erhoben wurden, kamen nur drei Arbeitsbereiche in Frage. Bei einem handelte es sich um ein Gebiet, auf dem er keinerlei Erfahrung hatte. In den beiden anderen Bereichen hatte er sich schon einmal versucht, allerdings ohne Erfolg.

Ich verwendete denselben Test wie immer bei dieser Art von Fällen und entschied, der junge Mann solle sich auf dem Arbeitsgebiet versuchen, auf dem er keine Erfahrung hatte.

Als ich ihm meine Entscheidung mitteilte, sagte er: »Das ist prima! Ich habe mir schon immer gewünscht, genau diese Arbeit zu machen, doch ich habe nie geglaubt, dass ich es kann.«

Ich war über diese Worte erleichtert, denn sie ersparten mir einen erheblichen Teil der Mühe, die es erfordern würde, ihn auf die Arbeit vorzubereiten, die ich ausgewählt hatte. Denn seine Worte machten mir unmissverständlich klar, dass der junge Mann von sich aus dazu beitragen würde, Selbstvertrauen zu entwickeln. Ich hatte ihm eine Arbeit vorgeschlagen, in die er sich nun mit Leib und Seele stürzen konnte.

An dieser Stelle bietet es sich an, Ihnen eines der interessantesten Dinge mitzuteilen, die ich bei meinen Charakterstudien gelernt habe: Wenn man den Charakter eines Menschen präzise analysiert, seine Eigenschaften klassifiziert und dem Menschen die Arbeit gibt, die er liebt, dann wird er auch Erfolg haben. Ich denke, dass meine Arbeit, die Charaktere von Männern und Frauen zu analysieren und die Berufe zu finden, die am besten zu ihnen passen, mehr als eine rein ökonomische Funktion hat. Denn durch diese Arbeit wird den Menschen auch dabei geholfen, das Schönste zu finden, was das Leben zu bieten hat, nämlich Glück!

Aus rein geschäftlicher Sicht betrachtet bringt mir diese Arbeit keinen Gewinn ein. Sieht man sie aber als Dienst an seinen Mitmenschen an, die ihn benötigen, und stellt fest, welches Glück ihnen dadurch beschert wird, so bringt diese Arbeit Ergebnisse von unschätzbarem Wert.

Die nun folgende Behauptung halte ich für keineswegs gewagt: In 100 Prozent der Fälle, in denen ein Mensch korrekt dabei angeleitet wird, ein konkretes Ziel im Leben zu wählen und zu verfolgen, kann der Erfolg garantiert werden. Das setzt allerdings voraus, dass derjenige sein Ziel verfolgt, indem er einer Arbeit nachgeht, für die er am besten geeignet ist und bei der er ausreichend Selbstvertrauen entwickelt, um sein Ziel so lange zu verfolgen, bis er es erreicht hat.

Mir fällt kein einziger meiner Kunden ein, bei dem sich nicht auf der Stelle zufriedenstellende Ergebnisse gezeigt hätten. Davon ausgenommen ist eine kleine Zahl von Kunden, die einfach kein Selbstvertrauen entwickeln konnten und solche, die sich nicht davon überzeugen ließen, die Arbeit zu wählen, für die sie am besten geeignet sind.

Manchen Menschen fehlt es so stark an Selbstvertrauen und an der Fähigkeit, ihre Aufmerksamkeit voll und ganz auf einen Arbeitsbereich zu konzentrieren, dass sie unmöglich Erfolg haben können.

EINIGE NEGATIVE EIGENSCHAFTEN, DIE MENSCHEN AM ERFOLG HINDERN

Im Rahmen meiner psychologischen Forschungen habe ich mit den Studien des menschlichen Charakters vor mehr als zehn Jahren begonnen. Zu dieser Zeit hatte ich noch keinerlei Absicht, beruflich im Bereich der Charakterstudien zu arbeiten. Doch als ich begann, die weit verbreiteten Schwächen von Tausenden von Menschen zu erfassen und zu klassifizieren, erschlossen sich mir Informationen, die mir sogleich zeigten, welch großartiges Betätigungsfeld die Charakteranalyse darstellt. Denn in diesem Bereich kann man der Menschheit äußerst hilfreiche Dienste erweisen. Übrigens haben die erstaunlichen Ergebnisse dieser Analysen auch in meinem eigenen Leben eine wichtige Rolle gespielt. Sie bildeten auch die Grundlage für die meisten Leitartikel, die ich bisher geschrieben habe.

Eine der bemerkenswertesten Erkenntnisse, die ich aus der Analyse und Klassifizierung der ersten Tausend Fälle gewonnen habe, ist der Umstand, dass die Menschen in 95 Prozent der Fälle kein konkretes Ziel im Leben verfolgen. Niemand, der kein konkretes Ziel hatte, war jemals erfolgreich und nur wenige von ihnen verdienten genug für einen zufriedenstellenden Lebensstandard.

In diesem Zusammenhang stellte sich noch etwas Erstaunliches heraus, nämlich dass die Mehrheit der Menschen, deren Charakter ich untersucht hatte, ihre Schwäche immer gleich selbst erkannte: Beim bloßen Ausfüllen des persönlichen Analysebogens stellten sie nicht nur fest, dass ihnen ein konkretes Ziel fehlte, sondern auch, welch negative Folgen das für ihre persönliche Weiterentwicklung hatte.

Das gilt auch für jene kultivierte Frau mit vornehmem Auftreten und mit einer ausgezeichneten Ausbildung, die einmal zur Beratung zu mir kam. Sie hatte sich anscheinend so lange von einer Beschäftigung zur nächsten treiben lassen, bis sie schließlich als Putzfrau arbeitete. Beim Ausfüllen des persönlichen Analysebogens jubelte sie: »Genau das ist immer das Problem in meinem Leben gewesen!« Sie war bei folgender Aufgabenstellung angelangt: »Wenn Sie ein konkretes Ziel im Leben haben, beschreiben Sie bitte detailliert, wie das Ziel aussieht und wann und wie Sie es erreichen wollen.«

Die Frau sagte, dass diese Frage in ihrem Geist ein ganzes »neues Reservoir an Gedanken« aufgetan habe. Davon war sie so begeistert, dass sie darauf bestand, die Charakteranalyse auf der Stelle abzubrechen. Sie sagte, dass es keinen Sinn habe, fortzufahren, denn sie hätte ihre Schwäche erkannt, werde sie auf der Stelle beheben und mich später wieder aufsuchen.

Sie ging und ich hörte fast ein Jahr nichts von ihr. Eines Tages erhielt ich ein Päckchen, in dem sie mir einige Arbeitsproben schickte. Sie schrieb inzwischen Werbetexte für Spezialartikel und an den Arbeitsproben konnte man sofort sehen, dass sie den richtigen Beruf gewählt hatte. Heute arbeitet sie bei einer der größten Werbeagenturen des Landes. Ich weiß nicht, wie viel sie verdient, doch sie hat mir mitgeteilt, dass sie sich mit den Ersparnissen aus ihrer Arbeit bald ein Haus kaufen wird.

Das Beste war aber folgende Bemerkung, die sie hinzufügte: »Und ich bin glücklicher, als ich es je für möglich gehalten hätte. Ich habe meinen Platz in der Welt gefunden und meine Arbeit erscheint mir überhaupt nicht wie Arbeit – sie ist ein Spiel und ich liebe es.«

»Und ich liebe es« – diese Worte sagen alles.

Doch nicht alle Fälle, in denen eine Hauptaufgabe im Leben gefunden werden soll, lassen sich so leicht handhaben wie bei dieser Frau. Denn die meisten Menschen haben sich bereits so lange treiben lassen, dass sie keine Hoffnung mehr haben, noch die Arbeit zu finden, für die sich am besten eignen, die sie lieben und die sie dann ausschließlich tun würden. Obendrein haben sie das nötige Selbstvertrauen, um einer solchen Arbeit nachzugehen, entweder verloren oder noch nie besessen.

Eine weitere negative Eigenschaft, die meiner Meinung nach fast allen im Weg steht, deren Charakter ich analysiert habe, ist fehlende Eigeninitiative. Sie haben weder begriffen, dass es wichtig ist, mehr zu leisten als das, was von ihnen gefordert wird, noch haben sie sich jemals für Aufgaben mit mehr Verantwortung zur Verfügung gestellt.

Der persönliche Analysebogen, den ich verwende, ist so aufgebaut, dass er sofort offenbart, ob ein Mensch über Selbstkontrolle verfügt oder nicht. Den meisten Menschen, die ich untersucht habe, fehlt es daran. Sie lassen es zu, von ihren Gefühlen und Leidenschaften genauso hin- und hergetrieben zu werden, wie ein Grashalm im Wind.

Unter den ersten Tausend Menschen, die ich analysiert habe, war nur ein einziger, der über genügend Selbstkontrolle verfügte, um trotz aller widrigen Umstände, die täglich auftreten können, an einem Arbeitsplatz durchzuhalten und nicht zu kündigen.

Dieser Mann bekleidet heute übrigens eine der bedeutendsten Positionen in einem der großen Stahlunternehmen. Zu der Zeit als seine Charakteranalyse entstand, arbeitete er bei demselben Unternehmen – als Arbeiter im Hüttenwerk.

Das Fehlen von Selbstkontrolle steht dem Erfolg vor allem deshalb im Weg, weil ein Mensch, der sich nicht unter Kontrolle hat, »zurückschlägt«, wenn ihn jemand kränkt. Solch ein Mensch gerät über jedes Hindernis, das sich ihm in den Weg stellt, in Wut und er macht Bemerkungen, durch die er sich die Feindschaft seiner Kollegen und Arbeitgeber zuzieht, oder des Gemeinwesens, dem er dient. So schafft er sich stets neue Feinde und das macht es ihm letztlich unmöglich, Erfolg zu haben.

In einer Stellung, in der es darauf ankommt, auf andere Menschen anziehend zu wirken und gemocht zu werden, kann man niemanden gebrauchen, der keine Selbstkontrolle hat. Selbst wenn jemand über jede erforderliche fachliche Qualität verfügt, die für den Erfolg in einem bestimmten Beruf entscheidend ist, jedoch nicht sein Temperament zügeln und Selbstkontrolle ausüben kann, dann ist er letzten Endes zum Scheitern verurteilt. Das ist keine bloße Vermutung oder Moralpredigt. Ich gebe Ihnen genau das weiter, was meine Tests und sorgfältigen Analysen ergeben haben. Genau genommen ist dieser Artikel vor allem deshalb wertvoll, weil er auf authentischen Tatsachen beruht, die aus präziser wissenschaftlicher Analyse und der Klassifizierung von mehr als zehntausend Fällen gewonnen wurden.

Ein weiteres unangenehmes und wenig konstruktives Verhalten von Menschen ohne ausreichende Selbstkontrolle besteht darin, dass sie ihre Mitmenschen verleumden. Mehr noch als alles andere hat mich meine Arbeit an den Persönlichkeitsanalysen dazu gebracht, meine Zunge im Zaum zu halten. Denn diese Arbeit hat mir gezeigt, welches Schicksal jenen droht, die nicht aufhören können, schlecht über andere zu reden, aus welchem Grund auch immer.

Genauso wenig wie ich einen Leprakranken mit der Hand berühren würde, würde ich die Leiche aus dem Keller der Familie eines anderen Menschen zerren oder ihn anderweitig mit oder ohne Grund verleumden. Denn in dem einen Fall wäre mir der körperliche Tod gewiss, in den anderen Fällen ein noch schrecklicherer, nämlich der moralische Tod!

Eine weitere erstaunliche Entdeckung war für mich die bei vielen Menschen verbreitete Tendenz, andere zu hassen, weil sie unterschiedliche religiöse und politische Auffassungen haben, unterschiedlichen Rassen angehören usw. In fast allen Fällen, die ich untersucht habe, fiel auf, dass es der betreffenden Person an Toleranz mangelte. Das trug stark dazu bei, dass derjenige weiterhin sein armseliges, beschränktes, erfolgloses Leben führen musste.

DIE WICHTIGSTEN LEHREN AUS DEN CHARAKTERSTUDIEN

Die wohl größte Wahrheit, die sich mir bei den Persönlichkeitsanalysen erschloss, war der Umstand, dass die meisten meiner Kunden nicht das Prinzip entdeckt hatten, das hinter der Praxis steht, mehr und bessere Arbeit zu leisten als die, die tatsächlich bezahlt wird.

Der Leiter einer Schule für Fernunterricht beauftragte mich damit, seine Mitarbeiter zu analysieren. Die Informationen, die ich ihm zu der weit verbreiteten Schwäche bei Menschen gegeben habe, so wenig wie möglich zu leisten und so viel wie möglich dafür zu verlangen, haben ihn stark beeindruckt. Er bestellte mich in sein Büro und sagte, dass sich nicht nur die Angestellten seiner Organisation diese Schwäche zuschulden kommen lassen hatten, sondern seine Schule als solche. Aufgrund all dieser Informationen werde er sein gesamtes Ausbildungssystem umstellen und seinen Schülern mehr und bessere Leistungen bieten als die, für die sie zahlten. Er wollte aber noch weitergehen und diesen Gedanken seinen Schülern in speziell dafür entworfenen Unterrichtsstunden vermitteln, damit auch sie diese Art von Leistungen erbringen würden.

Unter den zehntausend Männern und Frauen, deren Charaktere ich untersucht habe, entdeckte ich keinen einzigen, der dadurch Erfolg hatte, dass er weniger Leistungen erbrachte und eine schlechtere Qualität lieferte als die, die vertraglich vereinbart waren.

Einmal analysierte ich einen jungen Mann, der als Stenograph in der Verwaltung der Eisenbahngesellschaft von Pennsylvania arbeitete. Seine Analyseergebnisse waren vortrefflich, bis auf eine Ausnahme. Er sagte:»Nein, ich glaube nicht, dass es sinnvoll ist, mehr und bessere Leistungen zu erbringen als die, die bezahlt werden, weil meine Erfahrung bei der Eisenbahngesellschaft mich gelehrt hat, dass sich das nicht auszahlt. Wenn ein Angestellter seine Arbeit gut macht, lassen sie ihn in derselben Position weiterarbeiten, bis er alt und grau ist.«

Ich habe diesen jungen Mann noch nicht persönlich kennen gelernt, doch auf den Fotos, die er mir zusammen mit seinem persönlichen Analysebogen schickte, sah ich einen prächtigen Burschen mit einer breiten, flächigen Stirn und einem ungewöhnlich stark ausgeprägten Kinn – er wirkte wie jemand, der ordentlich zupacken und sehr energisch und durchsetzungsfähig sein kann.

Statt ihm meine schriftliche Analyse zu schicken, wie ich es ansonsten bei auswärtigen Fällen tat, schrieb ich dem jungen Mann und bat ihn, mich persönlich in Chicago aufzusuchen. An einem Sonntagmorgen kam er zu mir nach Hause.

Ich bot ihm einen bequemen Platz in der Bibliothek an und sagte zu ihm:

»Ich habe Sie den ganzen Weg von Pittsburgh hierher kommen lassen, um Ihnen diese kleine Geschichte zu erzählen, von der ich hoffe, dass sie Ihnen mehr wert sein wird als alles andere, was bisher in Ihrem Leben geschehen ist.« Sein Gesicht erhellte sich und seine Augen strahlten voller Erwartung, als ich begann:

»Ich kannte einmal einen jungen Mann, der im Kohlebergwerk arbeitete. Er war dort Wasserträger. Nachdem er seine Runden mit dem Wassereimer beendet hatte, ging er zur Abladestelle hinüber und half den Wagenführern. Während sie die vollen Wagen entluden, spannte er die Maultiere wieder vor leere Wagen, damit sie sie zurück in die Grube ziehen konnten.

Eines Tages kam der Direktor des Unternehmens vorbei, dem die Kohlemine gehörte, erblickte den jungen Burschen und fragte ihn, wer ihm denn wohl die Arbeit eines Wagenführers gegeben hätte. Der Bursche antwortete: ›Niemand hat sie mir gegeben – ich habe sie einfach übernommen, um etwas zu tun zu haben, wenn ich gerade kein Wasser trage.‹

Dann fragte er den Jungen, wie viel er denn wohl für seine Zusatzarbeit bekäme und der sagte: ›Gar nichts, ich mache das zum Vergnügen!‹«

Ich fuhr an den jungen Mann gewandt fort: »Es mag für Sie von Interesse sein, dass der Direktor des Kohle-Unternehmens den Jungen aus den Minen herausholte und ihm einen Arbeitsplatz im Büro gab. Er sorgte auch dafür, dass der Junge zur Abendschule gehen konnte. Heute ist der junge Mann in jedem englischsprachigen Land der Welt als einer der führenden Männer seiner Branche bekannt – und zwar nur, weil er bereit war, mehr zu leisten als das, wofür er bezahlt wurde.«

Der junge Mann schlug die Augen nieder. Er dachte einige Sekunden nach, schaute lächelnd wieder auf und sagte: »Ich verstehe Ihre Anregung! Ich werde zurück nach Pittsburgh fahren und Gebrauch davon machen.«

Dieser junge Mann hat heute eine der verantwortungsvollsten Positionen in einem der großen Verpackungsunternehmen des Landes inne. Nachdem er zu dem Schluss gekommen war, dass ihm das Eisenbahngeschäft nur begrenzte Möglichkeiten bot, gewohnheitsmäßig mehr und bessere Arbeit zu leisten als die, die bezahlt wurde, wechselte er den Arbeitsplatz. Er ging zu einer Firma, in der solche Leistungen seiner Meinung nach eher anerkannt werden würden. Er stieg schnell auf. Seinen Erfolg schreibt er voll und ganz diesem einen Wendepunkt in seinem Leben zu.

Charakterstudien sind die interessanteste Arbeit der Welt. Sie fördern die besten Seiten eines Menschen zutage und zeigen klar auf, welche Eigenschaften nachteilig sind und welche aufbauend wirken.

Dabei betreffen sie eines der interessantesten Studienfelder der Welt – die Studie des Menschen!

Nachdem ich die Charaktere von einigen Tausend Männern und Frauen analysiert hatte, lernte ich, bei Menschen allein von ihrer äußeren Erscheinung, etwa von Falten in ihrem Gesicht usw., bestimmte Verhaltensmuster abzulesen. Bevor ich mich mit ihren Analysebögen befasste, achtete ich immer erst einmal darauf.

Sehen Sie an folgendem Beispiel, welche Merkmale Auskunft über das Verhalten eines Menschen geben:

Einmal habe ich einen Mann analysiert, dem ich seine Hauptschwäche schon ansehen konnte, bevor er überhaupt in meinem Büro Platz genommen und mehr als ein Dutzend Worte gesprochen hatte. Als er sich vorstellte, sagte er in leisem, sich rechtfertigendem Ton: »Entschuldigen Sie bitte die Störung, doch ich würde gern wissen, ob Sie mir sagen könnten, warum ich bei meiner Arbeit nicht vorankomme.«

Ich schaute auf und sah mir den Mann an. Er stand mit seiner Mütze in den Händen vor mir und sein Gesichtsausdruck zeigte deutlich, dass ihm Tatkraft und Selbstvertrauen fehlten. Er hatte sich sogar dafür entschuldigt, in mein Büro gekommen zu sein. Es erforderte keine sonderlich tiefgehende Analyse, um zu erkennen, dass jeder, der wollte, über diesen Menschen bestimmen und ihn zu seinem eigenen Vorteil ausnutzen konnte.

Als er sich setzte, beantwortete ich seine Frage: »Ja, ich kann Ihnen einen Grund nennen, aus dem Sie nicht vorankommen: Sie lassen sich von anderen Menschen ausnutzen.«

Prompt fragte er: »Hat meine Frau Ihnen etwas über mich erzählt?«

Ich sagte ihm, dass ich seine Frau noch nie gesehen hatte und noch nicht einmal ihren Namen kannte. Stattdessen erklärte ich, dass ich seine Frage ganz einfach anhand dessen beantwortet hatte, was in seinem Gesicht geschrieben stand, sowie anhand seiner Fragen, seines Tonfalls und seines allgemeinen Auftretens. Das alles hatte mir klar gezeigt, dass er es Menschen, die es darauf anlegten, erlauben würde, ihn auszunutzen.

Er räumte ein, dass ich gut »geraten« hätte.

Doch ich hatte nicht geraten. Es gibt bestimmte Eigenschaften, die sich so deutlich vom Gesicht eines Menschen, seiner Stimme und seiner Körperhaltung ablesen lassen, dass jeder der möchte, sie sehen und analysieren kann.

Die Empfehlungen, die ich bei der Charakteranalyse abgebe, richten sich hauptsächlich nach dem Gesetz von Ursache und Wirkung. Ich kenne die Hauptursachen für Niederlagen und ich weiß, wie man sie durch wünschenswertere Ursachen ersetzen kann, die Erfolg garantieren.

Es ist vergleichsweise einfach, eine Analyse durchzuführen und festzustellen, welche negativen Faktoren einem Menschen im Einzelnen im Weg stehen. Wenn man das herausarbeitet und die negativen Ursachen durch positive ersetzt, dann werden sich zwangsläufig auch die Ergebnisse von Niederlagen in Erfolge verwandeln.

Darüber hinaus habe ich bei meinen Charakteranalysen entdeckt, dass in den meisten Fällen nur eine ganz leichte Veränderung erforderlich ist, um Niederlagen in Erfolge umzuwandeln.

Es gibt keine zwei Fälle, die auf genau dieselbe Art gehandhabt werden können. Doch meistens ist es erforderlich, eine mehr oder weniger spektakuläre Methode anzuwenden, mit der man einen Menschen erst einmal kräftig wachrüttelt, um ihn aus seiner negativen Gewohnheit, die seinem Erfolg im Wege steht, buchstäblich heraus zu »katapultieren«.

Es reicht selten, jemandem bloß mitzuteilen, welche Fehler er macht und wie er sie korrigieren kann. Man muss entweder eine vielsagende Parallele ziehen, auf einen anderen Fall hinweisen oder Veranschaulichungen machen, um einen Menschen auf seine eigenen Schwächen hinzuweisen. Denn die erkennt er immer leichter, wenn man sie ihm bei anderen aufzeigt. Das liegt einfach daran, dass sich die meisten von uns weigern, ihren eigenen Charaktereigenschaften ins Auge zu sehen, es sei denn, es handelt sich um gute.

Ich habe mir auf lange Sicht gewiss einige und auf kurze Sicht noch viel mehr Feinde geschaffen, indem ich Männern und Frauen, deren Charaktere ich analysiert habe, meine Ergebnisse ganz offen mitgeteilt habe. Das bringt mich darauf, noch eine Einsicht in die menschliche Natur zu schildern, die ich dadurch erlangte: Fast jeder von uns mag es zwar, wenn man ihn lobt, doch die Wahrheit über die eigene Person hören wir oft gar nicht gern – erst recht nicht, wenn sie nicht unsere Eitelkeit anspricht.

Einmal kam ein Mann zu mir, der seinen Beruf wechseln wollte, um seiner Frau damit einen Gefallen zu tun. Er war Tischler und hatte seit zehn Jahren in dem Beruf gearbeitet. Er kam gut zurecht und hatte genug Geld angespart, um sich ein eigenes Haus zu bauen. Doch seine Frau war der Meinung, dass die Tischlerei nicht die richtige Arbeit für ihn war und drängte ihn, etwas zu machen, das »in höherem Ansehen« stünde.

Die Untersuchung seines Charakters ergab, dass er sehr wohl die Arbeit tat, die für ihn am besten geeignet war – mit der einzigen Erweiterung, dass sich für ihn auch ein Einstieg ins Baugeschäft lohnen würde, um mehr zu verdienen. Dabei könnte er weiterhin seine jahrelange Erfahrung nutzen, ohne ganz und gar die Branche zu wechseln.

Bei meiner Analyse sprach ich recht deutlich über Frauen, die ihre Männer um des Ansehens willen dazu drängen, die Arbeit aufzugeben, von der sie bis dahin gut gelebt haben, und sich ohne Vorbereitung in eine Aufgabe zu stürzen, in der sie keine Erfahrung haben und die nicht ihren Wünschen entspricht. Meine Offenheit machte ihn wütend. Er ging und ich hörte mehrere Wochen lang nichts von ihm. Eines Nachmittags suchte seine Frau mich dann auf. Sie berichtete, dass er nach Hause gekommen wäre und Wort für Wort alles wiedergegeben hätte, was ich ihm gesagt hatte. Zuerst wäre sie verärgert gewesen, doch als sie sich beruhigt und darüber nachgedacht hatte, hätte sie verstanden, warum ich diese Empfehlung ausgesprochen hatte. Dann hätte auch sie ihren Ehemann dazu gedrängt, weiter in seinem Beruf zu bleiben, jedoch einmal eine kleine Vertragsarbeit im Baubereich zu übernehmen, um zu sehen, was dabei heraus käme.

Soeben hatte er seinen ersten Vertrag erfüllt und das Ergebnis hatte seine Frau in mein Büro geführt: Er hatte mit dieser Arbeit etwas mehr als 1.100 Dollar Gewinn erzielt und war mit einem namhaften Bauunternehmer ins Geschäft gekommen, der einen florierenden Betrieb hatte. Beide waren glücklich und alles war gut.

Es gibt aber auch Menschen, die nicht noch einmal in mein Büro zurückgekommen sind. Vielleicht hat ihnen meine Offenheit geholfen, vielleicht auch nicht. Ich glaube jedenfalls, dass sich jeder Mensch, der beschließt, seinen Beruf zu wechseln oder mit seiner Lebensaufgabe zu beginnen, zuerst die Wahrheit anhören sollte, auch wenn das wehtut.

Der Mensch verbringt sechs von sieben Wochentagen bei der Arbeit. Wenn ihm diese Arbeit Glück und Erfolg bringt, ist alles gut. Geschieht das jedoch nicht, hat der Mensch sechs Siebtel seiner Lebenszeit verschwendet.

Ich hoffe, dass bald die Zeit gekommen ist, in der jede öffentliche Schule den Charakter jedes ihrer Schüler sorgfältig erfasst und analysiert und am Ende der Schulzeit eine Empfehlung ausspricht, welchen Beruf er vorzugsweise ergreifen sollte. Ich glaube, es wird eine Zeit kommen, in der diese Einstufungsmethode stark gefordert und deshalb auch angeboten werden wird.

Aufgrund des geringen Lebensalters der Kinder und Jugendlichen wären die Charakteranalysen womöglich nicht hundertprozentig genau. Doch sie würden als Grundlage dienen, um dann präzise Analysen ausarbeiten zu können, wenn die Betreffenden schon lange genug gearbeitet haben, um zu wissen, wo ihre natürlichen Interessen und Stärken liegen.

Mit dem einfachen System, das ich bei meinen Charakteranalysen und Persönlichkeitstests zugrunde gelegt habe, garantiere ich jedem, der sich analysieren lässt und meinen Empfehlungen folgt, ein vernünftiges Maß an Erfolg. Voraussetzung dafür ist, dass der Mensch vom Alter her reif genug ist und bereits die Gelegenheit hatte, genügend Arbeitserfahrung zu sammeln, um festzustellen, wo seine Fähigkeiten liegen.

Kapitel 11
ERFOLG

Die meisten wünschen sich Erfolg ohne die üblichen Härten, die damit einhergehen. Wir möchten ihn am liebsten mit so wenig Aufwand wie möglich erlangen.

Wäre es nicht sinnvoll, einmal zu definieren, was wir überhaupt unter Erfolg verstehen, eine Beschreibung dazu auszuformulieren, die wir dann auf die Liste der Ziele setzen können, die wir im kommenden Jahr erreichen wollen?

Ich kenne Ihre Definition von Erfolg nicht und werde Ihnen deswegen an dieser Stelle meine nennen, die folgendermaßen lautet:

Erfolg ist die Summe aller Handlungen und Gedanken, die durch ihre positive und konstruktive Natur den meisten Menschen, mit denen wir zu tun haben, Glück bringen und sie zuversichtlich machen. Das gilt sowohl für Menschen, mit denen wir bereits in Kontakt getreten sind als auch für die, mit denen wir nächstes Jahr zu tun bekommen werden.

Wenn Sie Zuversicht und Sonnenschein in das Leben der Menschen bringen, mit denen Sie in Verbindung stehen, ist es unmöglich, dabei keinen Erfolg zu erleben. Genauso unmöglich ist es, Erfolg zu erzielen, wenn man Elend, Verzweiflung und Unglück über andere bringt.

Wenn Sie andere Menschen zum Lächeln bringen, sobald Sie in der Nähe sind; wenn Sie diese gewisse erfüllende, anregende und dynamische Persönlichkeit haben, die Menschen in Ihrer Gegenwart froh macht; wenn Sie an das Schöne im Leben denken, davon sprechen und andere dazu animieren, das auch zu tun; wenn Sie Zynismus, Hass, Angst und Verzweiflung aus Ihrem eigenen Charakter verbannt haben und an deren Stelle eine gesunde Liebe für die ganze Menschheit gesetzt haben, dann werden Sie ganz gewiss erfolgreich sein!

Geld ist kein Beleg für Erfolg. Es kann sogar eher ein Beweis für das Scheitern eines Menschen sein – nämlich dann, wenn alle Handlungen, durch die er zu dem Geld gekommen ist, nicht von gutem Willen und Glück getragen wurden.

Mehr noch als alles Geld der Welt schätze ich das Vergnügen, die prickelnde Freude, das Glück und die Zufriedenheit, die mir im vergangenen Jahr zuteil wurde, als ich die Gelegenheit hatte, meinen Mitmenschen mithilfe der Seiten dieser Zeitschrift zu dienen.

Kann man ein solches Vergnügen mit Geld bezahlen?

Nein! Und noch tausendmal nein! Vergnügen entsteht dann, wenn man etwas gibt und nicht, wenn man sich etwas nimmt! Manche Menschen scheinen diese Lektion nie zu lernen, doch aus ihr spricht die Wahrheit.

Die Straße zu dem, was wir Erfolg nennen, führt einen einzigen Weg entlang, nämlich direkt durch das große Betätigungsfeld der Dienste an unseren Mitmenschen. Auf jeder Straße, die woanders entlangführt, kann man unmöglich Erfolg erreichen.

In diesem Jahr möchte ich mich gern noch glücklicher fühlen als im vergangenen Jahr. Das will ich nicht erreichen, indem ich mir weitere weltliche Güter anschaffe – die mir zwar auch von Vorteil wären – vielmehr möchte ich mit dieser Zeitschrift noch mehr Menschen dienen als bisher. Ich habe auch vor, meine nächsten Angehörigen und persönlichen Freunde glücklich zu machen.

Größere Erfolge erzielen wir nur auf diese Weise – oder gar nicht!

Ich möchte niemandem empfehlen, sein Streben nach Geld als einen Weg, um Glück und Erfolg zu erlangen, aufzugeben. Doch ich rate jedem dringend, sich beim Streben nach Erfolg nicht ausschließlich von der Macht des Geldes abhängig zu machen.

Noch nie habe ich so viel Geld besessen, dass ich auf die Idee kam, meine Arbeit und damit meine Dienste an anderen aufzugeben. Doch ich kenne einige Menschen, die das probiert haben – das Ergebnis war nicht gerade das, was ich als Erfolg bezeichnen würde.

EINE ANREGUNG AN ALLE MÄNNER, DIE DAS EVANGELIUM PREDIGEN

Liebe Kirchenmänner, welch eine wunderbare Sache ist doch die Vorstellungskraft!

Sie war es, die Kolumbus dazu gebracht hat, die Segel zu setzen, um ein Meer zu befahren, das noch auf keiner Karte verzeichnet war und damit auf eine der gefährlichsten Seereisen aller Zeiten zu gehen.

Es war auch die Vorstellungskraft, die Thomas Jefferson dazu befähigt hat, eines der lobenswertesten Dokumente zu verfassen, die jemals zu Papier gebracht wurden – die Unabhängigkeitserklärung.

Die Vorstellungskraft hat ebenfalls das Lebenswerk von Abraham Lincoln und George Washington unsterblich gemacht.

Auch das Auto, das Flugzeug, der Mähdrescher, die Röntgenstrahlen, die Druckerpresse, die Schreibmaschine, die Lokomotive und alle anderen Geräte aus der Welt der Technik, die dem Menschen dienen, wurden durch Vorstellungskraft geschaffen.

Sie war es auch die Benjamin Franklin dazu gebracht hat, seinen Drachen in die Wolken hinauf steigen zu lassen und festzustellen, dass ein Blitz nichts weiter ist als Elektrizität – eine großartige Kraft, die sich der Mensch zunutze machen kann, anstatt sie als die Macht Gottes anzusehen, mit der er die Ungläubigen für ihre Sünden straft.

Alles, was der Mensch in der materiellen Welt geschaffen hat, jede Maschine, die er gebaut, jedes Haus, das er errichtet, jedes

Buch, das er geschrieben hat, ist zunächst in seinem Geist entstanden, und zwar durch Vorstellungskraft.

Meine Herren, Sie haben die wunderbare Gelegenheit, von Ihrer Vorstellungskraft Gebrauch zu machen!

Sie stehen an der Schwelle, an der ein neues Zeitalter des menschlichen Fortschritts heraufdämmert. Der grausame Krieg, der gerade beendet wurde, markiert einen Wendepunkt in der Geschichte der Menschheit. Inmitten all dieser Wirren, der Not und des Chaos ist es jetzt an der Zeit, die Herzen der Menschen zu erreichen und die verirrten Schäfchen zurück zu ihrem Hirten zu führen.

Noch nie gab es eine Zeit, in der die Kirche mehr für die Welt tun konnte, als heute. Denn es herrscht Unordnung auf der Welt und die Menschen harren in Ungewissheit, weil sie nicht wissen, in welche Richtung sie sich wenden und wem sie folgen sollen.

Hier kommt Ihre Vorstellungskraft ins Spiel! Und wenn Sie von dieser wunderbaren Sache effektiv Gebrauch machen, dann werden Sie zweifellos erkennen, was die Welt gerade jetzt braucht: Sie braucht eine praktische, weltliche und menschliche Art von Religion – eine Religion, die dem Menschen an seiner Werkbank, im Geschäft, im Büro, an sechs Tagen der Woche von Nutzen sein kann.

Wenn Sie die Seelen der Menschen retten wollen, könnte es da nicht ein Schritt in die richtige Richtung sein, ihnen zunächst einmal dabei zu helfen, hier auf der Erde in ihrem beruflichen und privaten Alltag miteinander zurechtzukommen?

In dieser Zeit des Umbruchs scheinen die Menschen wie verrückt in dem Verlangen, sich gegenseitig etwas wegzunehmen. Die Geisteshaltung, sich einfach etwas zu *nehmen*, ohne dafür einen angemessenen Gegenwert in Form von Gütern oder Leistungen zu *geben*, war noch nie so weit verbreitet wie heute.

Arbeitgeber und Arbeiter gehen sich gegenseitig an die Kehle, als ob sie wilde Tiere im Dschungel wären und nicht etwa zivilisierte Menschen.

Sie wollen sich ihr »Pfund Fleisch« abschneiden, ohne an die Lebenskraft zu denken, die das Fleisch dadurch verliert.

Meine Herren Geistliche, Sie haben starken Einfluss auf Ihre Anhänger und wenn Sie Ihre Vorstellungskraft einsetzen, können Sie auch bei manchen, die heute noch nicht dazu zählen, kräftig an Einfluss gewinnen. Dazu müssten Sie allerdings den Mut aufbringen, Ihre Gewohnheiten aufzugeben, Ihre Traditionen weniger stark zu beachten und mit der Unruhe auf der Welt auf eine *weltliche*, praktische Art umgehen.

Sie können das durchaus, meine Herren!

Alle Hoffnung der Welt ruht seit jeher auf der Kirche. Sie ist das Stück Treibholz in der rauen See menschlicher Konflikte, nach dem die Menschen in der Hoffnung auf Rettung die Hände ausstrecken. Doch vergessen Sie nicht, meine Herren, dass man in ungewöhnlichen Zeiten wie diesen zu ungewöhnlichen Maßnahmen greifen muss.

Das Wichtigste, was die Welt heute braucht, ist Eintracht unter den Menschen! Aus Eintracht wird wohlwollende Zusammenarbeit erwachsen. Der richtige Ort, um diesen Geist der Eintracht zu erwecken, ist das Herz eines jeden Menschen. Steigen Sie auf Ihre Kanzeln, meine Herren, und sagen Sie Ihren Händlern, Rechtsanwälten, Ärzten, Mechanikern und Arbeitern und auch allen anderen Arbeitern auf der Welt, dass alle jeden Tag bei ihren Alltagsgeschäften miteinander zurechtkommen müssen!

Ungeachtet Ihrer Theologie haben Sie eine Pflicht, der sie jetzt nachkommen müssen – die Pflicht, Ihren Anhängern dabei zu helfen, den Geist der Habgier zu überwinden, in den sie während des Weltkrieges verfallen sind.

Wenn Sie, meine Herren, nicht all die Jahrhunderte Ihre Arbeit erfolgreich geleistet hätten, würden die Menschen wohl noch heute in Höhlen leben, sich von rohem Fleisch ernähren und sich wie Tiere verhalten.

Sie haben beständig die spirituelle Seite der Menschheit entwickelt und zu ihrem Seelenheil beigetragen. Doch wäre es nicht auch möglich, die spirituelle Seite eines Menschen über seine materiellen Bedürfnisse anzusprechen?

Machen Sie Ihre Anhänger darauf aufmerksam, wie unsinnig es aus wirtschaftlicher Sicht ist, zu nehmen, ohne dafür etwas zu geben!

Machen Sie ihnen klar, was es praktisch bedeutet, die Philosophie der Goldenen Regel anzuwenden. »Das, was der Mensch sät, das wird er ernten« – zeigen Sie ihnen, dass dieser Satz im wahrsten Sinne des Wortes auf ihre geschäftlichen und auf alle ihre anderen menschlichen Beziehungen zutrifft.

Meine Herren Geistlichen, die gute Gelegenheit klopft bereits an Ihre Haustür! Sie wünscht sich, von Ihnen hineingebeten und in die Arme geschlossen zu werden – danach scheint sie sich heute inständiger zu sehnen, als je zuvor.

In all der Ungewissheit, dem Umbruch und dem Aufruhr, die heute herrschen, können Sie die Herzen von Menschen erreichen, die Ihrem Ruf früher kein Gehör geschenkt hätten.

Die Kirche hat der Welt Seelenrettung gebracht und jetzt möchte ich erleben, dass die Kirche Anspruch auf die Belohnung erhebt, die ihr dafür gebührt, denn die Gelegenheit ist günstig.

Wenn Sie jemals in Ihrem Leben im Herzen eines Menschen Gottesfurcht entfacht haben und glauben, dass man die Menschheit mit dieser Methode von ihren niederen Eigenschaften befreien kann, dann ist es jetzt an der Zeit, diese Ehrfurcht in den Herzen weiterer Menschen zu entfachen. Damit meine ich Menschen, die es sich gezielt zur Aufgabe machen, Konflikte zwischen Arbeitern und Arbeitgebern zu schüren, und die durchs Land ziehen, um zu agitieren und Menschen in Rage zu bringen, damit sie dann aus den Meinungsverschiedenheiten Profit schlagen können.

Sie sind in der Position, diesem Übel einen hundert Millionen Tonnen schweren Schlag zu versetzen. Werden Sie das tun?

DIE GEFAHREN DES FINANZIELLEN ERFOLGES

Finanzieller Erfolg erzeugt Macht, und Macht ist für diejenigen, die nicht gelernt haben, sie gerecht und weise einzusetzen, eine gefährliche Sache.

Große finanzielle Macht hat eine deutliche Tendenz, Intoleranz und Missachtung der Rechte anderer hervorzubringen.

Wenn Sie finanziellen Erfolg haben, müssen Sie sich mehr vorsehen als je zuvor.

Denn finanzieller Erfolg unterdrückt häufig die feineren Regungen im Herzen eines Menschen und bringt ihn dazu, den schnöden Mammon zu verehren!

Es ist die Ausnahme und nicht die Regel, dass ein Mensch, der große finanzielle Macht erlangt hat, diese auch weise einsetzt, es sei denn er war zuvor selbst sehr arm. Wahrer Erfolg lässt sich nicht mit Dollars aufwiegen. Er kann nur durch den Umfang und die Qualität der Dienste bemessen werden, die man zum Wohle der Allgemeinheit leistet.

Wenn finanzielle Macht einem Menschen den Wunsch nimmt, sinnvolle Leistungen zu erbringen, dann liegt man richtig, wenn man das nicht als Erfolg, sondern als Scheitern ansieht.

Ich bin nicht ganz sicher, doch ich habe den starken Verdacht, dass nur der Erfolg, der einen selbst und andere glücklich macht, ein wahrer Erfolg ist. Ich vermute auch, dass das einzige Mittel, mit dem man sicher das Glück erreicht, darin besteht, irgendetwas Sinnvolles zu leisten, das andere glücklich macht. Finanzielle Macht bewirkt das nicht immer.

Passen Sie auf, wenn Sie beginnen, mehr Geld zu verdienen, als Sie für Ihren täglichen Bedarf benötigen. Achten Sie darauf, dass es Sie nicht blind macht für den Pfad zum wahren Erfolg, auf dem man sinnvolle Dienste zum Wohl der Menschheit zu leisten hat.

DIE GOLDENE REGEL ALS GEHEIMWAFFE IN DER WIRTSCHAFT

Es scheint lächerlich, die Goldene Regel als eine »Waffe« zu bezeichnen, doch es beschreibt genau das, was sie ist – eine Waffe, gegen die keine Macht der Welt ankommt!

Die Goldene Regel ist eine durchschlagende Waffe im Wirtschaftsleben, weil sich erst so wenige darum bemühen, sie einzusetzen.

Zur Zeit der Entstehung dieses Artikels scheint die ganze Welt sich auf das Geschäft verlagert zu haben, »Profit zu machen«, was soviel bedeutet wie, »sich etwas zu nehmen, ohne dafür einen angemessenen Gegenwert zu geben.«

Diese Denkweise wird sich nicht lange halten. Welch eine günstige Gelegenheit das dem vorausschauenden Menschen bietet, der schon jetzt die Goldene Regel zu seinem geschäftlichen Motto macht. Der Unterschied, den das ausmachen würde, wäre so spürbar, dass er weitverbreitete Reaktionen hervorrufen würde. Obendrein würde es so viele Aufträge einbringen, dass sie kaum zu bewältigen wären. Und diejenigen, die die Goldene Regel frühzeitig beherzigt hätten, würden lange, nachdem die Profiteure aus dem Geschäft ausgeschieden sind, feststellen, dass sie »ihre Häuser auf Fels gebaut« haben.

Welch eine hervorragende Möglichkeit die Gewerkschaften hier haben, ihrem Sieg entgegenzugehen – einem Sieg, den sie zum allgemeinen Vorteil, ohne Blutvergießen und mit dauerhafter Wirkung erzielen könnten – wenn sie nur die Goldene Regel zu ihrem Motto machen würden. Hat die gewerkschaftlich organisierte Arbeiterschaft genug Format, um diese Chance zu erkennen und wahrzunehmen? Welch eine günstige Gelegenheit die derzeitige Situation doch einem Mann aus der Arbeiterschaft bietet, um in Führungspositionen aufzusteigen. Würde er die Arbeiterschaft dazu bringen, ihre Interessen auf Grundlage der Goldenen Regel zu verfolgen, könnte er nicht nur eine Führungsrolle innerhalb der organisierten Arbeiterschaft erlangen, sondern auch in den höchsten und verantwortungsvollsten Positionen, welche die amerikanische Gesellschaft zu bieten hat. Ein Mensch kann in jedweder Situation von der Anwendung der Goldenen Regel profitieren.

Der Tag ist nicht mehr fern, an dem es wirtschaftlichem Selbstmord gleichkommen wird, wenn man seine Geschäfte nach einem anderen Maßstab führt als nach der Goldenen Regel. Diese Tatsache liegt so deutlich auf der Hand, dass es für die Klugen ratsam ist, sich frühzeitig einzureihen und so Ansehen für etwas zu ernten, was sie später ohnehin tun müssen.

Machen Sie die Goldene Regel zu Ihrem geschäftlichen Motto, schreiben Sie es auf das Briefpapier Ihrer Firma und in jede Werbeanzeige, die Sie aufgeben. Es wird sich gut für Sie auszahlen.

MEHR GNADE UND WENIGER GERECHTIGKEIT

Auf der ganzen Welt hat sich bei den Menschen die Handlungsweise verbreitet, »zurückzuschlagen«. Diese Praxis folgt dem Prinzip Auge um Auge, Zahn um Zahn.

Vielleicht ist es unumgänglich, »Gerechtigkeit« gegenüber Menschen walten zu lassen, die Fehler gemacht haben. Vielleicht liegt die Justiz auch richtig damit, das einzufordern, worauf sie ein Anrecht hat. Doch merken Sie sich eine Sache ganz genau – das Gesetz der Vergeltung greift immer und überall.

So sicher wie die Sonne im Osten auf- und im Westen untergeht, zahlen die Menschen Gleiches mit Gleichem heim. Dabei spielt es keine Rolle, dass das Gesetz »Gerechtigkeit« übt. Der, über den da geurteilt wird, der wird so gewiss Gleiches mit Gleichem »vergelten«, wie es den Herrn gibt, der über Himmel und Erde herrscht.

Wenn dem so ist, wäre es dann nicht gut, etwas mehr Gnade vor Recht ergehen zu lassen? Könnte es nicht sinnvoll sein, Strafen zu verhängen, die zu dem Menschen passen, der auf

Abwege geraten ist, anstatt zu dem Verbrechen, das er begangen hat?

Werden die Menschen auch weiter Jagd auf den Unglückseligen machen, der einen Fehler begangen hat, und so die Entschlossenheit in seinem Herzen bestärken, »zurückzuschlagen«? Oder werden sie eines Tages lernen, dass Gnade und Güte im Herzen eines Menschen den Wunsch erwecken, auch das mit Gleichem zu vergelten?

In einer Stadt im Mittleren Westen gibt es einen Mann, der als Staatsanwalt im Namen des Volkes arbeitet. Er prahlt mit der Anzahl der Verurteilungen, die auf sein Konto gehen, genau wie ein Jäger mit den Fellen seiner Beutetiere. Wann immer er vor die Geschworenen tritt, um das Leben oder die Freiheit eines Menschen in Abrede zu stellen, trägt er passenderweise eine tiefrote Krawatte, die wie ein Symbol für Blut und Bestrafung wirkt.

Ist es da verwunderlich, dass diese Stadt vor allen anderen die höchste Verurteilungsrate hat? Wen wundert es da, dass die Stadt den Ruf hat, eine der schrecklichsten Städte der Welt zu sein?

Das bewirkt die Vergeltung!

An unseren Strafgerichten sollten wir nicht so sehr auf Gerechtigkeit beharren, sondern auf Gnade. Verurteilen Sie nicht den Menschen, der auf Abwege geraten ist, sondern den eingefleischten Kriminellen. Wenn Sie das, worauf Sie Anrecht haben, bei dem Mann geltend machen, der nur einen einzigen Fehler gemacht hat, laufen Sie Gefahr, ihn dadurch zum »Zurückschlagen« zu provozieren. Und genau damit könnten Sie ihn zu einem echten Kriminellen machen.

VEREINIGTE MENSCHEN VON AMERIKA

Mehr als vierhundert Jahre lang war Amerika der Ort auf der Welt, der den Unterdrückten aller Länder Zuflucht gewährte!

Heute steht Amerika dafür, allen Menschen unabhängig von ihren politischen, religiösen oder wirtschaftlichen Überzeugungen bereitwillig Schutz zu bieten.

Einige wenige sind aus selbstsüchtiger Absicht an unseren Ufern gelandet. Sie betreiben eine systematische und feinsinnige Propaganda, um zu agitieren und Konflikte zu schüren.

Gerade jetzt unternehmen diese unpatriotischen, selbstsüchtigen und unwissenden Anführer jede nur mögliche Anstrengung, um die Kontrolle über die organisierte Arbeiterschaft zu übernehmen. Sie versuchen, die breite Masse der Arbeiter dazu zu überreden, umstürzlerisch, anstatt konstruktiv vorzugehen.

Die gesamte konstruktive Arbeit der Gewerkschaften aus den vergangenen dreißig Jahren hat schon jetzt genug Schaden genommen.

Kein zivilisiertes Land wird die Herrschaft der Masse lange dulden und jeder Mensch oder jede Gruppe, die es hinnimmt, dass der Geist dieses Pöbels über längere Zeit vorherrscht, wird die Achtung der breiten Mittelschicht für immer verlieren.

Die organisierte Arbeiterschaft leidet darunter, dass sie zersetzende Rückschritte macht. Dadurch wird sie ihre ganze Lebenskraft aufzehren, es sei denn, sie wird noch rechtzeitig der Ursache für diese Rückschritte Herr. Die Ursache sind aggressive Revolutionäre, die die Arbeiter als Handlanger benutzen, um die gesellschaftliche Ordnung und die demokratischen Institutionen niederzureißen.

Wird sich die Arbeiterschaft dieser Situation stellen und den Blutegel abschütteln, der ihr den Lebenssaft aussaugt, oder wird sie still halten und schließlich in Vergessenheit geraten? Die organisierte Arbeiterschaft braucht mehr denn je nüchternen, klugen und geduldigen Beistand. Ansonsten wird die Sache der Arbeiter bald als etwas Ähnliches angesehen werden wie Anarchie, Revolution und völlige Gesetzlosigkeit.

Welcher Arbeiterführer ist der Erste, der diese Gefahr erkennt und abwendet?

Kapitel 11

BEGEISTERUNG

Begeisterung ist eine der wünschenswertesten Eigenschaften überhaupt. Sie sorgt dafür, dass andere Leute sich zu Ihnen hingezogen fühlen und mit Ihnen zusammenarbeiten.

Begeisterung ist der Funke, der die in Ihrem Gehirn schlummernde Kraft entzündet und in Bewegung setzt.

Begeisterung ist ebenfalls ein sicheres Mittel gegen Faulheit und Verzagtheit. Sie ist die wichtigste Triebfeder, die Ihre geistige Maschine in Gang hält.

Begeisterung hilft dabei, Verzweiflung zu überwinden, sowie Hoffnung, Selbstvertrauen und Mut zu schöpfen. Sie regt Ihre Leber zum Arbeiten an und hilft ihr so, ihre lebenswichtige Funktion der Blutreinigung zu erfüllen.

Begeisterung weckt Ihr gesamtes Wesen auf und bringt Sie dazu, Ihre Träume wahr werden zu lassen!

Wenn Ihre Arbeit Sie nicht in Begeisterung versetzt, dann tun Sie nicht die Arbeit, die Sie lieben. Es handelt sich also um eine Arbeit, für die Sie nicht wirklich geeignet sind.

Begeisterung ist ansteckend. Sie geben sie unbewusst an die Menschen weiter, mit denen Sie Kontakt haben, was diese wiederum dazu anregt, genauso zu denken und zu handeln wie Sie.

Ein begeisterter Mensch, der von Gerechtigkeitssinn geleitet wird, ist normalerweise ein großer Gewinn für jede Organisation sowie für Wirtschaft, Familie und Gesellschaft.

Sind Sie ein begeisterungsfähiger Mensch?

ZWEI EINBEINIGE!

In einer Stadt namens Wichita Falls in Texas sah ich einmal einen einbeinigen Mann auf dem Bürgersteig sitzen, der um Almosen bettelte.

Schon ein paar Fragen reichten, um die Tatsache ans Licht zu bringen, dass er eine ordentliche Ausbildung hatte. Er sagte, dass er bettelte, weil niemand ihm Arbeit gab. »Die Welt ist gegen mich und ich habe das Vertrauen in mich selbst verloren«, sagte er.

Aha, da war der Haken: »Ich habe das Vertrauen in mich selbst verloren.«

In dem Gebäude, in dem sich mein Büro befindet, gibt es am anderen Ende des Flurs noch einen einbeinigen Mann. Ich kenne ihn seit mehreren Jahren und weiß, dass er nur eine dürftige Schulbildung hat – er ist also schlechter ausgebildet als der einbeinige Bettler.

Doch er verdient 1.000 Dollar im Monat. Er ist Verkaufsleiter in einem verarbeitenden Betrieb und der Vorgesetzte von fünfzig Mitarbeitern.

Der Bettler zeigte offen den Stumpf seines amputierten Beins als Beweis dafür vor, dass er Almosen brauchte. Der andere einbeinige Mann hielt den Stumpf stets bedeckt, damit sein verlorenes Bein keine Aufmerksamkeit erregte.

Das, was die beiden Männer unterscheidet, ist lediglich ihre Einstellung. Der eine glaubt an sich und der andere nicht. Derjenige, der an sich glaubt, könnte auch noch sein anderes Bein und beide Arme verlieren und trotzdem noch 1.000 Dollar im Monat verdienen. Man könnte sogar soweit gehen zu sagen, dass er sogar sein Augenlicht verlieren und trotzdem so viel Geld verdienen könnte.

Die Welt zwingt einen Menschen erst dann in die Niederlage, wenn er sich selbst aufgibt. Milo C. Jones von der Fleischwarenfabrik *Little Pig Sausage* brachte es in seiner Branche zu Ruhm und Reichtum, nachdem er durch eine Lähmung fast keinen einzigen Muskel mehr bewegen konnte. Er konnte sich noch nicht einmal mehr ohne Hilfe im Bett umdrehen.

Solange Sie an sich selbst glauben, und Ihr wunderbarer Geist weiter funktioniert, können Sie bei keiner sinnvollen Unternehmung eine Niederlage erleiden. Ich mache diese Bemerkung ohne jede Einschränkung, denn sie entspricht der Wahrheit.

Kapitel 12

DER FRAGEBOGEN ZU IHREM PERSÖNLICHEN ERFOLGSPROFIL

Die Erfolge der hervorragendsten Führungspersönlichkeiten der Welt beruhen auf den folgenden 17 Prinzipien für die persönliche Vervollkommnung.

Erfolg ist eine Wissenschaft, deren Geheimnisse auch *Sie* begreifen können – ganz unabhängig von Ihrer derzeitigen Beschäftigung, Ihrem Umfeld oder Wohnort.

Dabei spielt es keine Rolle, ob Sie derzeit ein hochangesehener Geschäftsmann oder ein schlechtbezahlter Fabrikarbeiter sind, ob Sie in einer Großstadt oder auf einem Bauernhof leben, der meilenweit von der nächsten Stadt entfernt ist.

Wenn Sie erfolgreich sein wollen, ist es das Wichtigste, dass Sie diese 75 Fragen *ehrlich* beantworten. Die Antworten werden Ihr wahres Ich enthüllen, ein Individuum, das sich deutlich von jedem anderen Menschen auf der Welt unterscheidet. Ihre Person und Ihre Ambitionen werden gründlich überprüft und Sie werden Dinge über sich lernen, die Sie sicher in Erstaunen versetzen.

Wenn Sie alle Fragen beantwortet haben, werten Sie Ihre Antworten bitte so aus, wie auf Seite 211 beschrieben und addieren Sie die Ergebnisse, dann können Sie feststellen, wie Sie abgeschnitten haben.

1. Ein konkretes Ziel
   a. Haben Sie sich für ein konkretes Ziel im Leben entschieden? Ja Nein
   b. Haben Sie sich einen Termin gesetzt, bis zu dem Sie Ihr Ziel erreichen wollen? Ja Nein
   c. Haben Sie sich einen bestimmten Plan zurechtgelegt, wie Sie Ihr Ziel erreichen wollen? Ja Nein
   d. Haben Sie sich überlegt, welchen konkreten Nutzen Sie im Leben davon haben werden, wenn Sie Ihr Ziel erreicht haben? Ja Nein

2. Das Superhirn-Prinzip
   a. Helfen Ihnen andere Menschen dabei, Ihr Ziel zu erreichen? Ja Nein
   b. Glauben Sie, dass ein Mensch ohne die Hilfe von anderen Erfolg im Leben haben kann? Ja Nein
   c. Glauben Sie, dass Sie in Ihrem Beruf ohne weiteres Erfolg haben können, wenn Ihr Ehepartner oder andere Familienmitglieder dagegen sind? Ja Nein
   d. Gibt es bestimmte Vorteile, wenn Arbeitgeber und Arbeitnehmer harmonisch zusammenarbeiten? Ja Nein
   e. Wissen Sie, wie das Prinzip des Superhirns dazu beigetragen hat, dass die Vereinigten Staaten zum reichsten Land der Welt werden konnten? Ja Nein

3. Angewandtes Vertrauen
   a. Glauben Sie an unendliche Intelligenz? Ja Nein
   b. Vertrauen Sie auf Ihre Fähigkeit, alles tun zu können, was Sie sich wünschen? Ja Nein
   c. Haben Sie Vertrauen in die Regierungsform der USA? Ja Nein
   d. Sind Sie vollständig frei von jeder der folgenden sieben Grundängste: Angst vor Armut, Angst vor Kritik, Angst vor Krankheit, Angst, nicht mehr geliebt zu werden, Angst vor Freiheitsverlust, Angst vor dem Alter, Angst vor dem TOD? Ja Nein

4. Noch einen Schritt weiter gehen
    a. Machen Sie es sich zur Gewohnheit, mehr Leistungen zu erbringen als die, für die Sie bezahlt werden? Ja Nein
    b. Glauben Sie, dass es Zeiten gibt, in denen ein Angestellter mehr Leistung erbringen sollte als die, für die er bezahlt wird. Ja Nein
    c. Kennen Sie jemanden, der beruflichen Erfolg erzielt hat, ohne mehr zu tun als das, wofür er bezahlt wurde? Ja Nein
    d. Glauben Sie, dass jemand das Recht hat, eine Lohnerhöhung zu fordern, ohne dass er mehr leistet als das, wofür er bezahlt wird? Ja Nein
    e. Wenn Sie Arbeitgeber wären, würden Sie mit den Leistungen zufrieden sein, die Sie heute als Angestellter erbringen? Ja Nein

5. Eine anziehende Persönlichkeit
    a. Haben Sie Gewohnheiten, mit denen Sie anderen Menschen zu nahe treten? Ja Nein
    b. Werden Sie von den Menschen, mit denen Sie zusammenarbeiten, gemocht? Ja Nein
    c. Erwecken Sie bei anderen Interesse, wenn Sie in der Öffentlichkeit sprechen? Ja Nein
    d. Gibt es Gelegenheiten, bei denen Sie andere zu langweilen scheinen? Ja Nein

6. Eigeninitiative
    a. Planen Sie täglich Ihre Arbeit? Ja Nein
    b. Muss Ihre Arbeit von jemand anderem geplant werden? Ja Nein
    c. Verfügen Sie über einige hervorragende Qualitäten, die andere in Ihrem Beruf nicht vorweisen können? Ja Nein
    d. Geben Sie auf, wenn Ihre Pläne scheitern? Ja Nein
    e. Lassen Sie sich Verbesserungen einfallen, durch die Sie Ihre Arbeit besser und effektiver erledigen können? Ja Nein

7. Eine positive geistige Einstellung
   a. Wissen Sie, was mit einer positiven geistigen Einstellung gemeint ist? Ja Nein
   b. Sind Sie in der Lage, Ihre Einstellung zu steuern, wenn Sie das wollen? Ja Nein
   c. Ist Ihnen die einzige Sache bekannt, über die Sie vollständige Kontrolle ausüben können? Ja Nein
   d. Wissen Sie, wie man feststellt, ob jemand anders eine negative Einstellung hat? Ja Nein
   e. Haben Sie eine Methode, um sich eine positive geistige Einstellung zur Gewohnheit zu machen? Ja Nein

8. Begeisterung
   a. Glauben Sie, Sie sind ein begeisterungsfähiger Mensch? Ja Nein
   b. Können Sie Ihre Begeisterung so steuern, dass Sie sie für die Umsetzung und Ausführung Ihrer Vorhaben einsetzen? Ja Nein
   c. Bestimmt Ihre Begeisterung manchmal Ihre Urteilsfähigkeit? Ja Nein

9. Selbstdisziplin
   a. Halten Sie Ihre Zunge auch dann im Zaum, wenn Sie wütend sind? Ja Nein
   b. Denken Sie auch in hitzigen Diskussionen immer erst nach, bevor Sie sich äußern? Ja Nein
   c. Verlieren Sie leicht die Geduld? Ja Nein
   d. Sind Sie immer in ausgeglichener Stimmung? Ja Nein
   e. Lassen Sie Ihre Urteilsfähigkeit von Ihren Gefühlen beeinflussen? Ja Nein

10. Präzises Denken
    a. Sehen Sie es als Ihre Pflicht an, das Wissen von anderen über Ihren Beruf in Erfahrung zu bringen, wenn das für Sie von Wert sein kann? Ja Nein

b. Äußern Sie Ihre »Meinung« auch über Themen, die Ihnen
   nicht vertraut sind? Ja Nein
c. Wissen Sie, wie Sie sich Informationen zu jedem Thema,
   das Sie interessiert, verschaffen können? Ja Nein

11. Gezielte Aufmerksamkeit
    a. Konzentrieren Sie stets Ihre gesamte Aufmerksamkeit auf
       die Tätigkeit, die Sie gerade ausführen? Ja Nein
    b. Lassen Sie sich leicht dazu bringen, Ihre Absichten zu
       ändern oder Ihre Entscheidungen rückgängig zu machen? Ja Nein
    c. Neigen Sie dazu, Ihre Ziele und Vorhaben aufzugeben,
       wenn Sie auf Widerstand stoßen? Ja Nein
    d. Interessieren Sie sich genauso schnell für andere
       Menschen und deren Vorhaben wie für Ihre eigenen? Ja Nein

12. Gruppenarbeit
    a. Kommen Sie mit anderen unter allen Umständen
       harmonisch zurecht? Ja Nein
    b. Tun Sie anderen in dem gleichen Maße Gefallen wie
       Sie selbst darum bitten? Ja Nein
    c. Haben Sie mit manchen Menschen bei bestimmten
       Themen andauernde Meinungsverschiedenheiten? Ja Nein
    d. Glauben Sie, dass es Vorteile hat, mit Ihren Arbeitskollegen
       freundlich zusammenzuarbeiten? Ja Nein
    e. Sind Sie sich bewusst, welchen Schaden Sie sich und
       Ihren Kollegen zufügen können, wenn Sie nicht mit ihnen
       zusammenarbeiten? Ja Nein

13. Aus Fehlern und Niederlagen lernen
    a. Bringt eine Niederlage Sie dazu, es nicht mehr weiter
       zu versuchen? Ja Nein
    b. Wenn Sie mit einem bestimmten Vorhaben scheitern,
       beginnen Sie dann mit einem neuen? Ja Nein
    c. Glauben Sie, dass aus vorübergehenden Niederlagen
       dauerhaftes Scheitern werden kann? Ja Nein

    d. Gibt es Lehren, die Sie aus Niederlagen gezogen haben? Ja Nein
    e. Wissen Sie, wie eine Niederlage in einen Pluspunkt umgewandelt werden kann, der zum Erfolg führt? Ja Nein

14. Kreative Vorstellungen
    a. Haben Sie eine klare und lebendige Vorstellungskraft? Ja Nein
    b. Treffen Sie Ihre eigenen Entscheidungen? Ja Nein
    c. Ziehen Sie es vor, andere um ihre Meinung zu fragen, bevor Sie handeln? Ja Nein
    d. Haben Sie schon einmal etwas erfunden? Ja Nein
    e. Entwickeln Sie praktische Ideen, die in unmittelbarem Zusammenhang mit Ihrer Arbeit stehen? Ja Nein
    f. Glauben Sie, dass ein Mensch, der viele Einfälle hat, mehr wert ist als jemand, der nur den Ideen und Vorhaben anderer folgt? Ja Nein

15. Gesund bleiben
    a. Kennen Sie die entscheidenden Faktoren, die dazu beitragen, dass man gesund bleibt? Ja Nein
    b. Wissen Sie, womit Gesundheit anfängt? Ja Nein
    c. Kennen Sie den Zusammenhang zwischen Gesundheit und Entspannung? Ja Nein
    d. Kennen Sie die vier wichtigen Faktoren, die Sie beachten müssen, um sich in ausgewogener Form gesund zu halten? Ja Nein
    e. Können Sie erklären, was man unter Hypochondrie versteht? Ja Nein

16. Zeit und Geld einteilen
    a. Sparen Sie regelmäßig einen bestimmten Anteil Ihres Einkommens? Ja Nein
    b. Geben Sie Geld aus, ohne daran zu denken, was wäre, wenn Sie plötzlich kein Einkommen mehr hätten? Ja Nein
    c. Bekommen Sie jede Nacht genügend Schlaf? Ja Nein

d. Verbringen Sie Ihre gesamte Freizeit damit, sich zu amüsieren?   Ja   Nein

17. Die kosmische Kraft von Gewohnheiten
    a. Haben Sie Gewohnheiten, die Sie Ihrer Meinung nach nicht kontrollieren können?   Ja   Nein
    b. Gibt es schlechte Gewohnheiten, die Sie abgelegt haben?   Ja   Nein
    c. Haben Sie in den letzten Monaten neue, erstrebenswerte Gewohnheiten angenommen?   Ja   Nein

DIE AUSWERTUNG IHRER ANTWORTEN

Sie sollten jede der folgenden Fragen mit »Nein« beantwortet haben: 2b, 2c, 4c, 4d, 5a, 5d, 6b, 6d, 8c, 9b, 9c, 9e, 10b, 11b, 11c, 12c, 13a, 13c, 14c, 16b, 16d, 17a.

Alle übrigen Fragen sollten Sie mit »Ja« beantwortet haben.

Wenn Sie alle Fragen genau so mit »Ja« und »Nein« beantwortet hätten, wäre Ihr Ergebnis 75. Das wäre das ideale Ergebnis. Doch nur wenige Menschen erreichen diese Punktzahl.

Schauen wir uns Ihre Punktzahl an:

Mit »Ja« statt mit »Nein« beantwortete Fragen: _____
(Anzahl der falschen Antworten)

Mit »Nein« statt mit »Ja« beantwortete Fragen: _____
(Anzahl der falschen Antworten)

Wenn Sie die beiden Summen zusammenrechnen und von 75 abziehen, haben Sie Ihr Ergebnis. Die Bewertung sieht folgendermaßen aus:

75 Punkte: hervorragend (äußerst selten)
66-74 Punkte: gut (überdurchschnittlich)
51-65 Punkte: befriedigend (durchschnittlich)
26-50 Punkte: schwach (unterdurchschnittlich)
25 und weniger Punkte: ungenügend

Welchen Wert haben Sie erreicht?

Wenn der Wert durchschnittlich war oder auch unter dem Durchschnitt lag, bedenken Sie, dass die meisten Menschen, die diesen Fragebogen ausfüllen, ein ähnliches Ergebnis erzielen. Der Grund dafür liegt darin, dass nur sehr wenige Menschen gelernt haben, die Geheimnisse des Erfolgs zu verstehen – Geheimnisse, mit deren Hilfe schon Tausende von durchschnittlichen Menschen in wirtschaftliche und gesellschaftliche Führungspositionen aufgestiegen sind. Diese Erfolgsgeheimnisse kennen keine geistigen, körperlichen, Bildungs- oder Altersgrenzen. Erfolg ist eine Wissenschaft, deren Geheimnisse auch Ihnen zur Verfügung stehen ..., Sie müssen nur bereit sein, sie zu nutzen.

DER SCHLÜSSEL ZUM ERFOLG LIEGT IN IHREM EIGENEN INNEREN

Jeder Mensch trägt in seinem Inneren verborgene Fähigkeiten. Die meisten sind sich dessen nicht bewusst. Viele Menschen, die in ihrem Leben außerordentliche Erfolge erzielt haben, haben diese Fähigkeiten eher durch Zufall entdeckt. Mitunter haben sie zuvor Jahre ihres Lebens verschwendet, nur weil sie nicht

wussten, dass sie über großartige Fähigkeiten verfügten. Nachdem diese dann aber durch Zufälle ans Licht gebracht worden waren, konnte diese Menschen nichts auf der Welt mehr aufhalten. Fortan waren sie mit Erfolg und Glück gesegnet!
Sie können von den Erfahrungen dieser Menschen profitieren. Denn niemand sollte bei der Steuerung seines Erfolges oder Glücks vom Zufall oder vom Schicksal abhängig sein. Obendrein wäre es leichtsinnig und unachtsam, sich vom Zufall oder vom Schicksal leiten zu lassen, denn sie enthüllen dem Menschen nicht zwangsläufig die erstaunlichen Fähigkeiten, die in ihm schlummern. Diese Fähigkeiten sind in jedem Menschen vorhanden. Man sollte sie deshalb auch gezielt ans Tageslicht bringen und sich dann nach ihnen richten. Genau wie bereits Tausende anderer Menschen vor Ihnen, können auch Sie das schaffen. Sie müssen nur die Erfolgsprinzipien sorgfältig studieren.

Sie haben jetzt – vielleicht zum ersten Mal in Ihrem Leben – die Gelegenheit, die 17 Erfolgsprinzipien zu erlernen, die aus den Lebensläufen von Menschen abgeleitet wurden, die riesige Firmen aufgebaut und Millionen Dollar verdient haben und die zu Ruhm und Macht gelangt sind.

Jede einzelne der 17 Lektionen vermittelt Ihnen eine ungeheure Menge ungewöhnlicher Informationen – nützliche, praktische Informationen, die für Sie von großem Wert sein können. Jede Lektion ist einem bestimmten Prinzip gewidmet, einem der lebenswichtigen Grundsätze, die Sie sich zu eigen machen müssen, um Ihre Ziele zu erreichen: Macht, Wohlstand, Erfolg. Jedes Prinzip generiert sich in konzentrierter Form aus Tatsachen, die zum Nachdenken anregen. Von der ersten Lektion an sind alle in einer leicht verständlichen Sprache geschrieben, sodass Sie die Inhalte schnell begreifen und für Ihre eigenen Zwecke einsetzen können. Jede Lektion enthält Hilfestellungen und Ideen in Hülle und Fülle. Daher ist für den Einzelnen mitunter schon eine einzige Lektion es wert, den bescheidenen Preis zu bezahlen, den der Kursus insgesamt kostet.

Die 17 Prinzipien wurden für Sie entwickelt. Früher haben sie den heute Großen und Reichen geholfen. Doch heute wenden Tausende Menschen diese Prinzipien an, um Glück, Gesundheit und Wohlstand zu erlangen. Menschen eines jeden Alters und aus allen gesellschaftlichen Schichten profitieren von diesen Prinzipien. Das können Sie auch!

Kapitel 13
32 PHILOSOPHISCHE, TIEFGEHENDE REFLEXIONEN

ERFOLG ENTSTEHT AUS AUFOPFERUNG
(Napoleon Hill's Magazine, Februar 1922)

Es gibt keine große Leistung, die vollbracht wurde, ohne dass dafür jemand ein entsprechendes Opfer erbracht hätte. Jesus Christus hat sein Leben hingegeben, damit seine Philosophie für immer in den Herzen der Menschen verankert werden konnte. Wenn Ihnen jemand einfällt, dann nennen Sie bitte einen Menschen, der Ruhm erlangt hat oder langfristig Dienst an der Menschheit geleistet hat, ohne sich dafür aufzuopfern. Die Leistung eines Menschen hat in der Regel denselben Wert wie das Maß, in dem er sich dafür aufgeopfert hat.

Mit der Bewahrung von Ideen oder Idealen, für die keine großen Opfer erbracht wurden und die nicht trotz Not und Kampf weiterentwickelt wurden, scheint es die Natur nicht sonderlich gut zu meinen. Stattdessen liefert sie vom einfachsten mineralischen Stoff bis hin zum hochkomplizierten Organismus eines Tieres zahlreiche Beispiele dafür, dass sie allem, was unter schwierigen Bedingungen, Widerstand und Kampf entsteht, den Vorzug gibt.

Die robustesten und prächtigsten Bäume im Wald sind jene, die langsam gewachsen sind und größten Widerständen standgehalten haben. Treibhausgemüse kann niemals dem Gemüse gleichkommen, das im Freien wächst und den Naturgewalten ausgesetzt ist.

Dass diese Philosophie richtig ist, stellen wir auch in der praktischen, materiellen Welt von Wirtschaft, Finanzen und Industrie allenthalben fest. Ein Erfolg, der über Nacht erzielt wurde, hat selten lange Bestand. Die größten wirtschaftlichen Leistungen sind solche, die ihren Anfang ganz unten nahmen, auf soliden Grundlagen beruhen und für die jemand sich in schier unmöglichem Umfang aufgeopfert hat. Statt Henry Ford um seinen Erfolg zu beneiden, sollten wir lieber einmal intensiv an die Kämpfe und Nöte denken, die er durchgemacht hat, bevor er den ersten Wagen der Marke Ford baute. In den Genuss seines großen Vermögens würden wir zwar alle gern kommen, doch nur wenige wären wohl auch bereit, sich dafür so stark aufzuopfern wie er.

Wenn Sie sich der Feuertaufe stellen wollen und bereit sind, den Preis der Aufopferung voller Vertrauen in Ihre Arbeit zu bezahlen, dann werden Sie es schaffen. Sie werden fähig sein, in die Position zu gelangen, die Sie im Leben anstreben. Dazu müssen Sie nur immer weitermachen – ohne umzukehren und jemals den Glauben zu verlieren. Sie dürfen nicht das Vertrauen in Ihre eigene Person und in die Grundprinzipien verlieren, die sicherstellen, dass Ihre Leistungen genau denselben Umfang erreichen werden wie das Maß, in dem Sie sich für sie aufopfern.

DIE GOLDENE REGEL ANWENDEN
(Napoleon Hill's Magazine, Januar 1922)

Den folgenden Brief habe ich einem Mann geschrieben, der jemand anderen verleumdet hat, ohne wirklich etwas über diesen Menschen und seine Taten zu wissen. Meine Antwort an ihn hätte durchaus auch strenger ausfallen können.

Ich habe Sie zwar nie persönlich getroffen, doch ich glaube, Sie über einen gemeinsamen Freund zu kennen, der Sie über mich hat sprechen hören.

Neulich fragte mich ein Mann, welche aus meiner Sicht die verdienstvollste Arbeit sei, der sich ein Mensch widmen könne und ich antwortete:

»Wir leben heute in einer von Unfrieden beherrschten, schmerzerfüllten Welt, in der sich viele Menschen alle Mühe geben, andere Menschen oder Dinge zu kritisieren. Sie hetzen Mensch gegen Mensch, Nation gegen Nation, Rasse gegen Rasse und Glaube gegen Glaube auf. Dadurch entfachen sie das Feuer von Hass, Vorurteilen und Unwissenheit aus der dunklen Vergangenheit immer wieder neu. Daher scheint mir die beste Arbeit, der sich ein Mensch heute widmen kann, die zu sein, zuversichtliche, nutzbringende Gedanken überall dort zu säen, wo früher zerstörerische vorherrschten.«

Ich selbst gebe auch mein Bestes dabei, in meiner Zeitschrift so viele positive Gedanken wie möglich zu säen, solange ich unter den Lebendigen weile. Niemand wird sich daran erinnern, dass ich je Dinge getan oder Worte geäußert habe, die nicht darauf abzielten, Menschen in einem Geiste wohlwollender Zusammenarbeit in Kontakt miteinander zu bringen – es sei denn, ich war gezwungen, meine Person oder bestimmte Prinzipien zu verteidigen. Ich habe mich stets ehrlich darum bemüht, die Nöte der Menschheit zu lindern und diese Welt für die kurze Dauer unseres Aufenthaltes hier, der sich Leben nennt, zu einem freundlicheren, lebenswerteren Ort zu machen.

Jedoch bringen mich viele Erfahrungen, die ich mache, oft dazu, mich erneut den wunderbaren Worten zuzuwenden, die vom größten Amerikaner, dem unsterblichen Abraham Lincoln, stammen: »Ich tue das, wozu ich nach bestem Wissen und Gewissen in der Lage bin und damit werde ich fortfahren bis zu meinem Ende. Wenn sich dann herausstellt, dass ich richtig gehandelt habe, dann wird alles, was gegen mich vorgebracht wird, nicht von Bedeutung sein. Stellt sich am Ende aber heraus, dass ich falsch gehandelt habe, werden selbst Engelsscharen, die schwören, ich hätte alles richtig gemacht, nichts daran ändern können.«

Ich hoffe, dass sich unsere Wege eines Tages kreuzen werden. Ich bin sicher, dass wir dann beide feststellen werden, dass jeder von uns sowohl mit den guten als auch mit den schlechten menschlichen Charakterzügen bedacht worden ist.

Herzliche und brüderliche Grüße von
Napoleon Hill

SIND SIE DER MANN?
(Napoleon Hill's Magazine, März 1922)

Die heutige Zeit stellt die Stärke der Zivilisation gehörig auf die Probe. Lassen Sie uns die Seiten der Geschichte zurückblättern, damit es uns leichter fällt, das Vertrauen in die Menschheit wiederherzustellen. Lassen Sie uns die Philosophie derer studieren, die schon früher die Menschen durch ähnliche Unruhen geleitet haben, in denen das Vertrauen der Menschen untereinander ähnlich hart auf die Probe gestellt wurde wie heute.

Blicken wir in diesen Tagen des Wiederaufbaus der Welt auf den großen Staatsbürger und hoch verehrten Abraham Lincoln. Lassen Sie uns ihm im Geiste zuhören, wie er uns ermahnt, die Interessen des Einzelnen zugunsten der Interessen aller Menschen zurückzustellen.

Wenn wir in das zerfurchte Gesicht dieses großartigen Mannes blicken, der das amerikanische Volk durch die schwierigste Phase seiner Geschichte geführt hat, dann sollten wir an die einfachen, grundlegenden Qualitäten zurückdenken, die ihn auszeichneten. Lincoln sollte uns ständig daran erinnern, dass auch ein Mensch, der in einfachen Verhältnissen geboren wurde und in Armut gelebt hat, Ruhm und Wohlstand erlangen kann. Vor allem, wenn er, wie Lincoln, denjenigen treu bleibt, denen er versprochen hat, zu dienen. Jeder Bankangestellte, jeder Wirtschaftswissenschaftler, jeder Arbeiter und jeder Mann, der in anderer Funktion arbeitet, sollte sich regelmäßig dem Andenken an Lincoln zuwenden und sich die Einfachheit vergegenwärtigen, aus der seine Größe erwuchs.

Dieser vom Schicksal auserwählte Mann, der in einer bescheidenen Blockhütte geboren wurde, hat ein Beispiel gesetzt, dem wir alle zum Wohle der Menschheit folgen sollten. Denn er hat uns gezeigt, wie man seine Liebe auch den schlichten Dingen im Leben schenken kann.

In der Zeit des wirtschaftlichen Kampfes, den Arbeiter und Industrielle heute auf der ganzen Welt gegeneinander führen, könnten beide Seiten von der Denkart Lincolns profitieren. Denn er hatte weder die Macht des Kapitals noch die Stärke der Gewerkschaften nötig, um die höchsten Weihen zu erlangen, die das amerikanische Volk zu vergeben hat. Wäre es nicht vielleicht möglich, dass sich sowohl die Gewerkschaftsführer als auch die Vertreter des Kapitals eingehend mit den Taten des unsterblichen Lincolns befassten und ihm nacheiferten?

Vielleicht gibt es ja auch schon jemanden in unserer Mitte, der fähig wäre, sich von solch einer Geisteshaltung leiten zu lassen. Es dürfte uns kaum schaden, wenn jeder einmal in seinem eigenen Herzen nachschaute und fragte: »Bist Du dieser Mann?«

DER BELIEBTESTE MENSCH
(Napoleon Hill's Magazine, April 1922)

Sie können zum beliebtesten Menschen an Ihrem Arbeitsplatz werden, indem Sie täglich jedem, mit dem Sie sprechen, etwas Freundliches sagen. Mit derselben Methode können Sie auch der Beliebteste bei Ihren Nachbarn werden. Dieses Vorgehen wird Ihrer Lohntüte keinesfalls abträglich sein – im Gegenteil, es könnte sie sogar noch etwas stärker füllen. Probieren Sie diese Methode eine Woche lang aus und Sie werden verstehen, warum Sie sie dauerhaft anwenden sollten.

NEHMEN SIE IHREN MUT ZUSAMMEN!
(Napoleon Hill's Magazine, März 1922)

Nehmen Sie endlich Ihren Mut zusammen und vergessen Sie Ihre Sorgen! Das Spiel des Lebens ist nur dann verloren, wenn Sie sich mit Ihrer Niederlage abfinden! Die Freunde, denen Sie vertrauen, werden Sie ebenso im Stich lassen, wie sie vor Ihrer Zeit andere fallen ließen. Sie werden immer wieder neue Versuche unternehmen und immer wieder scheitern, genau wie Millionen von anderen Menschen. Verschwenden Sie nicht Ihre Zeit damit, sich darüber zu ärgern. Es ist bloß eine Wiederholung dessen, was seit jeher geschieht. Sie können nur einen Anzug pro Tag tragen und nur eine Portion Eier mit Schinken pro Mahlzeit essen. Die Dinge, die Ihnen Sorgen machen, werden womöglich niemals eintreten – und wenn doch, dann könnten Sie in hundert Jahren auch nicht mehr sagen, welchen Unterschied das gemacht hat. Setzen Sie sich also an einen friedlichen Ort und entspannen Sie sich. Lassen Sie Ihren Geist von dem Gedanken durchdringen, dass es das Beste ist, das Leben so zu nehmen, wie es kommt. Gestatten Sie dabei nichts und niemandem, Ihnen das Herz zu brechen oder Sie vor Freude zu überwältigen.

CHARAKTERBILDUNG
(Napoleon Hill's Magazine, März 1922)

Durch die Eindrücke, die Sie in Ihrer alltäglichen Umgebung sammeln, verändern Sie fortwährend Ihren Charakter. Deshalb können Sie ihn auch so formen, wie Sie möchten. Wenn Sie ihn stärken möchten, dann umgeben Sie sich mit den Bildern der großen Männer und Frauen, die Sie am meisten bewundern. Hängen Sie Schilder mit positiven Botschaften an die Wand, stellen Sie sich die Bücher Ihrer Lieblingsautoren auf den Tisch, damit Sie sie immer griffbereit haben. Lesen Sie darin mit einem Bleistift in der Hand und unterstreichen Sie die Zeilen mit den schönsten und bedeutendsten Aussagen. Erfüllen Sie Ihren Geist mit den edelsten und erhebendsten Gedanken und schon bald werden Sie feststellen, wie Ihr eigener Charakter die Färbung des Umfeldes annimmt, das Sie sich selbst geschaffen haben.

DIE TRÄUMER
(Napoleon Hill's Magazine, Juli 1921)

Halten Sie Ihre Vorstellungen und Ideale stets in Ehren; bewahren Sie sich die Musik, die Ihnen zu Herzen geht. Bringen Sie der Schönheit, die Ihren Geist erbaut, Wertschätzung entgegen und auch dem Liebreiz, der Ihre reinsten Gedanken schmückt. Denn aus ihnen werden erfreuliche Umstände und eine himmlische Umgebung entstehen. Wenn Sie diesen Prinzipien nur treu bleiben, dann wird die Welt, die Sie sich wünschen, endlich erschaffen.

Die Zivilisation verdankt ihr Entstehen den Träumern der Vergangenheit. Sie ist nicht in der Lage, Fortschritte zu machen, die über die Fortschritte ihrer Idealisten und Träumer hinausgehen.

Denn sie schaffen Modelle für die Menschheit. Die breiten Massen sind stets den Wegen gefolgt, die zuerst die Träumer gebahnt haben.

Doch inzwischen gehen die Träumer dazu über, Eroberungen und Kriegen keinen Ruhm mehr zuzubilligen. Woodrow Wilson machte sich selbst zur Zielscheibe, als er den ersten Schritt dazu unternahm, Kriegstreibern und Eroberern ihren Ruhm abzusprechen. Weitere Träumer werden es früher oder später wagen, dem Weg zu folgen, den er gewiesen hat. Denn dann wird Krieg als Schande gelten und diejenigen, die ihm das Wort reden oder ihn forcieren, werden als gesellschaftliche Außenseiter und Kriminelle betrachtet werden.

Selbst ein Mensch, der von Herzen an einem sehr hochfliegenden Ideal festhält, kann das durchaus verwirklichen. Kolumbus träumte von einer neuen Welt und entdeckte sie. Kopernikus träumte von einer Vielzahl von Welten und entdeckte sie ebenfalls.

Bewahren auch Sie sich Ihre Vorstellungen und Träume, denn sie sind die Blaupausen für Ihre letztendlichen Leistungen.

Ihre Träume können Sie in jede Position im Leben befördern, in die Sie gelangen möchten. Wenn Sie der Position, die Sie anstreben, unwürdig sind, dann denken Sie daran, dass Ihr Streben und Ihre Träume dem Gesetz der Autosuggestion folgen. Dadurch können Sie Ihren Charakter verändern und schließlich auch Ihre Ziele erreichen.

Selbst das Weiße Haus ist als Ziel nicht so hoch, als dass Sie es nicht anstreben könnten. Schließen Sie es in Ihre Träume ein und schon haben Sie den ersten Schritt gemacht, um dorthin zu gelangen.

Alle menschlichen Belange zeichnen sich durch Bemühungen und Ergebnisse aus. Die Stärke der Bemühungen ist der Maßstab für den Erfolg – er ist keine Glückssache. »Geschenke«, Macht, materielle, intellektuelle und geistige Besitztümer sind die Früchte von Bemühungen. Es sind Gedanken, die vollendet wurden, Dinge, die erreicht wurden, und Vorstellungen, die in die Tat umgesetzt wurden.

DAS ENDE DES REGENBOGENS
(Napoleon Hill's Magazine, August 1921)

Am siebten und letzten, wichtigsten Wendepunkt meines Lebens wurde ich dazu gezwungen, auf dem staubigen Boden der Armut zu knien und das harte Brot aller meiner alten Torheiten zu kauen. Ich musste mein luxuriöses Haus verlassen und in eine Einzimmerwohnung ziehen, wo ich einen unendlichen Monat lang qualvolle Not litt.

Doch dann begann sich die Dunkelheit des Scheiterns zu lichten. Die Dämmerung des Erfolges warf ihr erstes freundliches Licht auf mich und als ich vor Hunger und Angst noch ganz schwach war, kam die letzte Prüfung auf mich zu. Sie sah so aus, dass mir genug Geld angeboten wurde, um alle meine Bedürfnisse zu befriedigen.

Es war eine harte, schonungslose Prüfung – denn sie machte es zur Bedingung, dass ich alle meine Ideale aufgab, für die ich zuvor zwanzig Jahre lang gekämpft hatte. Ich lehnte das Angebot ab, obwohl ich nicht wusste, wie es ohne finanzielle Unterstützung weitergehen sollte. Es war so, als ob man einem Mann, der tagelang nichts gegessen hat, eine reichhaltige Mahlzeit anbieten würde.

Als ich dieser Versuchung widerstanden hatte, spürte ich, wie mich unsichtbare Kräfte berührten. Plötzlich wurde mir die Präsenz von unsichtbaren Wesen bewusst. Die Dunkelheit der Verzweiflung begann zu schwinden. Ich blickte nach Osten und siehe! Ich stand am Ende des Regenbogens.

Ich sah keinen Topf voller Gold, sondern etwas noch viel Kostbareres. Ein Engel berührte mich an der Schulter. Ich sah ihn zwar nicht tatsächlich mit eigenen Augen, doch mir war klar, dass es ein Engel sein musste. Denn kein sterbliches Wesen hätte so wunderschön und weise zu mir sprechen können, wie diese innere Stimme, die mich, als ich mich ihr zuwandte, mit den Worten grüßte:

»Im Schatten einer jeden Niederlage da steht Gott.«

Ich wende mich nicht ab von ihrem Lachen und ihrem Weinen –
Denn beide sind Teil des unendlichen Plans –
Lasst mich im Haus am Wegesrand weilen
und stets der Freund der Menschheit sein.
(Sam Walter Foss)

JEDER FEHLSCHLAG UND JEDER FEHLER
(Napoleon Hill's Magazine, März 1922)

Ist es Ihnen schon einmal in den Sinn gekommen, dass jeder Fehler und jeder Fehlschlag, den Sie überstehen, sowie jedes Hindernis, das Sie meistern, in Ihrem Inneren Weisheit, strategisches Denken und Selbstbeherrschung entwickeln? Ohne diese Eigenschaften könnten Sie kaum große Unternehmungen vollbringen.

Niemand erleidet gerne einen Fehlschlag, und doch kann er in eine Leiter verwandelt werden, über die Sie das Maximum menschlicher Leistungen erreichen können. Das kann dann erfolgen, wenn Sie die Lektionen, die Sie aus Ihrem Scheitern lernen, in organisierte Form bringen, sie klassifizieren und als Leitlinie zugrunde legen.

Wenn Ihre Fehlschläge Sie verbittern und in Ihrem Herzen Zynismus erzeugen, dann werden Sie sich bald auch Ihren Wert als Mensch ruinieren. Wenn es Ihnen dagegen gelingt, die Fehlschläge als notwendige Lehrmeister anzusehen, und sie in einen Schutzschild umzuwandeln, dann schaffen Sie sich dadurch einen unüberwindbaren Schutz.

Unsere Eitelkeit veranlasst uns dazu, uns mehr Gedanken über unsere Erfolge zu machen als über unsere Fehlschläge. Doch wenn wir die Erfahrungen derjenigen nutzen, die in der Welt am erfolgreichsten waren, werden wir feststellen, dass man sich besonders selbstkritisch beobachten sollte, wenn man beginnt, Erfolg zu haben. Denn der führt den Menschen oft dazu, in seinen Bemühungen nachzulassen und die ewige Wachsamkeit aufzugeben, die ihn sonst immer dazu bringt, die ganze Kraft seiner kämpferischen Natur in die Tätigkeit hinein zu legen, die er gerade ausübt.

FREUNDE, DIE SICH ALS FALSCH ERWEISEN
(Napoleon Hill's Magazine, Juli 1921)

Es kann passieren, dass sich viele Ihrer Freunde als falsche Freunde erweisen und dadurch Ihrem Vertrauen in andere Menschen einen empfindlichen Schlag versetzten. In solchen Stunden der Enttäuschung und der Prüfung gibt es aber trotzdem stets einen Menschen, den Sie um Trost bitten können.

Um festzustellen, wer das ist, brauchen Sie nur in den Spiegel zu schauen!

Denn letzten Endes gibt es niemanden, auf den mehr Verlass ist und der Ihnen besser helfen kann, als Sie selbst. Womöglich benutzten Sie es als ein Alibi, andere für Ihre Fehlschläge verantwortlich zu machen. Doch es ist und bleibt nun einmal die Wahrheit, dass Sie selbst für Ihr eigenes Fortkommen verantwortlich sind, – oder eben auch dafür, dass Sie nicht vorankommen. Sie können sich glücklich schätzen, wenn Sie dafür ein Bewusstsein entwickeln können und sich künftig selbst für Ihre Lebensumstände zur Rechenschaft ziehen.

Sehen Sie anderen ihre Unzulänglichkeiten nach, doch ziehen Sie sich selbst stets streng zur Rechenschaft, wenn Sie Anspruch auf die Führung einer Unternehmung erheben wollen.

HOFFNUNG!
(Napoleon Hill's Magazine, September 1921)

Nimm die Sache in Angriff und Du wirst sie beherrschen.
(Ralph Waldo Emerson)

Erfolg muss man sich erkämpfen! Abraham Lincoln schrieb die größte Rede, die je auf Englisch gehalten wurde, in wenigen Augenblicken einfach auf die Rückseite eines Briefumschlages. Die Gedanken hinter diesen Worten aber waren unter den Bedingungen von Not und Kampf entstanden.

Auf Ihrem ganzen Lebensweg werden Sie viele Hindernisse antreffen, und zwar immer wieder. Von Zeit zu Zeit werden Sie auch von Fehlschlägen heimgesucht werden, doch denken Sie stets daran, dass es eine Methode der Natur ist, Ihnen Fehlschläge und Hindernisse in den Weg zu stellen, ähnlich wie einem Pferd, das beim Training über Hindernisse springen muss. Denken Sie daran, dass Sie daraus die größten Lehren überhaupt ziehen können.

Jedes Mal, wenn Sie einen Fehlschlag meistern, verleiht es Ihnen Stärke und bereitet Sie darauf vor, der nächsten Schwierigkeit gegenüberzutreten. Die Augenblicke der Prüfung werden auf Sie genauso zukommen, wie auf jeden anderen auch.

Wenn Sie allerdings zweifeln und kein Vertrauen in sich selbst und Ihre Mitmenschen haben, dann wird das dunkle Schatten auf Sie werfen. Doch die Art und Weise, wie Sie unter solch schwierigen, negativen Umständen handeln, wird zeigen, ob Sie Stärke entwickelt haben oder ob Sie zurückweichen.

»Und auch das wird bald vorübergehen.« Nichts währt ewig. Warum sollen wir uns da von Enttäuschung, Groll oder dem Gefühl schreiender Ungerechtigkeit aus der Fassung bringen lassen? Diese Gefühle werden schon bald von selbst wieder verschwinden.

Schauen Sie auf Ihre Vergangenheit zurück und erkennen Sie, dass Erfahrungen, die noch vor Kurzem schwer auf Ihnen lasteten und das Ende aller Hoffnung zu bedeuten schienen, schließlich vorübergingen und Ihnen einen Zuwachs an Weisheit hinterließen.

Die ganze Welt befindet sich in stetigem Fluss. Auch Sie selbst sind stetem Wandel unterworfen. Die Evolution heilt die Wunden, die Enttäuschungen in unserem Herzen hinterlassen haben. Es gibt keine Schwierigkeit, die Sie zugrunde richten kann, wenn Sie nur immer im Sinn behalten, dass »auch das bald vorübergehen wird.«

Ich blickte auf die schwere Last von Kummer und Sorgen, die gestern noch das Glück aus meinem Herzen gedrängt hatten und siehe! Sie hatten sich in Stufen der Erfahrung verwandelt, über die ich immer höher hinauf gestiegen war.

WIE MAN PRÄZISE DENKT
(Napoleon Hill's Magazine, März 1922)

Der Unterschied zwischen jemandem, der Erfolg hat und jemandem, der scheitert, liegt vor allem in ihrer jeweiligen Denkweise. Präzises Denken ist eine Frage der Gewohnheit und jeder normale Mensch kann es entwickeln – er muss nur die Charakterstärke haben, das von sich einzufordern.

Die Kunst des präzisen Denkens ist vergleichsweise einfach, und doch gibt es nur wenige, die sie beherrschen. Praktisch basiert fast jede nennenswerte Leistung auf der Grundlage des präzisen Denkens.

Es besteht aus zwei Schritten: Erstens muss man lernen, Tatsachen von bloßen Informationen zu unterscheiden. Niemand kann ein präziser Denker werden, wenn er sich auf Hinweise verlässt, die er nur vom Hörensagen oder aus der Gerüchteküche kennt. Niemand, der alles, was er in der Tagespresse liest, für tatsächlich wahr hält, kann darauf hoffen, ein präziser Denker zu werden, weil in den Zeitungen nicht immer nur Tatsachen stehen.

Wenn man sich nun hinsichtlich einer bestimmten Sache Fakten verschafft hat, muss man sie in zwei Klassen einteilen: in wichtige und unwichtige.

Solange man nicht gelernt hat, Tatsachen in diese beiden Klassen einzuteilen, ist präzises Denken nicht möglich.
Nach dieser Unterscheidung muss man die unwichtigen, überflüssigen, detaillierten Informationen ausklammern und seine Zeit darauf verwenden, aus den für einen bestimmten Zweck

relevanten Fakten einen gezielten Handlungsplan zu entwerfen.

Das ist im Wesentlichen schon alles, was sich hinter dem einfachen Vorgang des präzisen Denkens verbirgt.

Stellen Sie sich vor, dass Sie jemanden sagen hören, er wüsste »aus der Zeitung« dass »X« ein Krimineller sei, weil ihm eine unredliche Handlung zur Last gelegt würde. Wenn derjenige dann gar nicht erst versuchte, sich die tatsächlichen Fakten über den Fall zu verschaffen, dann würde Ihnen das ohne Frage zeigen, dass dieser Mensch nicht präzise denkt.

Es ist überaus wichtig, immer daran zu denken, dass die erfolgreichsten Männer der Welt jene sind, die sich mit Meinungsäußerungen stets so lange zurückhalten, bis sie sich sicher sind, genug Tatsachen zu kennen, um sich eine Meinung bilden zu können.

Gegenüber einem Menschen, der sich vom Hörensagen und überflüssigem Klatsch genau so beherrschen lässt wie ein trockenes Blatt von einem plötzlichen Windstoß, hat ein präzise denkender Mensch viele Vorteile. Einer davon ist das Selbstvertrauen, das er aus der Gewissheit schöpft, so lange gesucht zu haben, bis er alle notwendigen Fakten gefunden hat.

Ein Mensch, der sich stets nach den Tatsachen richtet und so lange nach der Wahrheit sucht, bis er sie auch tatsächlich gefunden hat, ist nur schwer zu besiegen. Jemand, der sein Werturteil nur aufgrund von ungeprüften Informationen bildet, besiegt sich dagegen praktisch selbst.

Ein sehr bekannter Mann, der in der Stahlindustrie mehrere Millionen verdient hat, hat an der Wand in seinem Büro ein einziges Schild mit folgender, fettgedruckter Aufschrift hängen: »BESORGE DIR DIE FAKTEN!«

Auch für uns ist das keine schlechte Gedächtnisstütze. Denken Sie beim nächsten Mal daran, wenn Sie merken, dass Sie handeln, ohne dass Ihnen die Fakten bekannt sind.

Wenn ich dürfte, würde ich an dem Schild eine einzige kleine Änderung vornehmen: »BESORGE DIR DIE FAKTEN UND SORTIERE SIE.«

Das würde automatisch nahelegen, die weniger wichtigen Fakten auszuklammern. Insgesamt würde es schließlich dazu führen, dass wir uns präzises Denken zur Gewohnheit machen.

Wenn Sie sich einmal zurückerinnern, werden Sie höchstwahrscheinlich feststellen, dass Sie die meisten Ihrer Fehler hätten vermeiden können, wenn Sie sich stets zunächst die Fakten besorgt hätten. Wenn ein Nachbar einen anderen verleumdet, verschaffen Sie sich die Tatsachen darüber. Wenn Sie jemand zu einer angeblich vorteilhaften Investition überreden will, beschaffen Sie sich zunächst die Fakten.

Diese Gewohnheit wird Ihnen viel Kummer ersparen. Sie wird aus Ihnen schließlich einen Menschen machen, der präzise denkt.

DAS GESETZ DER AUSGLEICHENDEN GERECHTIGKEIT
(Napoleon Hill's Magazine, März 1922)

Der Wert, für den eine bestimmte Zahl steht, verändert sich nie.
(Ralph Waldo Emerson)

Die Zeit liefert uns aussagekräftige Beweise dafür, dass es ein Gesetz der ausgleichenden Gerechtigkeit gibt. Die Gerechtigkeit wird niemals besiegt – sie wird oft nur auf einen späteren Zeitpunkt verschoben.

Man kann das Gesetz der ausgleichenden Gerechtigkeit nur dann richtig verstehen, wenn man die Faktoren Zeit und Raum berücksichtigt. Belohnungen für Tugendhaftigkeit und Strafen für Missetaten werden oft über Jahre, manchmal sogar über eine ganze Generation, vorenthalten.

In der Regel greift das Gesetz der ausgleichenden Gerechtigkeit jedoch vergleichsweise schnell: »Die Strafe folgt dem Verbrechen auf dem Fuße.« Denn im Großen und Ganzen ernten wir stets das, was wir gesät haben.

Es kann passieren, dass jemand, der ein Betrüger ist, mit seinem gerissenen Vorgehen anscheinend dennoch davon kommt. Doch eines Tages wird er dafür teuer bezahlen, nämlich damit, dass ihm die Menschen in seiner Nähe nicht mehr vertrauen und ihm nicht länger freundlich begegnen.

Auf der anderen Seite kann es sein, dass ein Mensch die Goldene Regel schon über sehr lange Zeit angewendet hat und doch noch immer nicht die Früchte für sein moralisches Verhalten zu ernten scheint. Doch wer weiß, mit wie viel Glück er noch belohnt werden wird, das ihm nie zuteil geworden wäre, wenn er nicht nach der Goldenen Regel gehandelt hätte.

Es ist die Ausnahme und nicht die Regel, wenn die Welt einem Menschen den ihm gebührenden Lohn für seine Leistungen aus Nachlässigkeit oder willentlich vorenthält.

Das Gesetz der ausgleichenden Gerechtigkeit wirkt oft still und unbemerkt, es sei denn, ein Mensch hat sich darauf eingestimmt, seine leisen Botschaften zu hören. Der Kluge zweifelt die Existenz des Gesetzes der ausgleichenden Gerechtigkeit weder an noch macht er sich darüber lustig. Vielmehr passt er sein Verhalten an die Wirkungsweise des Gesetzes an und macht es sich so für seine Zwecke im Leben zunutze.

DER MAGISCHE SCHLÜSSEL
(Napoleon Hill's Magazine, Juni 1921)

Es gibt einen großartigen magischen Schlüssel, der die Tür zum Herzen eines Menschen öffnet und jedem, der ihn verwendet, dazu verhilft, freundlich hineingebeten zu werden.

Wenn dieser Schlüssel überall auf der Welt verwendet würde, könnte es keine Kriege mehr geben.

Er würde jedem das Verlangen nehmen, seine Mitmenschen um das ihnen Zustehende zu betrügen.

Dieser Schlüssel würde auch die Tür zu dem großen Lagerhaus öffnen, in dem alles Wissen verwahrt ist, und uns den

Frieden, die Freude, das Glück und den Erfolg offenbaren, die sich dann einstellen, wenn man versteht, wie das Herz des Menschen schlägt.

Der Schlüssel würde uns gewiss das höchste Glück bringen.

Er würde uns ebenfalls mit allen Notwendigkeiten des Lebens versorgen sowie mit allem Luxus, den wir uns gern gönnen würden.

Und worum handelt es sich nun bei diesem großartigen, magischen Schlüssel? Um die GOLDENE REGEL!

Wenn wir alle das Gesetz begreifen würden, das hinter der Goldenen Regel steht, dann würden wir erkennen, dass es nötig ist, »Hüter seines Bruders« zu sein.

Streiks und Aussperrungen würden zu den Absurditäten gehören, die kein zivilisiertes Land mehr hinnehmen würde.

Profitstreben würde all jene, die töricht genug wären, es zu betreiben, prompt zum Scheitern bringen.

Wenn Sie wissen möchten, ob Sie Ihre Nachbarn gerecht und richtig behandeln, dann brauchen Sie bloß jede Situation, in die Sie einen Mitmenschen bringen, umzukehren und sich in ihn hineinzuversetzen.

Wenn Sie dann das Gefühl haben, nicht gerne mit ihm tauschen zu wollen, dann können Sie sicher sein, dass Ihr Vorhaben nicht im Einklang mit der Goldenen Regel steht.

Sie können sich ebenso sicher sein, dass früher oder später die ewige Waagschale zum Ausgleich gebracht wird und dass Sie in die gleiche Lage geraten werden, in die Sie Ihren Mitmenschen gebracht haben.

GELEGENHEITEN
(Napoleon Hill's Magazine, Januar 1922)

Noch nie haben sich in der Weltgeschichte günstige Gelegenheiten in solch einem Überfluss geboten wie heute. Das einzige, was wir lernen müssen, ist, sie zu begreifen.

Wir haben festgestellt, dass Menschen nur dadurch eingeschränkt werden, dass es ihnen selbst an Selbstvertrauen fehlt und dass sie nicht an ihre Mitmenschen glauben.

Die Art und Weise, wie die Natur im Laufe der letzten zwanzig Jahre der Menschheit ihre Geheimnisse preisgegeben hat, beweist, dass wir viel erreichen können, wenn wir nur lernen, auch viel von uns zu erwarten.

Uns wurde nahegebracht, wie unsinnig Streit und Rache sind, und wie konstruktiv und gewinnbringend dagegen gemeinsam unternommene Anstrengungen sind. Der Weltkrieg hat uns gelehrt, dass überall dort, wo Menschen zerstörerische Bestrebungen verfolgen, der Sieger immer zugleich auch der Verlierer ist.

Nach all diesen Lektionen, die wir gelernt haben, haben wir nun die Gelegenheit, die Summe all dessen, was wir gelernt haben, an unsere Kinder weiterzugeben, und es damit zum Bestandteil ihrer Lebensphilosophie zu machen. Und die Welt wird staunen über die grandiosen Leistungen, die die nächste Generation erreichen kann. Nur mithilfe dieser Methode können wir den Nutzen aus allem, was wir durch unsere Kämpfe und Experimente gelernt haben, an unsere Nachkommen weitergeben. Welch vortreffliche Möglichkeit sich daher jetzt den Leitern von Schulen, Kirchen und Zeitungen eröffnet. Denn dies sind die drei führenden Medien, über die diese fabelhaften Lehren fest in den Köpfen unserer Jugend verankert werden können.

Diejenigen, die diese Chance erkennen und mutig und engagiert genug sind, um sie zu ergreifen, können schnell zu Ruhm und Reichtum gelangen. Dabei werden sie von der machtvollen Kraft getragen, die aus dem Chaos, den Konflikten und den Katastrophen der vergangenen sieben Jahre erwachsen ist.

Lassen Sie jeden von uns durch seine persönliche Unterstützung und Mitarbeit dazu beitragen, dass unsere Kindern mit den Vorteilen vertraut gemacht werden, die es bringt, Prinzipien höher zu bewerten als den Dollar, und die Menschheit insgesamt höher als die Interessen des Einzelnen.

ORGANISIERTES BEMÜHEN
(Napoleon Hill's Magazine, April 1922)

Aus organisiertem Bemühen erwächst Macht. Regentropfen verfügen über ein enormes Maß an Kraft. Doch solange sie nicht in organisierte Form gebracht und die Niagarafälle hinunter oder über ein Mühlrad geleitet werden, oder sich in einem Dampfkessel ausbreiten können, stellen sie nur eine potenzielle Kraft dar.

Auch in Ihnen verbirgt sich Kraft, doch solange sie nicht durch die Koordination Ihrer Fähigkeiten organisiert wird und auf das Erreichen eines bestimmten Ziels ausgerichtet wird, handelt es sich bei ihr ebenfalls nur um potenzielle Kraft.

Die Natur liefert uns in jeder Hinsicht vortreffliche Beispiele dafür, wie notwendig Organisation ist.

Jeder Grashalm, jedes Insekt, jeder Tier und jeder Stern, den das menschliche Auge ausmachen kann, ist ein fabelhaftes Beispiel für organisierte Bemühungen höchster Ordnung.

Auch jeder Mensch, der Erfolg hat, ist dazu gekommen, indem er das Prinzip organisierter Bemühungen angewendet hat. Andrew Carnegie hat dadurch Millionen verdient. Entgegen der verbreiteten Meinung hat er seine Millionen nicht durch die Stahlproduktion verdient, sondern dadurch, dass er den Verstand vieler Menschen in organisierte Form gebracht hat. Dass er damit ausgerechnet in der Stahlindustrie seinen finanziellen Erfolg erzielt hat, ist reiner Zufall. Er hätte das genauso gut in der Baumwollindustrie erreichen können. Denn ein organisierter Geist kann in jeder Unternehmung erfolgreich sein.

Die Erfolgsformel ist genauso bestimmbar wie die Regeln der Mathematik und das eigentliche A und O dieser Formel ist das organisierte Bemühen.

Derjenige, der es gelernt hat, die Macht des organisierten Bemühens für sich einzusetzen, der wird immer von den bereits vorhandenen gesammelten Fakten profitieren, die er benötigt, um sein Ziel zu erreichen oder um eine bestimmte Arbeitsaufgabe zu erledigen. Er kann sich an Bibliotheken und Laboratorien wenden und sich dort eingehend über alles informieren, was andere bereits über ein bestimmtes Thema herausgefunden haben. Das ist einer der ersten und wichtigsten Schritte, die jeder machen muss, der die Macht des organisierten Bemühens für sich einsetzten will.

DAS RÄTSEL DES LEBENS
(Napoleon Hill's Magazine, Juni 1921)

Es ist nicht mehr als ein Schachbrett von Tag und Nacht,
auf dem das Schicksal mit den Menschen spielt.
Es zieht vor und zurück, wirft Figuren um, setzt sie matt
bis eine nach der anderen wieder im Kästchen liegt.

Das höchste Mysterium der Welt ist das Leben! Wir kommen ungefragt auf diese Welt – von wo, ist gänzlich ungewiss! Wir gehen auch ungefragt von dieser Welt – wohin, ist gleichfalls ungewiss! Unaufhörlich versuchen wir, das große Rätsel des Lebens zu lösen – doch zu welchem Sinn und Zweck?

Niemand, der nachdenkt, wird bezweifeln, dass wir aus einem bestimmten Grund auf diese Erde gebracht wurden. Wäre es daher nicht denkbar, dass die Macht, die uns hierher gebracht hat, auch weiß, was mit uns geschieht, wenn wir über die große Schwelle treten?

Wäre es nicht sinnvoll, dem Schöpfer, der uns auf diese Welt gebracht hat, so viel Intelligenz zuzubilligen, dass er schon wissen wird, was er mit uns tun soll, wenn wir hinüber gehen? Oder sollten wir annehmen, dass wir über die Intelligenz und die Fähigkeit verfügen, um unser künftiges Leben auf unsere Art selbst zu steuern?

Vielleicht könnten wir ja auch mit dem Schöpfer zusammenarbeiten. Das würde so aussehen, dass wir die Kontrolle über unser Verhalten auf der Welt übernehmen und es so steuern, dass wir aufrichtig und anständig miteinander umgehen und in jeder Hinsicht so viel Gutes tun, wie in diesem Leben möglich. Alles, was danach kommt, würden wir demjenigen überlassen, der gewiss besser weiß als wir, was das Beste für uns ist.

Der Ball fragt nicht nach Ja und Nein, er fliegt,
nach rechts und links, wenn der Spieler ihn schießt.
Der, der Dich hinabwarf auf das große Spielfeld,
er weiß Bescheid, er kennt die Welt.

LEISTUNGEN
(Napoleon Hill's Magazine, Juli 1921)

Wenn der Herr, dem Sie dienen, undankbar ist, dann dienen Sie ihm umso besser. Stellen Sie Gott Ihre Arbeit in Rechnung. Jede gute Tat wird vergolten werden. Je länger Ihr Lohn zurückgehalten wird, desto besser für Sie. Denn in diesem Schatzamt ist es üblich, dass Ihr Lohn später samt Zins plus Zinseszins ausgezahlt wird.
(Ralph Waldo Emerson)
Stärke entwickelt sich aufgrund von Widerstand. Leisten Sie von daher das Beste, zu dem Sie fähig sind, und zwar unabhängig von der finanziellen Entschädigung, die Ihnen für Ihre Bemühungen bezahlt wird.

Ihre Stärke entwickelt sich dadurch, dass Sie alle Ihre Fähigkeiten in organisierte Form und bis zum Äußersten zum Einsatz bringen, genau wie einen Arm, der dadurch kräftig wird, dass man ihn ständig benutzt.

Machen Sie sich keine Gedanken über Ihre Bezahlung. Lernen Sie von dem Bauern, der zunächst seinen Acker pflügt und ihn düngt, dann die Saat ausbringt und schließlich auf das Ergebnis wartet, nämlich auf eine sichere, reichhaltige Ernte.

Bringen auch Sie die Saat Ihrer Leistungen aus, die dem Umfang und der Qualität nach stimmen. Warten Sie dann ab, was geschieht, wenn Sie sich erst einmal den Ruf aufgebaut haben, ein Mensch zu sein, der immer mehr leistet als das, wofür er bezahlt wird.

Wenn Sie es sich zur Gewohnheit machen, mehr und bessere Leistungen zu erbringen als die, zu denen Sie vertraglich verpflichtet sind, dann wird bald das Gesetz der steigenden Erträge zu Ihren Gunsten wirken. Sie werden sogar noch davon profitieren und auch für Sie wird bald die Erntezeit anbrechen. Denn schon bald werden Ihre Leistungen heiß begehrt sein und man wird Ihnen bereitwillig mehr bezahlen als das Geld, für das Sie in Wirklichkeit gearbeitet haben.

Kein Schwindler, Betrüger und Spieler hat jemals profitiert,
von erhabener Moral oder von Sachverstand.
Denn das Wissen darum ist für die Tätigen reserviert.
Das Naturgesetz sagt: Die Macht gehört in des Schaffenden Hand.

GESELLSCHAFTLICHE VERERBUNG
(Napoleon Hill's Magazine, August 1921)

Alle Gedanken an Kriege, religiöse Gegensätze, Rassenhass, Engstirnigkeit sowie an Ungerechtigkeit und Weltherrschaft können binnen nur einer Generation vollständig beseitigt werden! Wenn das zutreffen würde, dann wäre das eine machtvolle Anklage gegen unsere überhebliche Zivilisation.

Unter welchen Umständen und vom wem könnte ein solches Wunder vollbracht werden?

Es könnte durch die vereinten Bemühungen von Religionsführern, Ausbildungsinstitutionen und den Pressemedien erfolgen. Denn sie verfügen über die Macht, neue Ideale im Geist der Jugend zu verankern, die die Menschheit über ihre derzeitigen, nachteiligen Tendenzen hinauswachsen lassen können. Sie könnten uns auch allen aufzeigen, wie vorteilhaft es ist, die Menschheit insgesamt wichtiger zu nehmen als den Einzelnen.

Innerhalb nur einer Generation könnten diese drei führenden Kräfte durch den Grundsatz der gesellschaftlichen Vererbung jede Ursache für Auseinandersetzungen unter den Menschen aus der Welt schaffen. Durch diesen Grundsatz würde der Jugend das neue Ideal eingeprägt, das Wohl des Einzelnen dem allgemeinen, gesellschaftlichen Wohl unterzuordnen.

Japan hat durch das Prinzip der gesellschaftlichen Vererbung das größte Wunder der Neuzeit vollbracht. Es hat die Maxime, die eigenen Interessen den allgemeinen Zielen des Staats unterzuordnen, in den Köpfen der Jugend verfestigt. Dadurch hat sich Japan in nur wenigen Jahrzehnten in eine potenzielle Macht – zum Guten oder zum Schlechten – verwandelt, die die Macht des Alten Rom in den Schatten stellt.

Du überhebliche Zivilisation, schau dort hin und denke nach!

EINSAMKEIT!
(Napoleon Hill's Magazine, Juli 1921)

Ihr vom Sturm geschüttelten Seelen, unter welchen Umständen auch immer Ihr leben mögt, seid gewiss: Im Ozean des Lebens warten die lächelnden Inseln der Seligkeit und die sonnigen Ufer Eurer Ideale nur auf Eure Ankunft ...
... Haltet das Steuer Eurer Gedanken fest im Griff. Im Schiff Eurer Seele ruht der Kapitän. Weckt ihn auf.

Gehen Sie Menschenmengen aus dem Weg, entspannen Sie sich, stellen Sie die Tätigkeit des Denkens ein, und geben Sie dem Genie in Ihrem Inneren die Gelegenheit, sich Ausdruck zu verleihen.

Wenn Sie sich jeden Tag dreißig Minuten lang der Entspannung widmen, dann wird Ihnen das Gelassenheit und Selbstkontrolle verleihen, ohne die Sie niemals bei einer Ihrer Unternehmungen Meisterschaft erlangen können.

Kapitel 13

In der Stille der Natur liegt etwas, das Ihnen Glauben, Mut und Selbstvertrauen gibt. Gehen Sie in den Wald, vergessen Sie für eine Weile alle Menschen und gestatten Sie den sanften Kräften der Natur, Besitz von Ihnen zu ergreifen.

Bei diesen Besuchen in Ihrem Inneren, werden Sie in der Einsamkeit Ihres Herzens verstehen, wer Sie sind und welches Ihre Aufgabe im Leben ist.

Milton leistete die beste Arbeit seines Lebens, nachdem ihn seine Blindheit gezwungen hatte, in seinem inneren Selbst einen Gefährten zu finden.

Helen Keller gilt in diesem Zeitalter als ein Wunder, weil sie weder über Augenlicht, noch Gehör, noch Sprache verfügte und dadurch ebenfalls gezwungen war, die Gesellschaft ihres inneren Selbst zu suchen.

Dieses Bindeglied zwischen Ihnen und Gott können Sie nur in Ihrem eigenen Herzen finden, sonst nirgends. Zwischen Ihnen und der Meisterschaft gibt es einen Geheimweg, den Sie nur in der ruhigen Gelassenheit der Gedanken entdecken können, die Sie durchfließt, wenn Sie allein, entspannt und aufnahmefähig dafür sind.

Das alles ist keine Moralpredigt, sondern es sind wissenschaftliche Tatsachen, die Sie geradewegs zum Ziel Ihrer Träume bringen können, wenn Sie sie studieren und anwenden.

Jeder Mensch befindet sich genau dort, wo er dem Gesetz seines Wesens nach hingehört. Die Gedanken, mit denen er seinen Charakter gebildet hat, haben ihn genau an diesen Platz befördert. In seinem Lebensplan gibt es kein Element des Zufalls, denn alles unterliegt einem Gesetz, das nicht irren kann.

HALTEN SIE INNE, SCHAUEN SIE HIN UND DENKEN SIE NACH!
(Napoleon Hill's Magazine, Oktober 1921)

Gehen Sie mit dem Burschen, der einen Fehler gemacht hat, nicht zu hart ins Gericht. Wäre die ganze Wahrheit bekannt, käme vielleicht ans Licht, dass auch Sie, Ihr Vater oder Ihr Großvater »höllisch in der Klemme stecken« würden, wenn man Sie nach nur einer einzigen Ihrer Handlungen beurteilen würde. Fast jeder Mensch macht Fehler und derjenige, der abstreitet, jemals einen gemacht zu haben, der gesteht damit zugleich ein, noch nie etwas Nennenswertes im Leben geleistet zu haben. Wenn ich einen Menschen sehe, der versucht, den »Scharlachroten Buchstaben«[9] auf der Brust eines anderen zu enthüllen, dann frage ich mich: Trägt er nicht selbst auch ein Schandmal, das ihn bis an sein Lebensende ruinieren könnte, wenn die Justiz ihn dafür belangen würde? Immer, wenn ich mich versucht fühle, jemanden bloßzustellen oder zu kritisieren, dann gehe ich allein an die frische Luft und lese Emersons Aufsatz mit dem Titel *Compensation*. Denn in solchen Situationen benötige ich immer wieder eine Dosis der Wahrheit, die der Text lehrt. Vielleicht könnte Ihnen das auch nützen – wer weiß?

DANKE
(Napoleon Hill's Magazine, Juni 1921)

Ich bin dankbar dafür, dass ich in Armut geboren wurde und nicht mit einem Beutel Goldstücke um den Hals auf eine Welt kam, die ganz von den Launen meiner reichen Eltern bestimmt wurde.

Ich danke für die Widrigkeiten, die meinen Weg durchkreuzt haben, denn sie haben mich Selbstkontrolle, Beharrlichkeit, Toleranz und Vergebung gelehrt.

Auch für die Fehler, die ich gemacht habe, bin ich dankbar, denn durch sie habe ich die Weisheit der Achtsamkeit gelernt.

Ich danke ebenfalls für meine Entdeckung, dass mir nur das, was ich für mich selbst tue, dauerhaft von Nutzen ist.

Ferner danke ich dafür, gelernt zu haben, dass ich exakt in dem Maße wirkliches Glück erlebe, wie ich anderen dabei helfe, glücklich zu sein.

Ich danke auch dafür, gelernt zu haben, dass ich erst etwas *geben* muss, bevor ich mir etwas dafür *nehmen* darf und dass ich genau das, was ich gebe, zurückerhalte.

Darüber hinaus bin ich dankbar dafür, dass ich erfahren habe, wie ich Menschen, die ungerecht zu mir waren, am besten bestrafe: Nämlich gar nicht, außer dadurch, dass ich die Philosophie der Goldenen Regel anwende.

Ich zeige mich auch dafür erkenntlich, aus dem gerade beendeten Weltkrieg gelernt zu haben, dass selbst rohe Gewalt die noch erhabenere Macht des Rechtes nicht besiegen kann. Das gilt sowohl für den Einzelnen als auch für ganze Nationen.

Ich bin dankbar dafür, dass ich gelernt habe, wie töricht es ist, eine Handlung zu begehen, von der nicht alle Beteiligten profitieren.

Schließlich danke ich dafür, dass ich das Prinzip »Gleiches zieht Gleiches an« begriffen habe, sowie den Grundsatz: »Denn was der Mensch sät, das wird er ernten.«

DAS SIND MEINE VORSÄTZE
(Napoleon Hill's Magazine, März 1922)

Als ein Mann, der bei guter Gesundheit und im vollen Besitz seiner geistigen Verfügungsgewalt ist, halte ich hiermit meine Vorsätze schriftlich fest: Ich werde aus den Erfahrungen anderer lernen und nicht so lange abwarten, bis mich meine eigenen Erfahrungen zur Vernunft bringen. Ich werde aufmerksam sein: Ich werde von jedem Menschen, dem ich begegne, etwas lernen. Meinen Geschmack werde ich von meinem Intellekt leiten lassen und so dazu kommen, die richtigen Dinge zu mögen. Das oft von schwachen Menschen genannte Argument »an meinen Vorlieben und Abneigungen kann ich nichts ändern« werde ich verwerfen.

Ich werde dafür sorgen, dass ich körperlich gesund und geistig integer bleibe. Das lediglich zufriedenstellende Niveau dessen, was die meisten Menschen leisten und darstellen, werde ich nicht akzeptieren. Ich werde es keiner Person oder Institution gestatten, durch Zwang meine Meinung zu beeinflussen – meine Urteile werde ich unerschrocken unbestechlich fällen und dabei jeder Verführung widerstehen. In meinen Urteilen werde ich nicht grausam oder beleidigend sein, sondern bescheiden und Argumenten gegenüber aufgeschlossen. Ich werde keinem gesellschaftlichen oder wissenschaftlichen Thema Glauben schenken, das ich nicht ganz verstehe. Meinen Lebensunterhalt werde ich mit der fachgerechten Ausübung einer bestimmten Art von Arbeit verdienen, die ich erlernen werde. Stets werde ich von jedem nur eine angemessene Gegenleistung für das annehmen, was ich selbst gegeben habe. Ich werde niemals Rache üben, keinen Groll hegen und jegliche Emotion des Bedürfnisses nach Revanche ausschalten. Das Leben ist zu kurz für Zerstörung – alle meine Bemühungen sollen konstruktiv wirken.

Ich werde mich in keinem Geschäft oder Sport engagieren, die mit Betrug, Brutalität oder Ungerechtigkeit gegenüber einem Lebewesen einhergehen. Ich werde kein Kind verletzen, keinen Mann bestrafen und keine Frau schlecht behandeln. Bei allem, was ich tue, werde ich danach streben, ein wenig zum Glück eines jeden Lebewesens beizutragen und seine Not ein wenig zu lindern. Ich werde mich fortwährend darum bemühen, auf alle Menschen, mit denen ich in Kontakt komme, einen angenehmen Eindruck zu machen. Mir ist klar, dass der Tod genauso natürlich ist wie die Geburt, und dass kein Mensch weiß, wann ihm die Stunde schlagen wird. Darüber werde ich mir keine Sorgen machen, noch werde ich dem Gedanken ausweichen. Stattdessen werde ich so leben, dass ich dann, wenn es soweit ist, bereit bin zu gehen. Ich werde immer daran glauben, dass Ehrlichkeit über Betrug geht und die Wahrheit über Lügen. Gleichermaßen ist Treue besser als Verrat und Liebe besser als Hass oder Gefühlskälte.

Mein gesamtes Leben und meine berufliche Laufbahn werde ich diesen Überzeugungen mit unerschütterlichem Vertrauen widmen.

AUCH DAS WIRD VORÜBERGEHEN
(Napoleon Hill's Magazine, April 1922)

Es wird immer Tage geben, an denen Sie entmutigt sind. Dann ist es Zeit, sich darauf zu besinnen, dass kein Mensch immer nur Glück hat. Das Rad des Lebens dreht sich immer weiter und wird Ihnen hin und wieder ganz gewiss seine unerfreuliche Seite zeigen. Wenn das geschieht, dann denken Sie einfach daran, dass Sie ja nur abwarten müssen, bis das Rad sich weiterdreht. Dabei dürfen Sie allerdings nicht den Glauben an sich selbst verlieren und an Gottes Hand, die Sie geschaffen hat. Entmutigende Erfahrungen sind vermutlich nichts weiter als der Plan der Natur, mit dem sie Sie auf irgendeine große Aufgabe im Leben vorbereitet. Während Sie abwarten, bis die derzeitigen Schwierigkeiten vorübergehen, könnte es helfen, sich an Lincoln zu erinnern. Denken Sie an die Blockhütte und das Weiße Haus und behalten Sie dabei im Sinn, dass auch das Weiße Haus kein zu hohes Ziel ist, als dass man es nicht anstreben dürfte.

ZEIT
(Napoleon Hill's Magazine, September 1921)

Du sagst, die Zeit geht wie im Flug vorüber – aber nein!
Die Zeit steht still und wir gehen weiter.

Die Zeit ist der einzige Schatz auf der Welt, der mit nichts zu bezahlen ist.

Die Zeit ist ein Freund all derer, die sich selbst treu bleiben und die im Leben offen mit ihren Mitmenschen umgehen. Dagegen ist die Zeit der Todfeind all derer, die betrügen und die *nehmen* wollen, ohne dafür etwas Angemessenes zu *geben*.

Die Zeit heilt Wunden im Herzen, stellt verlorenes Vertrauen wieder her und beseitigt Hass, Neid und Eifersucht. Die Zeit entfernt die Schuppen der Unwissenheit von den Augen. Sie enthüllt allen, die sie denn erkennen, die Schönheit, die Pracht und das Glück, die aus einer gesunden Liebe für die Menschheit entstehen.

Die Zeit ist die mächtige Hand, die die ewige Wiege des Fortschritts schaukelt. Sie behütet die ums Überleben kämpfende Menschheit in einer Phase, in der der Mensch vor seiner eigenen Dummheit beschützt werden muss.

Die Zeit bringt Sanftmut in das Herz des Menschen und trennt ihn von seinen niederen, tierischen Instinkten. Glücklich kann sich derjenige schätzen, der, bevor er vierzig wird, erkennt, welch reinigenden Wert die Zeit hat.

Ohne die Hilfe der Zeit läuft das Gesetz der ausgleichenden Gerechtigkeit ins Leere und wird praktisch wirkungslos. Die Zeit verändert die Menschheit pausenlos, sie kritisiert sie und stellt ihre Ehre wieder her. Daher kann erst dann ein Urteil über einen Menschen gefällt werden, wenn es eine beträchtlich lange Zeit abgewogen wurde.

Der Charakter eines Menschen, ob gut oder schlecht, ist die Gesamtsumme der Arbeit, die die Zeit leistet. Denn sie hilft dabei, die Gedanken und Handlungen eines Menschen langsam aber sicher zu seinem Charakter zu verweben. Ihn formt die Zeit aus allem, was sie für ihre Arbeit vorfinden kann – das Material dafür sucht sie aber nie außerhalb der Gedanken und Handlungen des Einzelnen.

Die Zeit belohnt die Menschheit für ihre Tugenden und bestraft sie angemessen für alle ihre Fehler. Und das, was sie nicht dem Einzelnen zurückzahlt oder von ihm fordert, das gibt oder nimmt sie sich von der Gesellschaft.

Oh, hätte ich nur die Zeit, von Euch zu lernen,
wie auch ich Worte des Trostes sprechen kann.
Dann würd ich sogleich meinen Willen offenbaren,
Dem die Füße zu küssen, dem ich Unrecht getan.
Hinter all der Prahlerei, würden auch die Tränen
ihren Weg zu Euch finden. Sie würden Euch sagen:
Brüder, unser aller Seelen könnten hell ertönen,
wenn wir nur die Zeit fänden, die wir nicht haben.

DIE ZEIT IST DER BESTE LEHRER
(Napoleon Hill's Magazine, März 1922)

Wer hat den Herbst seines Lebens erreicht und noch nicht erkannt, dass die Zeit ein unfehlbarer Lehrer für jeden ist, der nach der Wahrheit sucht? Die große Tragödie des Lebens der Menschen ist nicht, dass wir alle sterben müssen. Viel tragischer ist, dass viele zu einer Zeit sterben, in der sie gerade erst anfangen, die Wahrheit und die Möglichkeiten wahrzunehmen, die das Leben bietet.

Die Zeit ist ein wunderbarer Lehrer!

Wenn wir ihr eine Chance geben, wird sie uns alle Wahrheiten offenbaren, die wir für die Reise auf unserem Lebensweg benötigen.

Zu diesen Wahrheiten gehört auch diese:

Das höchste Ziel eines jeden Menschen ist das Glück, doch es stellt sich nur dann ein, wenn wir anderen dabei helfen, es zu finden.

Stärke entsteht aus Kampf und Enttäuschungen, sowie aus Niederlagen und der Überwindung von Hindernissen, die uns in den Weg gestellt werden.

Es zahlt sich aus, mehr und bessere Leistungen zu erbringen als die, für die man bezahlt wird. Denn das hilft dabei, Charakterstärke zu entwickeln und bringt die edelsten Menschen dazu, sich mit uns zu verbünden.

Sowohl auf verschlungenen als auch auf direkten Wegen werden unsere Handlungen anderen gegenüber in Form von Segen oder als Fluch auf uns zurückfallen. Denn wir ernten stets das, was wir gesät haben. Wenn die Zeit dafür reif ist, wird der Verleumder von der Schändlichkeit seiner eigenen Zunge vernichtet werden.

Feinde sind ein wertvoller Gewinn für einen Menschen, der genug Größe besitzt und tolerant genug ist, um über ihre Versuche, ihn zu vernichten, zu lächeln. Denn so jemand weiß genau, dass die Zeit immer der Freund desjenigen ist, der richtig handelt, und der Feind dessen, der Unrecht tut.

Jede Ursache hat dieselbe Natur wie die Auswirkung, zu der sie führt. Das garantiert einem Menschen, dessen Prinzipien auf der Goldenen Regel beruhen und dessen Lebensphilosophie es ist, sinnvolle Dienste zum Wohl der Menschheit zu leisten, eine angemessene Belohnung.

Wenn man die Gesetze des Erfolges bei jeder Handlung richtig anwendet, werden sie auch zu entsprechenden Ergebnissen führen. Denn diese Gesetze sind genauso bestimmbar und handhabbar wie die Regeln der Mathematik.

Der Charakter eines Menschen ist die Gesamtsumme der Gedanken, die in seinem Geist vorherrschen.

Das Denken ist die höchste organisierte Form von Energie, die dem Menschen bekannt ist, und sie ist bedeutender als alle anderen Formen organisierter Bemühungen und als jede greifbare Materie. Unehrlichkeit ist in jeglicher Form destruktiv und gefährlich. Das liegt nicht nur daran, dass der Unehrliche von seinen Mitmenschen ertappt und bestraft werden kann, sondern auch an der zersetzenden Wirkung, die die Unehrlichkeit auf ihn selbst hat. Sie führt zum Verlust von Selbstachtung und das zieht wiederum negative Eigenschaften an, die zu Misserfolgen und Niederlagen führen.

Wenn nicht jede Handlung auf Wahrheit und Gerechtigkeit beruht, dann können ihre Ergebnisse nicht dauerhaft Bestand haben. Die Natur begünstigt Falschheit oder Ungerechtigkeit auch nicht.

Mit der Zeit passen wir uns an die Umgebung, in der wir leben, zunehmend an und stimmen mit der Lebensphilosophie der Menschen überein, mit denen wir am engsten verbunden sind. Daher können wir auch unseren Charakter dadurch verändern, dass wir unser Umfeld ändern. Wir können großartige Lehren aus jedem unserer Misserfolge ziehen, ganz gleich, ob wir Kontrolle über seine Ursache hatten, oder nicht.

LETZTEN ENDES SPIELT NICHTS EINE ROLLE
(Napoleon Hill's Magazine, März 1922)

Auf der Reise durch mein Leben schnappte ich einmal einen Satzfetzen einer philosophischen Aussage auf, der mir zufällig entgegenwehte. Er kommt mir häufig zu Hilfe, wenn die Tage trostlos wirken und alles schief zu gehen scheint.

Die Botschaft kann man in folgende Worte fassen: »Letzten Endes spielt nichts eine Rolle – warum sollen wir uns da überhaupt über irgendetwas Sorgen machen?«

Wenn ich auf meine Geschäftserfahrung der vergangenen gut zwanzig Jahre zurückblicke, stelle ich fest, dass Hindernisse, die mir zunächst wie unüberwindbare Berge schienen, letztendlich bloß Maulwurfshügel waren. Die Schwierigkeiten, über die ich mir die größten Sorgen gemacht habe, sind nur selten wirklich eingetreten. Sieben Mal bin ich durch Niederlagen zu Boden gegangen und doch weiß ich, dass ich aus jeder einzelnen Situation an diesen sieben Wendepunkten in meinem Leben stärker und klüger hervorgegangen bin, als ich es vorher war.

Während ich diese Zeilen schreibe, habe ich einen Scheck in Höhe von 300 Dollar von Bernard Macfadden von der *Physical Culture Corporation* vor mir liegen. Die Leistung, für die ich mit diesem Scheck bezahlt werde, habe ich zwar in weniger als zwei Stunden erbracht. Doch in Wirklichkeit wird damit die Arbeit bezahlt, die ich aufgrund dessen leisten konnte, was ich an den sieben Wendepunkten in meinem Leben gelernt habe, die ich einst als Niederlagen bezeichnete.

Gestern Abend hielt ich vor Mitarbeitern eines großen Unternehmens einen Vortrag über die Magische Leiter zum Erfolg. Nach dem Vortrag händigte mir der Unternehmensdirektor einen von ihm unterzeichneten Scheck in Höhe von 500 Dollar aus. Das Material, aus dem ich diesen Vortrag zusammengestellt habe, stammt aus den Misserfolgen, die ich praktisch über zwanzig Jahre hinweg erlebt habe. Das bringt mich wieder darauf, dass mir damals jeder dieser Fehlschläge wie das Ende der Welt erschien.

Heute wurde mir durch eine Gruppe bekannter Wissenschaftler die Ehre zuteil, zum Präsidenten der chiropraktischen Heilanstalt *National Chiropractic Sanitarium* gewählt zu werden. Dadurch übertrug man mir die Zuständigkeit für eine Organisation, die sich das Ziel gesetzt hat, eine ganze Kette von Sanatorien in den größten Städten Amerikas aufzubauen. Wenn ich kurz überlege, warum diese Männer ausgerechnet mich dafür auserkoren haben, dann vermute ich, dass es an meinem Wissen über organisierte Bemühungen und über Führungsfragen liegen könnte. Auch über diese Themen habe ich das meiste an den sieben Wendepunkten in meinem Leben, die ich einst als Niederlagen betrachtete, gelernt.

Wenn ich genug Platz hätte, könnte ich noch viele solcher Fälle aufzählen, die alle belegen würden, dass wir auf Fehlschlägen Erfolge aufbauen können. Dazu müssen wir allerdings jeden Misserfolg als einen notwendigen Lehrmeister und als nichts anderes ansehen. Jeder dieser Fälle würde beweisen, dass sich niemand jemals über irgendetwas auf der Welt Sorgen machen muss.

Es mag bloßer Zufall gewesen sein, doch es ist und bleibt wahr, dass dieser kleine Bruchteil Philosophie,»Letzten Endes spielt nichts eine Rolle«, den Wendepunkt in meinem Leben markiert, an dem ich begann, über Misserfolge zu lächeln. Als ich damit anfing und sie nicht länger missbilligte, wurden die Fehlschläge immer seltener. Die Lehren, die ich aus ihnen zog, begannen schon bald, mich langsam an die Ziele meiner Wünsche zu bringen.

Was ist, wenn sich ein Freund als falscher Freund erweist? Was ist, wenn Sie Ihr Vermögen verlieren? Verstehen Sie denn nicht, dass Ihr wahrer Reichtum in Ihrem Verstand und in Ihrer Leistungsfähigkeit liegt und nicht im Tresor einer Bank?

Wenn Sie mit einer Situation konfrontiert werden, die Sie in Schwierigkeiten bringen kann, und wenn die lieben alten Sorgen Sie wieder einmal kalt erwischen, dann denken Sie daran, dass sie Ihnen nur dann Angst machen können, wenn Sie es zulassen – sonst nicht. Es steht in Ihrer Macht, Ihr Herz von den harten Schlägen wie Sorge, Angst und Verzweiflung abzuschirmen. Sie können das schaffen, wenn Sie die Tatsache nicht vergessen, dass »letzten Endes nichts eine Rolle spielt.«

Diese Philosophie hat mir eine Haltung der Gelassenheit gebracht, wie ich sie früher nie gekannt habe. Und genau in der Stille dieser Gelassenheit war ich in der Lage, die Stimme von jemandem zu vernehmen, dessen Stimme ich noch nie gehört hatte. Diese Stimme hat mich in Höhen geführt, die ich allein nie erreicht hätte. Sie sagte: »Letzten Endes spielt nichts eine Rolle.«

DER PFEIFENDE POSTBOTE
(Napoleon Hill's Magazine, Juli 1921)

Lassen Sie uns auf der Reise auf unserem Lebensweg nicht vergessen, dass wir nichts mitnehmen können, wenn wir uns dereinst auf den letzten Weg machen müssen. Lassen Sie uns daher, solange wir hier sind, Sonnenschein und Glück verbreiten, um den Weg anderer müder Reisender zu erhellen.

Als er aus dem Fahrstuhl gleich vor der Tür meines Büros tritt, beginnt er, eine altbekannte Melodie zu pfeifen.

Beim Schreiben dieser Zeilen greife ich den Rhythmus dieses Liedes auf und pfeife mit. Meine Stenografin hört den Rhythmus und verbindet ihn mit dem Takt ihrer Arbeit und ich bin sicher, dass auch die Leser dieser Zeitschrift den Rhythmus beim Lesen werden hören können.

Er ist ein bescheidener Postbote, der seinen Lebensunterhalt damit verdient, von morgens bis abends eine schwere Tasche auf der Schulter zu tragen. Dadurch, dass er pfeift, anstatt sein Schicksal zu verfluchen, das ihn zum Briefe austragen zwingt, erweist er den Menschen einen sehr großen Dienst.

Diese Zeilen hier sind ihm zu verdanken, er hat mich zu ihnen inspiriert. Wenn Sie sich zuweilen gern der Philosophie des Lebens zuwenden und nach den Ursachen für Glück und Leid fragen, dann gehen Sie diesem Gedanken auf den Grund.

Die Geschichte vom pfeifenden Postboten werden mehr als hunderttausend Menschen lesen und wir hoffen, dass einige von ihnen, darunter auch Sie, den Gedanken dahinter aufgreifen und weiter verbreiten werden.

Heute früh war die Sonne von schwarzen Wolken verdeckt und der Nieselregen dämpfte die Stimmung im ganzen Büro – jedoch nur so lange, bis wir den pfeifenden Postboten hörten. Er stieg aus dem Fahrstuhl und pfiff das Lied: »Pack up Your Troubles in Your Old Kit Bag and Smile, Smile, Smile.«[10] Und alle lächelten. Wir hörten noch das immer leiser werdende Echo seines Liedes, als er auf dem langen Flur wieder verschwand.

Ich weiß nicht, wie viele Herzen dieser Postbote erfreut, wenn er jeden Tag seine Runde macht, doch unserem ganzen Büro bringt er immer gute Laune. Er regt uns alle dazu an, noch mehr für die Leser dieser Zeitschrift zu tun. Wir wiederum regen unsere Leser dazu an, es dem pfeifenden Postboten gleich zu tun.

Welch ein Jammer es doch ist, dass es nicht noch mehr pfeifende Postboten, Metzger, Stenografen, Arbeitgeber und Fremde auf der Straße gibt. Niemand kann Melodien pfeifen und dabei zugleich Hass, Misstrauen und pessimistische Gedanken im Sinn haben. Das passt einfach nicht zusammen.

Die Welt könnte derzeit gut eine ganze Reihe pfeifender Postboten vertragen, denn wenn wir die Erfordernisse unserer Zeit richtig deuten, dann haben wir keinen Bedarf an schlecht gelaunten Zynikern.

Lassen Sie uns zur Abwechslung doch alle einmal pfeifen. Das mag ein bisschen seltsam wirken, doch was macht das schon?

Versuchen Sie es heute Abend, wenn Sie nach Hause kommen, einfach bei Ihrer Frau. Beginnen Sie zu pfeifen, wenn Sie die Tür erreichen. Pfeifen Sie beim Händewaschen vor dem Abendbrot. Pfeifen Sie, wenn Sie sich zum Essen an den Tisch setzen. Wenn Ihre Frau Sie dann skeptisch anschaut, erklären Sie ihr, dass Sie beschlossen haben, dass es viel einfacher ist, pfeifend durch das Leben zu gehen, als missmutig knurrend. Denn auf ein Pfeifen wird ein Pfeifen erwidert, während Knurren mit Knurren beantwortet wird und manchmal obendrein auch noch mit einem hässlichen Biss.

Beginnen Sie zu pfeifen! Es könnte Ihre Verdauungsstörungen heilen und Ihren Arbeitsplatz oder Ihr Geschäft retten.

DU KANNST DAS!
(Napoleon Hill's Magazine, April 1922)

Gehören Sie zu der kleinen Minderheit von Menschen, deren positive, selbstständige Lebenseinstellung es überflüssig macht, dass man Sie von Zeit zu Zeit ermutigt und Ihnen in Momenten der Verzweiflung Schutz bietet? Wenn nicht, dann ist es klug, vorzusorgen. Sie sollten sicherstellen, dass in solchen Momenten jemand in Ihrer Nähe ist, der Sie freundlich bei der Schulter fasst und sagt: »DU KANNST DAS!«

Wenn Sie einmal das New Yorker Büro dieser Zeitschrift besuchten, dann würden Sie sofort, wenn Sie den Fahrstuhl beträten, von folgenden drei Wörtern begrüßt werden: DU KANNST DAS! Sie stehen auf einem Schild, das dort ordentlich eingerahmt hängt. Wenn Sie aus dem Fahrstuhl kämen, würden dieselben Worte Sie an der Eingangstür begrüßen.

Sie würden diese Worte auch im Empfangsbüro lesen, sowie an jeder einzelnen Bürotür. Wenn Sie zufällig außergewöhnlich schlechte Laune hätten, würden Sie vermutlich spüren, wie die psychologische Wirkung dieser Worte Besitz von Ihnen ergreift und Sie mit Selbstvertrauen erfüllt.

Wenn Sie in dem Büro die Toiletten aufsuchten, würden Sie diese Worte über dem Spiegel hängen sehen. An keiner der Türen würden Sie irgendwelche anderen Aufschriften finden. Sie würden auf dem Schreibtisch der Stenografinnen Karten mit der Aufschrift »DU KANNST DAS!« finden. Sie sind auch auf meinem eigenen Schreibtisch die einzige Dekoration.

Vielleicht hätten Sie den Eindruck, dass diese Schilder mit der Botschaft »DU KANNST DAS!« extra für unsere Besucher entworfen worden sind, doch das stimmt nicht. Sie wurden hergestellt, um psychologisch auf die Menschen einzuwirken, die in unseren Büros arbeiten – auf jeden, vom Chefredakteur bis zum Laufburschen.

Wir haben alle mehr oder weniger dringend jede Menge Selbstvertrauen nötig. Bei der Entwicklung von Selbstvertrauen hat die Suggestion eine kraftvolle Wirkung, also sollten wir sie auch anwenden. Die Schilder mit der Aufschrift »DU KANNST DAS!« wirken in unseren Büros Wunder. Sie erinnern uns ständig daran, Selbstvertrauen zu haben.

Ab sofort werden Sie diese drei Worte auf jeder Zeitschrift lesen können, die vom Verlag *Hill Publishing Trust* veröffentlicht wird, auch auf dem *Napoleon Hill's Magazine*. Sie werden diese Worte praktisch auf jedem Briefkopf und auf jedem Briefumschlag erblicken, der unsere Büros verlässt. Sie werden sie auch sehr bald an den Wänden jedes Büros, das Sie betreten, in Farbe auf sorgfältig entworfenen Karten gedruckt sehen. Wir haben vor, solche Karten herzustellen und sie an alle, die darum bitten, gratis auszugeben.

Wir leben in einem Zeitalter, das von dem Motto »DU KANNST DAS!« gekennzeichnet ist. Wir wollen, dass ganz Amerika von diesem Gedanken erfährt und sich von ihm leiten lässt. Ich kümmere mich gerade darum, einen Radiosender in meinem Büro einrichten zu lassen, über den ich jeden Sonntagnachmittag ein Publikum von mehr als fünfzehn Millionen Menschen erreichen kann. Dadurch will ich ihnen Dienste anbieten, die die Arbeit ergänzen, die ich mit dem Schreiben leiste. Die Entscheidung, diese zusätzliche Dienstleistung anzubieten, ist aufgrund des »DU KANNST DAS!«-Schildes gefallen, das unter meiner gläsernen Schreibtischauflage liegt und das mich stets anlächelt, wenn ich mein Büro betrete.

Die Schilder wurden erst vor einer Woche in unserem Büro aufgehängt, doch schon jetzt hat ihr Geist jeden von uns ergriffen. Das äußert sich übrigens auch in der Qualität und im Umfang der Arbeit, die wir leisten. Fordern auch Sie eine »DU KANNST DAS!«-Karte an und platzieren Sie sie dort, wo sie unauffällig, still und leise für Sie arbeiten kann. DU KANNST DAS!

IHR KONKRETES ZIEL IM LEBEN!
(Napoleon Hill's Magazine, Januar 1922)

Um diese Zeit im Jahr sind gute Vorsätze angebracht. Daher mag es vorteilhaft für Sie sein, diese Seite an der Ecke umzuknicken und später noch einmal auf sie zurückzukommen. Denn hier steht ein Gedanke, der für 95 Prozent aller Menschen unentbehrlich ist.

Es gibt ein Gesetz, nach dem ein Gedanke in eine Handlung umgewandelt wird und eine Handlung in eine konkrete, materielle Form. Es ist die Form all der weltlichen Güter, die die meisten Menschen versuchen anzusammeln.

Soll ich Ihnen die einfache Formel nennen, mit deren Hilfe auch Sie sich dieses Gesetz zunutze machen können? Schreiben Sie auf die erste Seite eines kleinen, leeren Heftes in prägnanter Form, wie Ihr konkretes Ziel im Leben aussieht. Mit welchen Worten Sie Ihr Ziel beschreiben und ob Ihre Beschreibung kurz oder lang ist, spielt keine Rolle – sie muss nur ganz konkret sein.

Fangen Sie weiter hinten im Heft damit an, einen bestimmten Plan auszuformulieren, mit dem Sie Ihr konkretes Ziel erreichen wollen. Fügen Sie zu diesem Plan ruhig täglich Einzelheiten hinzu, solange bis er Ihnen so praktikabel und vollständig erscheint, dass Sie damit zufrieden sind.

Lesen Sie sich dann sowohl Ihr konkretes Ziel als auch den Plan, mit dem Sie es erreichen wollen, täglich mehrfach durch: Abends, bevor Sie zu Bett gehen und mindestens einmal am Tag, dann, wenn es Ihnen gerade am besten passt. Beim Lesen müssen Sie fest daran glauben, dass Sie Ihr Ziel mit dem Plan, den Sie sich dafür zurechtgelegt haben, auch erreichen können.

Der Glaube daran ist genauso wichtig wie das Ziel und der Plan selbst. Um sicherzustellen, dass Sie auch wirklich daran glauben, lesen oder sprechen Sie das Ziel in Ihrem Heft so, als ob es ein Gebet wäre.

Wenn Sie an Gott glauben, wird Ihnen dieses Verfahren ausschließlich Erfolg bringen.

In meiner Position kann ich es mir leisten, Ihnen zu versichern, dass, wenn Ihr Ziel recht und billig ist und Sie anderen Menschen dadurch keine Not oder Nachteile zufügen, Ihr Plan unmöglich scheitern kann. Richten Sie sich daher bei der Formulierung Ihres Ziels und des Planes, mit dem Sie es erreichen wollen, nach der Goldenen Regel. Dann wird Ihnen der Erfolg so sicher sein, wie die Sonne im Westen untergeht und am nächsten Morgen im Osten wieder erwacht.

Wenn Sie sich dieses einfache Vorhaben zu Eigen machen und es treu und zuverlässig sechs Monate lang verfolgen, können Sie das kommende Jahr zum Jahr des Erfolges in Ihrem Leben machen.

Dann können Sie auf keinen Fall scheitern, weil Sie durch dieses Vorhaben ein Bündnis mit einer Kraft eingehen, die keinen Widerstand kennt!

IHR WILLE WIRD WAHR WERDEN
(Napoleon Hill's Magazine, Juli 1921)

Jedes Sprichwort, jedes Buch, jedes Motto, das Dir Hilfe oder Trost verspricht, wird zuverlässig zu Dir finden – ob auf direktem Wege oder auf verschlungenen Pfaden. Jeder Freund, den nicht Dein stürmisches Fordern ruft, sondern Dein zärtliches Herz, der wird Dich in seine Arme schließen.
(Ralph Waldo Emerson)

Das Gesetz der Anziehung wird dafür sorgen, dass Sie alles, was mit Ihrer Persönlichkeit harmoniert, zu sich hinziehen, genau wie Stahlspäne von einem Magneten angezogen werden. Dieses Gesetz ist unerschütterlich. Machen Sie daher die Goldene Regel zu einem Teil Ihrer Persönlichkeit und Sie werden es nicht bereuen.

Der rege Finger schreibt; wenn er geendet und sich anschickt fortzufahren, wird nicht Frömmigkeit noch Scharfsinn ihn verleiten, auch nur die halbe Zeile auszulöschen, noch wird ein Wort davon von Deinen Tränen ausgewaschen.

Anmerkungen

1 Napoleon Hill: *Die Gesetze des Erfolgs*. Rentrop 1995
2 Napoleon Hill: *Denke nach und werde reich*. Ariston im Heinrich Hugendubel Verlag 2006
3 Damals löste der Ruin eines umstrittenen Kupferhändlers, der zugleich Vorstandschef einer großen Bank war, eine Finanzkrise aus, die zum Totalzusammenbruch des amerikanischen Bankensystems führte. Es folgte ein massiver, aber nur kurzer wirtschaftlicher Abschwung, der bald wieder überwunden war. (Anm. d.Ü.)
4 Bei diesem auch »Indossament« genannten Begriff handelt es sich heute vor allem bei Schecks und Wechseln um eine schriftliche, chronologische Liste derjenigen, in deren Hände der jeweilige Geldbetrag weitergegeben wurde.
5 Der sozialistisch eingestellte Samuel Gompers war zu Zeiten Napoloen Hills Vorsitzender des Amerikanischen Gewerkschaftsverbandes American Federation of Labor. (Anm. d. Ü.)
6 Im amerikanischen Original verweist der Autor darauf, dass das englische Wort *to educate* von dem lateinischen Verb *educere* stammt, auf Deutsch etwa: *von innen heraus entwickeln, herausziehen, durch Verwendung ausdehnen*. (Anm. d. Ü.)
7 Beim *Congressional Record* handelt es sich um ein Blatt, in dem die Debatten aus beiden Kammern des US-Kongresses vollständig abgedruckt werden.
8 Durch das »mailing-privilege« hat der Abgeordnete das Recht, seine Post portofrei zu verschicken.
9 Es handelt sich um den scharlachroten Buchstaben A, der für *adultery* steht, auf Deutsch Ehebruch.
10 »Lass die Sorgen Sorgen sein und lächle immerzu.«